U0459444

高校教育教学管理创新研究

薛来军 ◎ 著

吉林出版集团股份有限公司

图书在版编目（CIP）数据

高校教育教学管理创新研究/薛来军著.— 长春 :吉林
出版集团股份有限公司, 2023.10

ISBN 978-7-5581-6460-6

Ⅰ．①高… Ⅱ．①薛… Ⅲ．①高等学校－教学管理－
研究 Ⅳ．①G647.3

中国国家版本馆CIP数据核字（2023）第 207559 号

高校教育教学管理创新研究
GAOXIAO JIAOYU JIAOXUE GUANLI CHUANGXIN YANJIU

著　　者	薛来军
责任编辑	曲珊珊
封面设计	林　吉
开　　本	787mm×1092mm　　1/16
字　　数	220 千
印　　张	14.5
版　　次	2023 年 10 月第 1 版
印　　次	2024 年 1 月第 1 次印刷
出版发行	吉林出版集团股份有限公司
电　　话	总编办：010-63109269
	发行部：010-63109269
印　　刷	廊坊市广阳区九洲印刷厂

ISBN 978-7-5581-6460-6　　　　　　　　　　　定价：78.0

前　言

　　随着高等教育的迅猛发展和日益普及，教育教学质量已成为世界高等教育改革和发展中最受关注的问题。不断追求质量、持续提升质量，已成为21世纪世界各国高等教育改革和发展的共同目标和中心任务。随着我国市场经济的发展，科教兴国和人才强国战略的实施，创新型国家的建设，产业结构的调整升级和人民群众物质与文化生活水平的提高，社会对各类人才需求的数量增多，质量提高，高校间的竞争也日益激烈，人才培养质量已成为高校在高等教育大众化进程中和人才市场化改革中竞争取胜的法宝。人才培养质量的形成主要是通过教学过程实现的，教学质量的好坏直接决定了人才培养质量和学生择业竞争能力的高低，提高教学质量是高校永恒的主题，也是教学管理追求的根本目标与首要任务。

　　本书旨在探究高校的教学管理，提高高校的教学管理实践，以高校教学管理理论为依据，以高校教学管理体制为主题，以高校教学效果为最终目标，理论与实践相结合使教学活动和教学建设达到高校既定的人才培养目标。教学管理在学校的管理工作中占有十分重要的地位，我国高等教育的体制和学校内部的管理机制在不断变化，管理水平不断提高。本书对高校教学管理方法、高校教学质量管理等方面进行了研究和论述，创新出高校教学管理体制新办法。

薛来军

2023 年 7 月

目　录

第一章 高校教育教学相关理论

高校教育教学是高校教育实现教育目的、培养专门人才、体现社会价值的各种具体活动表现方式之一，是高校教育最主要的组织活动。高校教育的其他活动都是围绕教学而展开、为教学服务的。任何教学活动都是一个历时性的过程，是一个目标差异大、参与要素多、各种影响复杂的教育实践体系。这个教育实践体系的各个构成要素经过多种形式组合、为实现各个目标而发挥作用，不同要素组合在不同环境下运行又使高校教育教学形式丰富多彩。

第一节 高校教育教学本质及其特征

一、高校教育教学的作用与功能

高校教育教学作用与功能就是教学活动的基本目标与任务，它主要源于三个方面：教师的需求目标、学生的需求目标、社会的需求目标。以前，受高校教育教学活动的社会本位思想影响，一些国家特别是实施集权式管理的国家，其高校是实施教育驯化的工具，而学生则是被教育驯化的对象。但在高校教育逐步发展、受教育人群日益扩大的形势下，社会本位的教学功能不断弱化，"以人为本"的教育思想越来越占重要地位。所以，教学活动的目标必须同时考虑教学活动主体，即教师和学生的个人需求，教师通过教学传播知识，促进自我的进一步探究，同时引导学生获得专业技能的训练，从而获得满足与成就感。学生通过对社会愿望、个人兴趣以及基本能力的综合考虑，主动接受高校教育、参与教学活动，以达到身心和智力的全面发展。社会对教学活动的需求可能是具体而分层次的，教师和学生对教学活动的需求可能是抽象而含糊的。对这种矛盾冲突的认识和化解有利于教学方法创新。

二、高校教育教学的主体与环境

高校教育教学的主体与环境是教学活动赖以开展的基本条件。教学主体就是有目的、有意识地进行教学实践活动和认识活动，并在教学活动中确立和体现主体地位的现实的人。这里的人包括三层含义：现实的人、动态发展的人、个体与群体相统一的人。因此，学生也是教学活动的主体之一。教学环境是相对于教学主体而言的，它包括教学活动中除主体之外的一切物质的、时空的、媒介的关系等方面，尽管环境在教学活动中处于从属地位，但对其实现教学目标有极其重要的影响。

三、高校教育教学的形式与内容

高校教育教学的形式与内容往往表现得最为具体、生动，既反映内容与形式的对应关系，也反映形式与环境的协调关系，还反映教学活动直接主体（教师与学生）与间接主体（教学管理者）协商一致管理的特征。单从教学活动形式来看，就是内容、环境、主体的统一，如课堂教学、课外练习、社会实践就是三者关系的不同组合结果。如果从教学活动主体的作为来看，则有讲授活动、听课活动、师生研讨活动等，每一种活动，各自主体地位的表现是不同的。高校教育教学内容是与教学目标紧密相连的，尽管目前我国高校教育教学的计划性正在减弱，但总体上依然比较强，也就是说从国家或社会本位出发对专门人才的知识、技能体系有一个制度设计和进程安排，教学内容按照这些制度和进程逐步展开。现在，我国开始注意发挥教师和学生的主动性，对教学内容的选择权有所放开，但与教师自主裁量教学内容和学生在完全学分制下自由选择教学内容还有相当距离，至少学生的职业规划与学校的学业指导工作短时间内难以跟上。

四、高校教育教学的特点与过程

高校教育教学的特点与过程是联系在一起的，教育与教学是一个循序渐进的过程，世界上没有任何一种瞬时性的教学活动，过程性本身就是教学活动的普遍特点，因此很多学者用"教学过程"代替"教学活动"，专注于研究高校教学过程而不刻意研究高校教育教学活动也是可以理解的，只是过程性特点不为高校教育教学所特有。所以，将两者混淆是不合理的，无论是对高校教育教学活动的瞬时考察还是从教学效果的分析，高校教育教学活动的特点都是十分明显的，具体有如下一些特点：

其一，专业性教学与综合性认知相结合。高校教育与基础教育的最大不同就在于知识的专业系统性，属于建立在基础教育之上的专业教育：教学目标和内容按照不同学科专业领域的知识体系进行设计，教学组织形式也分专业进行。同时，高校教育教学活动的综合性认知也十分明显：在专业性教学内容与教学情境中，学生的知识、能力、素质得到全面培育，即使是一门十分专业的课程，在课程设置、活动设计中，也安排有一定分量的基本素质和能力训练的内容和项目，教学活动对学生的影响是综合性的，对学生的培养是多方位的。其二，隐性教学与显性教学相结合。高校教育教学活动对人才培养的影响作用趋于多样化，传统课堂的直接影响、作业与练习的直观影响等属于显性活动部分，还有许多潜移默化的教学活动，比如，学术报告会、参观学习、社会调查、教师对学生得体的表扬或批评等，这些看似不像规范的教学活动属于隐性教学活动，它的教育意义和对学生的影响绝不只是现场表现出来的结果，而要比现场深远得多、广泛得多。教育中的所谓"启发""养成"，其实就是对这种隐性教学活动功能的表述。其三，教学活动与科研活动相结合。科学研究活动是人类有意识地探究世界的实践活动，我们说高校教育教学活动是一种接近于人类认识世界实践活动的有效组织方式，本意就在于表明高校教育教学活动不是纯粹的知识传授活动，也不纯粹是师生交往与情景感悟活动，而是有目的地引导学生学会认知和探究世界的方法、训练基本的认知能力的活动。如果说本科生教学对这方面的要求只是初步的，那么研究生的教学则是典型的认识已知与探求未知的统一，就是教学活动与科研活动的统一，教师和学生在各自的教学活动任务中都可以实现认识已知与探索未知的结合。

五、高校教育教学的构成要素

高校教育教学是一个以动词为主的、内涵比较宽泛的偏正词组，它可以指由学校为实现人才培养目标所组织的任何行动。由于各校、各学科专业的人才培养目标、质量规格、层次要求不同，高校教育教学活动也表现出较大的差异性。但就每一个具体教学活动单元的结构来说，它们又有许多相似性，即都是由若干基本相同的要素所构成的开放性系统，不同教学情境就由这个系统的要素的不同组合产生。

关于高校教育教学活动构成要素的研究，历来有不同的争论。有的从共时性角度而有的从历时性角度分析，有的从关系角度而有的从表象角度分析，有的从深层结构而有的从表层结构分析。不同的分析角度决定了不同的分析结果，以至于出现从"三要素说"（教师、学生、教材）到"七要素说"（学生、教学目的、教学内容、教学方法、教学环境、教学反馈、教师）的巨大差异。客观地看，这种差异是正常的，特别是更加精细的结构要素划分，只要在逻辑上没有包含或遗漏，精细的分析应该得到提倡。联系高校教育教学活动的几个特点，我们认为一个比较完整的具体教学活动应该由教学主体、教学目的、教学信息、教学媒介、教学组织、教学环境六个要素构成。

①关于教学主体。以前往往以机械认识论为理论基础从施教与被教角度考虑，认为教育参与者包括作为教育者的教师和受教育者的学生两个方面，即教学主体是教师，教学对象是学生。这实际上忽视了高校教育教学的特殊性，因为隐性的教学效果、探究性的教学活动都依赖于学生主体性作用的发挥，所以教师与学生是高校教育教学活动的共同主体。②关于教学目的。这是任何教学活动的基本要素，只是不同目的有层次上的高低差别。即使是高校教育的教学活动，其目的也有层次之分，比如，一个专业培养方案中的教学目的，一门课程的教学目的，一节课堂的教学目的，等等。就教学方法研究需要而言，这里的教育目的主要指一个课堂之类的教学活动的目的，其中

有比较抽象的一般要求，也有比较具体的内容、技能目标。③关于教学信息。以前通常用教材以及教学内容来表示。但实际上，教学内容有一部分应该包含在教学目的之中，作为目标性任务加以明确。同时，教材是教学内容的传统载体，而鉴于现在高校教育可供使用的教学材料日益丰富，来源途径远多于教材，故教材在高校教育教学活动中的地位越来越微不足道。④关于教学媒介。教学媒介就是教学方法及实施方法的手段，由于现代教学技术在飞速发展，传统的方法归纳已经不能准确反映教学活动实际，很多现代教学设施、技术被应用到高校教育教学活动中，其究竟属于什么方法，尚未明确界定。因此，我们称其为教学媒介，既包含了传统意义上的教学方法，又包含了现代教学技术，它是传递教学知识、信息，增强教学信息刺激强度，提高教学影响效果的途径。⑤关于教学组织。没有组织就没有活动，就一个教学活动来讲，教学组织不可缺少。在什么样的时间和空间、由哪些教师和学生参与、参与人员的规模以及教师或者学生在教学时间内的教学秩序维护等，都是教学组织的内容。还有教学评价，但它属于教学过程与质量管理范畴，不属于一个教学活动的内容。⑥关于教学环境。高校教育教学环境对教学活动的影响越来越大，根据教学活动的需要，不断对教学环境进行必要的调节和控制，有利于教学活动的顺利进行。经过选择、净化、提炼和加工处理的教学环境有利于教学主体实现追求真理、掌握知识、发展身心等目标。

六、高校教育教学模式

（一）"集中式学习"的教学模式

相对来说，集中式学习是一种较为传统的教学模式。集中式学习是以教师为中心，即由教师根据教学计划中统一规定的课程内容和教学时数，把学生集中到一起按照学校的课程表进行分科教学的一种组织形式。该教学模式强调教师的主导作用。当教学规模不是很大时，集中式学习这种组织形式相对来说是比较经济、有效的。

在这种组织形式下，教师的主导作用易于发挥，便于教师组织、监控整个教学活动的进程，这是其一。其二是有利于教学管理，使教学有目的、有计划、有组织地进行。其三是有利于自然学科的学习，自然学科中许多内容需要进行演示、分解和剖析，有些内容需要学生亲自去感触等。其四是有利于学生之间以及师生之间的情感交流，充分体现情感因素在学习过程中的重要作用。尽管集中式学习有上述优点，但它在高校教育教学活动中存在的弊端又是十分明显的：首先，这种教学模式无法解决学生参加学习时存在的工作与学习的矛盾、家庭与学习的矛盾以及分散居住与集中学习的矛盾。其次，它忽视了成人学生不同于其他学生在学习活动中的自主性和独特性。再次，集中式学习方式过分强调标准化、同步化、模式化，整齐划一是这种学习方式的目标追求，对成人学生知识的扩展会产生不利的影响。针对学生在学习过程中凸显的矛盾和问题要真正保证教学效果、提高教学质量，就必须对现有的单一教学模式进行改革。

（二）"分布式学习"的教学模式

随着经济形势和信息技术的不断发展，社会总体人力资源的需求形势也发生了巨大变化，对各类高素质、高学历的专业技术人员的需求提高到了一个新的层次，对高校教育提出了更高的要求，并使得传统的教学模式受到了极大的挑战。

新的信息技术在教学活动中的应用，计算机网络的发展能够使教学内容得到有效的远距离传递，学生可以不必像以往那样，全体集中到一个地点，由教师面对面地传授知识。电子邮件可以支持学生之间、师生之间的交流与合作，解决学习中的问题，开展各种讨论，教学模式不再单一，因此，"分布式学习"的教学模式便应运而生，并迅速以自上而下的政策推广形式，借助国家高校教育政策手段投入各地办学实践。"分布式学习"是远程教育的建构主义，采用建构主义的学习环境的设计思想，将传统的以教师为中心改变为以学习者为主体，着重于为学习者提供丰富的资源建立自己的认识和理解。我们将这种新的远程教育形式称为分布式的学习。

目前对"分布式学习"的教学模式的理解有以下几种观点：在美国及很多国家的学者认为"分布式学习"和远程教育是一样的，指的是各种不同于面对面教学的教育；还有的认为，"分布式学习"是指开放和远程教育在传输课程时逐渐向使用新信息技术的转变；另有观点认为，"分布式学习"可作为人机交互工作的一个整体。尽管对"分布式学习"有各种不同的描述，但"分布式学习"实际是一种教学模式，它强调的是"分布"，强调为学习者提供灵活的、突破时空限制的教育，适应社会经济发展以及对人才的需求。"分布式学习"教学模式的出现，使面对面教育和开放远程教育之间的边界逐渐消失而趋于融合；加强了以学习者为中心，更有效地促进学习者的学习；使我们认识到要根据时空分布方式的变化调整学习和教学策略；"分布式学习"强调的是学习环境，学习者分处在不同环境中，有着共同的任务，在"分布式学习"环境中共同合作完成学习任务，学习是不同环境的分布，不一定受限于正式的机构设置。

随着教育的全球化"分布式学习"环境也要具有国际化思维，适应来自不同文化背景的学习者。可以说"分布式学习"是未来学习方式发展的一个新趋势。也有人认为"分布式学习"模式可以结合传统课堂教学应用，结合远程教学应用或可用于创建有效的教学课堂。学生可能是身处远方，参加远程教育，也可能是集中式学习中的一员，但他们在索取资源，汲取知识时，所利用的资源不仅仅局限于教师或者某个机构，而是充分利用现代信息技术，利用分布在各个不同地方的资源，使学习资源远比以往的单纯的传统课堂授课方式要丰富得多，所以，"分布式学习"强调的是资源的非集中化。另外，"分布式学习"的教学模式除了可以使学习者获得丰富的资源外，还可以是传统课堂授课方式的补充和灵活运用，如可通过电子邮件交作业、答疑，通过网络与教师、学生甚至专家进行交流和讨论，等等。这一教学模式在成人教育教学活动中的优势十分明显，首先它解决了成人学生在学习中存在的工作与学习、家庭与学习、分散居住与集中学习的诸多矛盾，同时丰富了学习资源，学生获取知识的渠道更加宽广，教与学的方式变得更加灵活，学生学习的自主性也得到了加强，对于学生的发现性学习和研究性学习能力的培养也起到了很好的促进作用。

（三）"双元制"教学模式

"双元制"的教学模式也可称为"双轨制"教学模式，是德国在100多年来传统的学徒培训制度基础上发展而形成的，"双元制"中的"一元"指职业学校，另"一元"则指企业。学校承担学习文化和基础技术理论，企业承担职业技能培训，两元结合完成教育任务，故称之为"双元制"。"双元制"是学校与企业分工协作，以企业为主；理论与实践紧密结合，以实践为主的一种成功的教育模式。学生在企业里接受职业技能培训的同时，又在学校里接受专业理论和普通文化知识的教育，这样，既能够使学生具备毕业后立即上岗的能力，又通过学校教育使其基本素质得到提高，从而具备继续学习和终身学习的基础。

"双元制"教学模式具有以下特征。职业培训在两个完全不同的地点进行——企业和学校；受训者兼有双重身份——学生、学徒；培训者由两部分人承担——实训技师（师傅）、理论教师；教学内容原则上分两部分——企业培训按政府的培训条例和大纲进行，学校教育按国家和省级教育主管部门公布的教学大纲进行；教学管理——企业培训由政府管理，受政府法规、条例等约束，学校教学由教育主管部门管理，受教育类法规约束；经费来源的两个渠道——企业培训的费用由企业承担，学校教学的费用由政府和学生承担；以职业能力为本位的培训模式；以市场和社会需求为导向的运行机制。

"双元制"在20世纪90年代引入我国，应用到高校教育教学实践中，成为一种特点鲜明同时富有成效的人才培养模式。经过多年的发展，已经取得了一些成就。已经有许多实践性较强的专业采取了这种教学模式，例如，汽车维修、炼钢和轧钢、保险、物业管理、机械制造和医疗等。"双元制"教学模式的应用为我国成人教育发展提供了宝贵的案例资源，从中可以看到"双元制"教学模式的以下一些优势：

第一，改革专业课的课堂教学模式，促进学生技能的提高。"双元制"教学以职业能力为本位，各院校在实践中都突出了实践性的原则，使学生在学习的同时获得职业工作的经验，与传统的课堂型职业教育形式相比存在明显的优势。

第二，加强了学校与社会和企业的联系。"双元制"教学模式打破了传统的封闭的办学方式，由学校和企业共同承担培养学生的责任。因此，在办学中学校增强了与外界的沟通，更多地了解了社会和企业对人才的需求情况，克服了以往办学的盲目性。

第三，加快了师资队伍的建设，教师的理论水平和实际水平都有所提高。在"双元制"办学过程中，提高了专业教师的实践能力，改变了以往的教师基本上是学科型的，实践能力不高，动手能力不强的状况。

第四，各院校借鉴德国"双元制"教学模式，改革了课程结构，丰富了教学内容，使教学方法灵活多样，促进了教学模式的改革。

第二节　高校教育教学观念及其发展变化

一、高校教育教学思想观念及其核心内容

（一）高校教育教学活动主体

教师主体论源于以赫尔巴特为代表的"教师中心说"，是长期统治教育研究与指导教学活动的主导流派。该派观点认为，在教学活动中教师是唯一的主体，学生是用来供教师加工、改造的，与教学内容一起构成教师教学活动的对象，属于教学客体。学生主体论源于以杜威为代表的"学生中心说"，其基本观点与教师主体论相反，认为教学活动的唯一主体是学生而不是教师，教师和教学内容都是被用来塑造和加工学生的，是其成才的工具性对象，是教学客体。而教师学生双主体论则改造了前述单一主体论的思路，提出教师和学生都是教学活动的主体，在一个完整的教学活动中，就对教学效果的最后影响来说，分不清教师的能动作用大还是学生的能动作用大，只能是两个主体并存，共同协调的结果。这时，教学内容、教学设施、教学环境等就基本上属于辅助性的东西，属于教学客体。

其实，对教学主客体的辨析有一个基本的逻辑起点，这就是从哲学引用过来的主体概念是基于什么哲学观点的，是本体论的观点还是认识论的观点。显然，从本体论出发，只能有一个主体，而从认识论出发，选择的认识活动角度不同，就会得出不同的主体结果。教学本身就是一个复杂的系统，从教学作为社会活动实践关系出发，毫无疑问教师是主体，学生是客体；从教学活动的价值关系出发，很明显，学生必然是主体，教师是客体；从认识活动的全面关系出发，则教师与学生都属于主体，客体只是那些主体之外的教学

活动要素。提高对教学活动主体的认识，有利于调动教学活动要素的积极性。那些单方面强调教师主体地位的观点，对教师工作积极性、主动性与责任心有极大的激发作用，但很多情况下，教师的一厢情愿往往达不到教学效果，久而久之，教师的这种积极性也会消解。那些单方面强调学生主体地位的观点，有利于激发学生的自我教育、自我学习、自我塑造，也有利于教师在教学中贯彻促进学生全面发展的理念，但如果缺乏教师的正确引导，学生往往也不能得其门而入，最后效果并不如意；教师和学生的双主体地位，可以比较全面地调动教师和学生在教学活动中的积极性，根据实际需要各自发挥应有的作用，共同完成教学任务，实现教育目标。按照高校教育的教学活动特点来看，这种双主体观念更符合教学实际。教师和学生在教学活动中主体地位的认可，不是什么权益之争，而主要在于责任的归属。教师和学生对于那些作为客体的已知知识、未知知识的认识与探求是共同的，因此在这种"既认识已知又探索未知"的高校教育教学活动中，教师和学生属于共同的主体是不应该有疑问的。

（二）高校教育教学活动主体关系

一般来说，任何活动都存在主体与客体的关系，如果按照两种单一教学主体的观点，无论谁为主体谁为客体，都是主客体关系。但是，高校教育教学活动主体是双重的，不同主体之间必然构成一定的关系，因此，很有必要探讨教学活动的主体关系。至于高校教育教学活动的客体，在双重教学活动主体前提下，它与主体之间的关系比较简单，一方面服从于主体的需要，另一方面充当连接两个主体的纽带。

1.高校教师

高校教师是教学活动任务的具体组织者、承担者。教师群体是高校履行人才培养职能的直接人员，他们还在自己的专业领域肩负着科学研究和社会服务的使命。高校教师作为一个群体概念，包含所有在高校从事与教学活动相关的专业人员，既有教学第一线的任课教师，也有以科学研究为主要任务的研究人员，还有实验、实践教学以及教学活动组织管理第一线的教学辅助人员。高校教师作为一种社会职业者，具有较高的社会地位和重要的教学主导地位。人们常常把高校的人才培养和学术水平看成一个国家文明进步的标志，对履行这两项职责的高校教师寄予厚望。在高校教育教学活动中，教师对教育内容的选择、对教学活动的调节、对教学进程的把握、对教学手段的改造等起着主导作用。因此，教师是教学活动的主体。

总之，高校教育教师肩负着比较多的教学职责。第一，要肩负传授知识，引导学生掌握学科专业基础知识、基本理论和基本技巧，培养和发展学生智力和专业能力的职能。第二，要在教学活动之中通过隐性手段启发和培植学生良好的道德、情操、意志与美感，关注学生的全面成长。第三，要精心组织和设计教学活动，不仅注意课堂教学活动的组织，还有由课堂延伸到课外的答疑辅导、作业评判以及相应的实验和实习、实践。第四，为了更好地服务和改进教学，必须不断地开展专业领域的科学研究和教学研究，以引领学生及时了解科学前沿，改善教学方法，丰富教学内容。在这些基本职责中，最基本的两项是教学和科研。能否成为比较合格甚至优秀的教师，关键就在于这两项职责的履行情况。这两项职责任务完成得好，不仅可以相互促进，还可以带动其他职责更好地完成。实际上，中外高校都有不少教师并不能比较好地兼顾两者，相当多的教师把自己的教学目标定为传授课程知识、介绍本领域的概念和方法，很少关心学生的一般智力发展和个性发展。他们作为教学内容方面的专家，与本领域的其他人共同具有专门化的知识、概念、话语、方法，但作为教师，尤其是本科生的教师，他们则难以与学生形成共同认可并乐意接受的训练方法，丰富教学活动的知识和理论。

高校教师肩负的职责决定了他们的劳动特点。这就是教学手段的自主性与教学活动的示范性、教育对象的能动性与教学情境的复杂性、教学过程的长期性与教育影响的滞后性、教学方式的个体性与教育成果的集成性。面对这些特点，有的教师可能会表现出无可奈何，有的则从积极方面进行力所能及的改进，由此形成个人教学风格。比如，以教学内容为中心的，以尊重学科为特点，重在教给学生系统的知识、原理；以教师自我为中心的，则相信自我的榜样作用，让学生陷入角色模拟的境地；以智力为中心的，则以训练学生的智能为目的，一切的知识、环境都只是用来训练的道具，知识、技能本身不是追求的结果。这些都是有特点的教师，还不是"全能的教师"，比较良好而全面的教学活动，应该是教师的知识、师生现实的探究、教师引人入胜的个性、人格和激励学生学习动机能力的高度复合。可见，当好一名高校教师实属不易。

2. 高校学生

高校教育教学活动的主要参与者除了教师就是学生，不仅高校的教学如此，任何学校教学活动都离不开教师和学生，二者缺一不可。学生的积极参与不仅丰富了教学活动的内容与形式，也在很大程度上决定着教学活动的最后效果。

高校学生的构成是十分复杂的，而且随着教育大众化的推行、终身教育观念的深化和学习化社会的建立，到高校接受教育的人群越来越多，学生构成也越来越复杂。一般来说，高校教育的学生不分种族、地域、性别，在年龄上处于青年中期，个体的生理发展接近完成、心理变化趋于稳定，自我意识日益增强，已经接受了基本的基础教育。但这只是高校学生的基本规定性，实际上，世界各国高校的学生要比这复杂得多。就我国来说，目前，本专科学生在主体上大致符合以上的规定性，随着高等教育政策的调整和大众化教育的发展，以及更多少年的提前入学，使得高校学生在年龄、心理、生理等方面均已突破原有规定和认识。如果将硕士、博士研究生考虑在内，则这种基本界定就显得更加局限和狭隘。

为什么参加高校教育的学习，是解决和了解学生的学习目的和动机的重要依据？高校学生的学习目的、动机是高校教育教学活动的重要影响因素，也是学生作为教学活动主体的重要标志。只有那些目的明确、动机纯正的学生才能在高校教学活动中发挥积极的主体作用。无论高校教育关于人才培养目标的理想设计如何，学生的实际学习目的与动机不一定与之完全合拍，但学生的要求只要是合理而可行的，就应该得到满足。研究表明，多数大学生认为，他们学习是为了取得职业的或专业的训练，获得发展自己和个人兴趣的机会，最终能够获得较高的收入。学生学习的态度与方式倾向是什么，这个问题的回答涉及学生的多个方面。

首先是目标决定态度，基础决定方法，情感决定倾向。目标明确的学生其基本态度是积极的。知识基础、能力基础强的学生，其学习方法、参与程度必然得当；依赖型、独立型、表现型、沉默型等不同情感类型的学生，其对教学活动的态度与影响也不完全相同。

（三）高校教育教学活动主体关系模式

教学活动也被理解为教学主体之间的人际交往活动。高校教育教学活动拥有多个主体，每一个教学环节都包含了各教学主体交往的关系，每一对主体关系动力的平衡与消长，都影响着教学活动。高校教育教学活动具有明显的个体性与综合性特点。这就是说，教师的教学既是个人的劳动表现，也是群体的劳动表现，一个教师不可能教好一个班级，培养出一批人才，甚至不可能完整地教好一门课程，必须有教学助理、实验人员以及班主任等相关辅助人员的共同参与才行。学生的学习也是如此，纯粹单个人的学习有时不能很好地完成，我们强调开展主体性教学，所依靠的不只是单个学生的主体性，还包括建立在每一个学生主体性发挥基础上的协作教学、合作探究。所以，高校教育的教学主体实际上有 3 对主要关系：师生关系占主导地位，师师关系和生生关系居于次要地位。

师生关系是任何学校教学活动都普遍存在并引起高度重视的一种行动主体对应模式。它是以教学任务为中介，以"教"与"学"为手段构成的特殊社会人际关系，是高校教育最基本的、在教学活动中占主导地位的人际关系。对这种关系的认识也在不断发展变化，就其结构来说，传统的理解就是教师对学生"一对一""一对多"的主从关系，在高校教育教学活动中的表现就是：在课堂教学上，教师读讲义、做演算，学生记笔记、做练习；在课程设置上，必修课多于选修课；在教学管理上，实行学年制，对所有学生按一个标准来要求，个体差异没有受到重视；等等。历史经验和教训告诉我们，认识和建立新型师生关系对高校教育的教学来说十分重要。在这种新型师生关系中，教师与学生是"一对一""一对多""多对一""多对多"的复杂网络系统，这个网络系统功能的全面发挥，就是高校教育教学活动的全部任务与追求目标。

师师关系就是高校教育教学活动中所涉及的教师群体内部之间的多边关系。我们发现我们对高校教育教学活动中的师师关系的关注度不够，但凡谈到教学关系，必论师生关系。其实，高校教育教学活动中，师师关系的作用非常大，这是与初中等学校、其他培训学校完全不同的。由于这种关系的构成具有长期性、利益性、人格性等特点，所以尽管关系网络不会很庞大，但文人相轻、学术流派、师承传统、利益之争等情况常常发生，甚至影响教师的教学。这是从对立性看的，再从合作性来看，哪怕是一门课程甚至一节课堂，主讲教师与助教之间、理论教师与实验教师之间、教师与教学调度人员之间等的配合关系，都会直接影响教学活动的开展及其效果。所以说，一个和睦的教师群体对于高校教学活动的有效开展十分必要。

生生关系是由高校教育同辈学生相互之间组成的多边联系。这种关系也被称为同学集体，它可以由同年级同专业的学生构成正式的稳定关系，也可以由相同学科专业不同年级的学生以学术爱好为基点构成稳定的师兄弟姐妹关系，还可以由教师主导创立诸如电子协会等主题组织关系。生生关系的形成具有随机性，但一旦形成，就表现出比较稳定的态势，这种态势不仅在学生大学学习期间有相互促进、影响的作用，还会在高校教育结束后延伸到社会活动中。生生关系对教学活动，尤其是对学习活动的影响是全方位而且深刻的，被认为是仅次于学生个人行为的力量。当然，这种关系结构的规模大小、质的差异性等内在特征会在比较大的程度上决定其对教学影响作用的发挥。

二、高校教育教学思想观念的演变

高校教育教学思想观念具体通过人才观、质量观和效率观等来表现。新时期以来，我国高校教学思想观念更新始于恢复正常秩序的最初几年，其主要表现为向过去学习，重拾或实现新中国成立后逐步建立和形成的教学思想。

（一）培养人才观念的形成

实际上，很多学校和教师更加重视深度高的科研工作，对教学工作重视不够，教师的教学职能发挥不够。

随着国家对人才培养质量的关注与重视，人们开始重新认识和反思高校教育教学和科研的关系，进而确立了教学在学校工作中的中心地位。无论什么高校，首要任务是人才培养，科学研究也要肩负起人才培养职能。高校教育教师必须把教学放在第一位，切实履行教师的基本职业职责。随着世界高校教育发展和科技、社会进步对人才培养规格新要求的不断提出，能力本位观点越来越受到重视，学生需要成为、社会更需要提供知识全面、技能过关的高素质人才。因此，对教学活动提出了新的要求：一方面是出于理论教学与实践教学的关系问题的考虑，既不能忽视理论教学又要加强实践实验教学；另一方面也是出于协调学校教育与社会教育的关系，既不能在学校教育与社会教育之间走极端，也不能过多增加学生的时间、经费、心理等学习负担。于是，新的教学中心地位理论逐步得到丰富和发展，在校内强调理论教学与实验、在科研活动中培养学生能力，在校外加强实习实训基地建设，建立产学研究机制。

（二）逐渐形成以专业教育为主的教育思想

一般认为，国际上本科教育大致有两种教学模式：一种是以苏联和德国为代表的专才教育模式，学生在校学习时间较长，既打基础，又进行实践训练。另一种是以美国为代表的通才教学模式，学生在校学习时间较短，主要是打基础，实践训练放到大学毕业以后。我国最先主要学习苏联模式，形成了专才教学模式。

创新开放后，我们发现苏联专才教育模式的许多弊病，开始注意学习欧美通才教育模式。同时，这两种模式自身又不断变化和交融。

一般认为，现代专业教育思想源于美国国家功利主义视域下的科学主义高校教育哲学。兴起于 20 世纪初的以实用为标准的功利主义教育观影响了美国几十年，受苏联 1957 年"卫星上天"的刺激，美国更加重视高校教育教学的科学功利。1978 年，我国召开的全国科学大会提出"向科学进军"，迎接科学春天的到来，这使刚刚恢复的高等教育深深打上科学主义的专业教育烙印，此后一直成为国家教育方针政策以及学校教育教学工作的重要指导思想的构成元素。但培养学生一技之长的专业教育思想很快受到素质教育思想的挑战，因为国内外的人才成长及使用实践表明，仅有一技之长的人并不能担当高级专门人才的重任。随着世界科技的迅速发展，学科专业高度分化后再高度综合成为发展趋势，人才培养与社会工作越来越复杂化，特别是"曼哈顿计划"反映出社会工作对人员合作、协调、组织能力等综合素质的要求越来越高，不仅要具有扎实的基础、宽广的知识面、较强的能力，而且要具有良好的思想政治素质和道德水平，以及健全的身体心理素质。

以自由教育、人文教育、普通教育等形式出现的综合素质教育思想得以萌生，传统意义上的专门人才培养模式、观念逐渐被"拓宽专业口径，增强适应性"的呼声和"通识教育"的理念所取代，仅仅重视科学技术的"精、深、专"为"德才兼备""文理兼备"的人才目标所取代。随后，华中科技大学率先提出以人文素质教育为突破口，中共中央和国务院出台专门文件推进高校教育全面素质教育，并建立了一大批国家人文素质教育基地。人文素质教育并非只对理工科学生进行人文科学知识传授，而是对所有学生加强人文品格、人文精神的全面教育，是通识教育的具体体现。

（三）提高终身学习和终身教育观念

按照传统的职业教育观念，高校教育在教育序列中毫无疑问就是人一生的终结性教育活动。但由于世界科技发展的日新月异以及世界性社会工作的不断变化，由联合国教科文组织的系列报告引发，以素质教育思想为理论支撑的终身教育、终身学习观念逐渐渗透到高校教育领域，高校教育究竟是终结性教育还是基础性教育一时成为学术界的争论热点。特别是高校教育达到大众化甚至普及化程度之后，高校教育的基础性就更加突出，高校教育只能为学生未来成为科技人才、从事科技职业打下知识、能力和继续学习的基础，而不能为未来准备好所需的一切，因而，高校教育人才培养必须更加重视比较宽广的学科领域、比较扎实的基础知识、比较强的学习和研究能力，也必须为在职人员提供大学后继续学习的条件。

（四）以学生为本的个性化教学观念逐渐生成

一场世界性的学习革命，使高校教育教学模式也必须适应受教育群体的历史性变化，这是高校教育教学创新的直接指导原则和方向。具体而言有如下表现：由单纯的掌握知识转变为更加注重智力发展和能力培养；由单纯的、狭窄的专业知识和能力培养转变为同时注重拓宽知识面，培养具有包括外语能力、经管能力、交往能力等多种能力的复合型人才；由单纯注重统一的培养规格转变为同时注重发挥学生的多样化特长和学习潜力；由偏重于理论知识转变为同时注重实际知识，进一步强调理论与实践相结合；等等。

　　因材施教，促进人的全面发展是一条基本教育原则。为了克服计划时代"标准件"式的高校教育人才规格和培养过程中的固有缺陷，突出学生在人才培养中的主体地位，在教学管理、教学环节、教学方式等方面也要将统一的、封闭的、固定的人才模式变革为多样化、个性化的教学过程和教学形式。既努力拓宽专业口径又坚持按专业培养人才，既制定人才培养目标和基本规格又给予学生充分自由的发展，既坚持教学工作的计划性又给予学校、专业、教师和学生较大的灵活性。在教学管理上，推行学分制，实行选课、选专业等灵活的制度和政策。

三、高校教育教学思想观念变革的趋势

　　进入 21 世纪以来，随着我国高校教育大众化进程的不断推进，高校教育条件保障机制等方面遇到了难以预料的困难，由此引发的人才培养质量争议成为高校教育的热门话题。政府和高校教育回应这种社会争议的积极举动就是实施"高等学校教学质量与教学创新工程"，试图既改善高校教育的条件保障状况，又注重将物化的环境与条件转化为人才培养所必需的制度建设，不断推进教学思想观念创新。

（一）全面落实科学发展观

　　科学发展观的第一要义就是发展，包括高校教育的发展、人的发展。围绕以人为本这个核心，人才培养工作必须是全面、协调、可持续发展的，这也是终身教育和学习化社会思想的基本要求。贯彻党的教育方针，推进素质教育，坚持"巩固、深化、提高、发展"的方针，遵循高校教育的基本规律，牢固树立人才培养是高校教育的根本任务、质量是高校教育的生命线、教学是高等学校的中心工作等都属于新的高校教育教学理念。

（二）建立健全大教育观

　　具体表现在创新高校教育资源共享上，通过新教材和立体化教材建设、网络教育资源开发和共享平台建设，建设面向全国高校教育的精品课程和立体化教材的数字化资源中心，建成一批具有示范作用和服务功能的数字化学习中心，完善服务终身学习的支持服务体系，提升我国高校教育的质量和整

体实力。这需要充分考虑提高教学质量的系统性和复杂性，确定一些具有基础性、全局性、引导性的创新突破口，引导高校教育教学创新的方向，实现高校教育规模、结构、质量和效益协调发展。同时，也需要调动政府、学校和社会各方面的力量，把发展高校教育的积极性引导到提高质量上来，充分利用各方面力量支持高校教育的发展，切实解决高校教育在提高质量方面的实际问题，为高校教育办学创造良好的外部环境。

（三）高校教育教学创新

高校教育教学创新与高校教育质量提高是一对永恒的话题。总体而言，我国高等教育教学创新在实践活动上可谓阵容庞大、气势恢宏，但在形式和内容上出彩不多。因此，在教学制度创新方面，要继续建立和完善教学评估制度、专业认证制度、高校教育基本状态数据发布制度等；在教学活动创新方面，不仅要落实"教授、名师要上课堂"，还要努力建设高水平教学团队。同时，应继续突出学生的主体地位，不断加大学生选课、选专业的余地，通过学分制使学生学习的自主性、自我责任心进一步增强。还应通过各级各类大规模、高强度的教学研究与教学创新立项和成果奖励，推动教学方法创新的激励机制，根本改变教学方法创新零散、自发、孤立、短效的局面。

第三节　高校教育教学方法

一、高校教育教学方法概述

在已有研究成果中，对于高校教育教学方法的分析和认识有本质揭示型的，也有特征或过程描述型的，对于高校教育教学方法研究的风向转向了"模式"路径。无论是本质揭示还是特征或过程描述，都存在一个致命缺陷：教师本位思想。这样，几乎所有关于高校教育教学方法的本质定义和特征归纳，都陷入以教师为主导的"二元论"泥沼，从教师角度研究教授方法，从学生角度研究学习方法。教授方法加学习方法就构成教学方法。这种逻辑思路所分析得出的结果自然离高校教学活动真实情景距离较远，教师的教授方法可以在没有学生参与的环境下进行，学生的学习方法更无须教师的直接参与。这两种可以游离的方法不是简单相加就可以组合成新的方法。因此，对传统的教学方法研究成果提出了批评。但批评与建构是事物发展的两个不同阶段，但在建构尚无突破、也未引起足够重视的情况下，高校教育教学方法的研究却转向了"教学模式"研究，随着教学模式研究的兴起，教学方法研究则式微。

其实，教学模式研究代替不了教学方法研究，或者仅仅是教学方法研究特殊阶段的一个尝试。很多教学模式研究成果显示，它属于教学方法研究范畴，教学模式是多种教学方法的综合。至于说教学模式是稳定的、典型的教学程式或策略或样式，这种表述也背离了高校教育教学活动的本质，与高校教育教学活动特征不相容。因为高校教育的教学活动，尤其是教学方法，不存在可以照搬、套用的"方法组合"，试图设计或概括出一种模式加以推广也不符合高校教师、学生、学科专业、学校类型等差别化的实际。高校教育教学，它的本质是一种整体性的有机"活动场域"，教学方法就是维系这种活动场域的或隐性或显性的"脉络"，即在教师的教授活动领域与学生的学习活动领域的交叉重叠部分发生的信息传达、消化、反馈的思维、路径、手段以及氛围环境等。在这个交叉重叠区域之外的教授方法、学习方法或者管理方法，他们虽然对教学活动、人才培养有重要影响，但不是严格意义上的教学方法。

在高校教育教学活动场域中，关于方法问题还不只教学方法一端，还有管理与教师活动交集场域的方法问题、管理与学生活动交集的方法问题。但教师和学生活动交集又与管理活动有一小块交集，问题的核心就在于此：教学方法的掌控权限。假如教师、学生、管理者在整个教学活动中的作用是均衡的，而且教学方法的选择与使用也是深度融合的，则三者对教学方法掌控权的共同认可范围大约是各自三分之一的"他控"组合区域，各自的三分之二都是自我控制的。也就是说，在教学方法的控制问题上，管理者、教师和学生都不可用全部的单方面意愿来衡量整体和他方的教学方法，真正可以达到三方共控的，是小于各自三分之一的共同空间。教学方法的自由是"教学自由"的实践根源。

二、高校教育教学方法的特点

认识教学方法的特点是认识高校教育教学方法的理性提升。仅从明确提出高校教育教学方法特点和分类来看，几乎都是循着"探寻模式"和"分析过程"两种思路在进行。薛天祥提出的课堂教学方法、自学与自学指导方法、现场教学方法、科研训练方法的"四分说"，[①]陆兴提出的组织和实施学习认识活动方法、刺激和形成学习认识动机方法、效果检查和自我检查方法的"三分说"。[②]我们通过分析大量教学成果奖获奖材料以及"教学名师"的实践经验发现，对于高校教育教学方法特点和分类的认识要首先回归教学活动本身。教学方法必须是在教学活动中充当"脉络"功能的东西，教学活动之外的、教学活动之中但不能充当活动"脉络"的，都不能归于高校教育教学方法考察范围。

在整个高校教育教学活动中，一切活动都是围绕"提高教学水平和教育质量、实现培养目标"这个中心的，而且任何活动都具有其方法、途径、手段。在专门人才培养过程中，课程是最基本的知识与能力体现单元，也是高校教育活动中学科与专业相互转化与结合的最小载体。学科是一个按照学术发展逻辑不断丰富起来的系统化的知识体系，专业是教育活动按照社会对专门人才要求所设计的一个相关学科知识体系群，开展这种学科知识体系群的知识传授和能力训练就是专业教育。可以说，专业是按照社会发展的逻辑变化的。课程是学科知识体系的分化单元，也是高校教育实施专业人才培养的最小的完整的知识与能力结构单元。高校教育的复杂性就体现在从课程这个知识逻辑体系到转化为接受教育的学生所获得知识与能力的微观过程之中，这就是教学活动。因此，研究高校教育教学方法必须把课程作为基点，与教学活动关联不大。确定了教学方法的基本范畴，尚需进一步对教学方法的内在特点和结构进行细化。

高校教育教学方法特点的研究近来比较沉寂。早前"二性论"（专业指向

---

① 薛天祥. 高等教育管理学导论 [M]. 北京：教育科学出版社，1990.
② 刘思延. 高校教育教学管理实践与创新发展 [M]. 哈尔滨：哈尔滨出版社，2021.

征性的概括就比较容易。高校教育教学方法的分类要从"种属"和"类别"两个方面分析，即按照种和类两个维度进行分解。第一个维度是"类"的角度，可以分为：①教学方法总论；②理论课程教学；③实践课程教学；④学习方法。第二个维度是具体的方式与途径，即"种"的角度，可以分为：①课程教学内容与体系创新；②教学方式方法创新；③教学手段与技术创新；④教学艺术与技巧创新；⑤教学方法模式创新与综合创新；⑥教学效果与质量检验方式创新；⑦教学组织方式方法创新；⑧教学方法创新理念与策略。建立这样一个二维方法结构表，基本可以反映高校教育教学方法的全貌，高校教育教学方法的所有特性也能够在其中找到相应的载体。高校教育教学方法研究就是要从高校教育教学活动的整体系统入手，深刻分析教学方法的特点，认识教学方法的规律，并在教学实践中有效运用教学方法。在进行高校教育教学方法研究时，有两个基本着眼点不能忽视。

课程：教学方法研究的逻辑起点。教学方法研究从何入手，不同的路径产生不同的结论，比如，以教学工具为基点，就会使教学方法研究偏重于实现教学的手段；以教师主体为基点，就会使教学方法研究走向"教师中心"的单边主义。教学方法研究的适用基点可以有很多种选择。我们所理解的教学方法应该以教学内容为出发点，因为教学方法所承载的主要功能就是知识的传递、接收、转化与学生修养、思维、能力的训练。没有教学内容，教学方法就无从谈起。但是，教学内容是一个复杂的体系，大到学科专业的系统化知识体系，小到一个基本概念和定律、规律性常数等，针对不同的教学内容可能会出现不同层次的教学方法。为逻辑起点。

课程在发展演变中，曾被赋予过多种多样的含义，富有代表性的课程定义有如下几种：学习方案，学程内容，有计划的学习经验等。一般认为，课程就是系统的教学内容，是一系列教学科目的集合。具体而言，课程包括"教学计划""教学大纲"和"教科书"所规定和表述的内容。无论课程的定义表述如何，这里作为教学方法研究逻辑起点的课程特指高校教育课程。高校教育课程不同于基础教育课程，它具有自己的基本范畴和过程性特点。基本范畴就是高校教育课程的一个系统性概念，最基本的是为达到某个教育目的而组织的一个单纯性教学内容。推而广之，还有教学科目、学科。过程性特点是高校教育课程的显著标志，无论哪个层次的"课程"都是为实现一定的教育目标而组织的教学内容，而且这些教学内容必须进入教学环节，参与教学活动。尽管从哲学、心理学、社会学以及交往论等不同视角对课程的过程性认识会有不同阐述，但"知识体系""教学资源""教育目的载体""组织模式"这几个核心概念是其灵魂所在。从起源讲，课程就是"课业进程"。

教学方法是以某一门具体教学科目为基础的教学交往活动要素，不仅仅在孤立的一次教学组织活动或者在学科专业层面的全程教育活动中。在当前课程创新意义上，可以适当延伸到课程组群的教学活动，比如，专业基础课程、专业课程或者理论性课程、实践性课程，还有从表现形态划分的显性课程、隐性课程等。因此，以课程为逻辑起点的教学方法研究，必然是丰富多彩的。

目标：教学方法研究的基本考量。这里的目标不全是高校教育人才培养规格目标，而是指具体课程的教学目标，但它又是整个高校教育人才培养目标的一个组成部分。这个课程教学目标既是课程体系的目标，同时又是教学活动的实现目标。按照课程论的观点，高校教育课程设计具有基础性、实践性和国际性的发展倾向，那么，具体的单门课程目标，既有与其他相关课程目标的分野又有相互的衔接，即使整体人才目标的组成部分也各具自身的独特性。而要达到这个目标，则是教学环节即教学方法所必须回答的教学目标。一般来说，将课程的知识结构体系传达给学生不是难事，但这不一定需要教师的参与，更无须教师设计教学方法。课程目标的重要任务是以知识体系为载体，通过教学活动达到训练学生能力、提高学生认知水平，并在一定程度上转化学生情感的效果。

因此，研究和分析高校教育教学方法，必须把实现课程以及教学目标作为考量依据，尽管课程与教学目标也是教学评价的重要依据，但如果在教学活动的方法选择上游离教学目标，那么在没有做到"教考分离"以及学生对教学评价主导地位难以落实的情况下，课程教学考核依然会在教师或管理者的单边主义主宰下进行，不能反映某门课程的目标是否实现。这也是长期以来，高校教育教学活动中教师教书本、学生学书本、考试考书本，最后学生除学了一堆知识之外，实践能力、创新思维以及情感培育等非常欠缺的原因。

教学方法为实现教学目标服务，在教学方法被"艺术化"的倾向下，尤其要防止"为艺术而艺术"的思潮蔓延，使教学方法创新走上一条"为方法而方法"的道路。无论是实施教学组织，还是运用教学方法，或是评价教学方法，都应该把课程及其教学目标放在首位，根据目标实现的程度和效果以及采取某种方法开展教学的效率来考量教学方法的好坏。在各种类别和层次的教学方法中，以一门课程的教学目标实现和其相应一个教学活动单元组织开展的教学方法就是本研究的基本使用域。

第四节　现代教育理念

一、现代教育理念的内涵

"教育要面向现代化，面向世界，面向未来"，这是邓小平同志1983年10月1日为北京景山学校的题词。题词发表后，迅速为各大媒体所转载，在全国上下引起了巨大的反响，并由此拉开了教育界改革的序幕。

教育必须为社会主义现代化建设服务，社会主义现代化建设必须依靠教育。因此，现代教育要适应政治、经济、文化的快速发展，必须以更加创新与完善的理念引导现代教育的改革。综合起来，现代教育理念大致可以归类为以下几个方面。

（一）以人为本的理念

21世纪的今天，社会已经由重视科学技术为主发展到以人为本的时代，教育作为培养社会所需要的人才来促进经济社会发展的事业，更应当体现以人为本的时代精神。因此，现代教育强调以人为本，把重视人、理解人、尊重人、爱护人、提升和发展人的精神贯穿于教育教学的全过程、全方位，它更关注人的现实需要和未来发展方面，注重挖掘人的潜能，重视人自身的价值的实现，从而不断提高人的生存和发展能力，促进人自身的发展与完善。

（二）全面发展的理念

促进人的自由全面发展是现代教育的宗旨，因此它更关注人的发展的完整性、全面性，宏观上表现在，它是面向全体公民的国民性教育，注重民族整体的全面发展，以大力提高和发展全民族的思想道德素质和科学文化素质，提高民族的知识创新和技术创新能力，增强包括民族凝聚力在内的综合国力为根本目标；微观上表现在，它以促进每一个学生在德、智、体、美、劳等方面的全面发展与完善，造就全面发展的人才为己任。这就要求人们在教育观念上实现由精英教育向大众教育、由专业性教育向通识性教育的转变，在教育方法上采取德、智、体、美、劳等多育并举、整体育人的教育方略。

（三）素质教育的理念

现代教育更注重教育过程中知识向能力的转化工作及其内化为人们的良好素质，强调知识、能力与素质在人才整体结构中的相互作用、辩证统一与和谐发展。针对传统教育重知识传递、轻实践能力，重考试分数、轻综合素质等弊端，现代教育更加强调学生实践能力的锻造，全面素质的培养和训练，主张能力与素质是比知识更重要、更稳定、更持久的要素，把学生综合素质的培养与提高作为教育教学的中心工作来抓，以帮助学生学会学习和强化素质为基本教育目标，旨在全面开发学生的诸种素质潜能，使知识、能力、素质和谐发展，提高人的整体发展水准。

（四）创造性理念

传统教育向现代教育的重要转型之一，就是实现由知识性教育向创造力教育转变。因为知识经济更加彰显了人的创造性作用，人的创造力潜能成了最具有价值的不竭资源。现代教育认为，教育教学是一个具有高度创造性特点的过程，以启发、点拨、开发、引导、训练学生的创造力才能作为其基本目标。主张以更新颖的教学手段和美好的教学艺术来创造出教育教学环境，从而更好地培养创造性人才。现代教育主张，完整的创造力教育是由创新教育（旨在培养学生的创新精神、创新能力与创新人格）与创业教育（旨在培养学生的创业精神、创业能力与创业人格）二者结合而形成的生态链构成。因此，加强创新教育与创业教育并促进二者的结合与融合，培养创新型、创业型、复合型人才成为现代教育的基本目标。

（五）开放性理念

当今时代是一个开放的时代，科学技术的快速发展，经济的逐步全球化使世界成为一个紧密联系的地球村。以前的教育格局将被打破，取代它的是一种全方位开放的新型教育。这种新型教育包括教育方式的开放性、教育过程的开放性、教育观念的开放性、教育目标的开放性、教育评价的开放性、教育内容的开放性等。

（六）多样化理念

现代社会是一个日益多样化的时代，随着社会结构的高度分化，社会生活的日益复杂和多变以及人们价值取向的多元化，教育也呈现出多样化发展的态势。这首先表现在教育需求多样化，为适应经济社会发展的要求，人才的规格、标准必然要求多样化。其次表现在办学主体多样化、教育目标多样化、管理体制多样化。最后还表现在灵活多样的教育形式、教育手段，衡量教育及人才质量的标准多样化等。这些都为教育教学过程的设计与管理提出了更高的要求与挑战，它要求根据不同层次、不同类型、不同管理体制的教育机构与部门进行柔性设计与管理，它更推崇符合教育教学实践的弹性教学与弹性管理体系，主张为教育事业的发展提供更加宽松的社会政策法规体系与舆论氛围，以促进教育事业的繁荣与发展。

（七）生态和谐理念

自然物的生长需要良好的自然生态环境，人才的健康成长同样也需要宽松和谐的社会生态环境的滋润。现代教育主张把教育活动看作一个有机整体，这个整体不但包括教育活动的老师、课堂、学生、教育、实践、内容与方法诸要素的融洽与和谐统一，也包括教育活动与整个文化氛围和环境设施的和谐统一，把融洽、和谐的精神贯注于教育的每一个有机的要素和环节之中，最终形成统一的教育生态链整体。

（八）系统性理念

随着知识经济的来临以及学习化社会的到来，终身教育成为现实。

教育成为伴随人一生的最重要的活动之一。因而，教育不再仅仅是学校单方面的事情，也不仅仅是个人成长的事情，而是社会进步与发展的大事，是整个国民素质普遍提高的事情，是关乎精神文明建设及两个文明协调发展的全局性、战略性大业，它是一项由诸多要素组成的复杂的社会系统工程，涉及许多行业和部门，所以需要全社会普遍参与、共同努力才能做好。所以，与传统教育不同，转型时期我国正在形成的是一种社会大教育体系，它需要在系统工程的理念指导下进行统一规划、设计和一体化运作，以培养人们的学习能力，提升人们的生存和发展能力为目标，以实现社会系统内部各环节、各部门的协调运作、整体联动为基础，把健全教育社会化网络作为构成教育环境的中心工作来抓，促进大教育系统工程的良性运行与有序发展，以满足学习化社会对教育发展的迫切要求。

二、高校现代教育理念

（一）高校教育理念的概念

我国学界对教育理念问题的关注和研究，始于 21 世纪之初的基础教育新课程改革。新课程从教学目标的确立到教学内容的编排，再到教学方式的设计，都与传统课程有着根本的不同。教师要想适应新课程的教学工作，首先必须转变教育思想和观念。其后，教育理念研究逐渐从基础教育领域进入高校教育领域。从已有教育理念的研究成果来看，其概念界定比较有代表性的观点如下：有学者从教学理性认识的角度出发，认为教育理念是从先进的教育理论中演绎出来的有关教学活动的理性认识，是"教学应该怎样、为什么需要如此"的理想化认识，体现了教师对教学实践的价值期待及理想追求。有学者从现实与超越的视角指出，教育理念不仅包括教师对教学问题的现实性认识，也包括教师对教学问题的前瞻性价值判断与结果选择。有学者主张从教学规律的角度解读教育理念，指出教育理念是教师对教学与学习活动内在规律的认识，是教师对教学活动的看法以及所持有的基本态度与观念。有学者从大学教师的维度指出，教育理念是指大学教师头脑中观念性地存在着的，关于学科教学和学生智慧发展等方面理论与信念的综合体，是指导教师教学实践活动的理论基础。有学者从融合与统一的视角指出，教育理念就是教学理念和教学理想的一种融合，是主观和客观的一种融合，是认识和信念的一种融合，是思想和行为的的一种融合，是事实判断和价值判断的一种融合。有学者则从教学思维和教学价值观的角度出发，指出教育理念是关于教学的根本看法和思想，是教师对教学问题进行思维所获得的结果。综上所述，学者们对教育理念概念的解读和界定，虽然存在着认识视角和侧重点的不同，但也反映了一些共同特点，即都主张把教育理念理解为教师对教学所做出的主观认识和价值判断，是教师对教学所表现出的态度与信念、期待与追求，是教师对教学所持有的思想与观念。

　　基于上述分析，我们认为高校教育理念是高校教师在长期教学理论学习与教学实践反思基础上创造生成的对教学活动价值及其本质规律的认识和判断。从本质上来说，教育理念体现高校教师对"教学究竟是什么"以及"教学到底能够做什么"的理性思考，深刻反映了教师对教学的应然状态以及教学的理想状态的憧憬和向往，因而表现为一种指向教学实践活动未来的精神范式和理性品格。高校教育理念不同于教育观念，教育观念或者是以"非系统化"的方式呈现关于教学实践的感性认识，或者是以"意识形态"的方式呈现关于教学实践的理性认识，具有强烈的现实性色彩。高校教育理念也不同于教学理想，教学理想是教师对未来教学实践发展趋势的把握、想象和憧憬，它不仅具有鲜明的情感性特点，而且具有极为突出的信念性特征。高校教育理念处于教育观念和教学理想的联结点与关键点的位置，较之于教学观念，它往往弱化了现实性而更具信念性；较之于教学理想，它往往弱化了信念性而更具现实性。教育理念在高校教师的教学实践活动中发挥着方向性和主导性的价值作用，是更新教师教学行为的先导和灵魂。教育理念渗透和融入高校教师的教学过程之中，不仅影响着教师对教学内容的讲解、对教学方法的运用以及对教学进程的调控，而且也影响着高校教师的教学态度及其对教学认知、情感和行为的投入程度，因而是高校教师教学成功的最深层支撑力量。

（二）高校教育理念变革的趋势

　　进入 21 世纪以来，随着我国高等教育大众化进程的不断推进，高等教育条件保障机制等方面遇到了难以预料的困难，由此引发的人才培养质量争议成为高等教育的热门话题。政府和高等学校回应这种社会争议的积极举动就是实施"高等学校教学质量可教学改革工程"，试图既改善高等教育的条件保障状况，又注重将物化的环境与条件转化为人才培养所必需的制度建设，不断推进教育理念创新。

1. 全面落实科学发展观

科学发展观的第一要义就是发展，包括高等教育的发展和人的发展。围绕以人为本这个核心，人才培养工作必须是全面协调可持续发展的，这也是终身教育和学习化社会思想的基本要求。贯彻党的教育方针，推进素质教育，坚持"巩固、深化、提高、发展"的方针，遵循高等教育的基本规律，牢固树立人才培养是高等学校的根本任务、质量是高等学校的生命线、教学是高等学校的中心工作等都属于新的高等教育理念。

2. 建立健全大教育观

具体表现在优质高等教育资源共享上，通过新教材和立体化教材建设、网络教育资源开发和共享平台建设，建设面向全国高等学校的精品课程和立体化教材的数字化资源中心，建成一批具有示范作用和服务功能的数字化学习中心，完善服务终身学习的支持服务体系，提升我国高等教育的质量和整体实力。这需要充分考虑提高教学质量的系统性和复杂性，确定一些具有基础性、全局性、引导性的改革突破口，引导高等学校教育教学改革的方向，实现高等教育规模、结构、质量和效益协调发展。同时，也需要调动政府、学校和社会各方面的力量，把发展高等教育的积极性引导到提高质量上来，充分利用各方面力量支持高等学校的发展，切实解决高等学校在提高质量方面的实际问题，为高等学校办学创造良好的外部环境。

3. 不断鼓励和引导丰富多彩的高等学校教学创新

高等学校教学创新与高等教育质量提高是一对永恒的孪生话题。总体而言，我国高等学校教学创新在实践活动上可谓阵容庞大、气势恢宏，但在形式和内容上出彩不多。因此，在教学制度创新方面，要继续建立和完善教学评估制度、专业认证制度、高等学校基本状态、数据发布制度等；在教学活动创新方面，不仅要落实"教授、名师要上课堂"，还要努力建设高等水平教学团队。同时，应继续突出学生的主体地位，不断加大学生选课、选专业余地，通过学分制使学生学习的自主性、自我责任心进一步增强，还应通过各级各类大规模、高强度的教学研究与教学改革立项和成果奖励，推动教学方法改革创新的激励机制，根本改变教学方法改革创新零散、自发、孤立、短效的局面。

第二章　我国高校教育教学管理的问题分析与创新发展

随着社会化进程的不断推进，高校教育体制改革的步伐越来越快。良好的高校教育管理体制对于全面提高教育水平具有非常重要的作用。因此，我国高校教育教学管理成为人们关注的焦点。

第一节　我国高校教育教学管理的问题分析

一、目前我国高校教育教学管理的问题

从宏观上看，高校与政府密不可分。我国大部分高校教育管理都实行在中央领导下的分级管理制度。目前虽然多数高校能够做到民主管理、自主办学，但在具体的事务管理中，高校难以脱离政府组织而存在。这在政策、财务、人事管理等方面都有所体现。

政府进行管理的决策手段主要有政策、法律、拨款等方式；而教育则必须遵循其内在的规律。政府对教育的控制对教育自身的发展有利有弊。为了教育的利益、生存与发展，教育管理者会做出各种决策，而教育作为长期发展的过程，需要有行政决策的前期论证作为基础。

从微观上看，高等教育管理体制中的民主主要体现在两个方面：一是学校和家长及社会的权力分配、机构各部门间的权力分配方面，二是政府和学校、教师与校园管理者以及师生间的权力分配方面。在权利的分配过程中，

责任问题较为重要。享有多大的权力就要承担多大的责任，即责权一致。若不一致，就等同于越权了。所以人性化管理成为高校教育教学管理的一种趋势。

在高校扩招后，公平与效率、质量与数量的矛盾逐渐显现出来。高校的扩招使高等教育由精英化走向大众化。有限的教育资源不能满足越来越多的学生的需求，而导致教学质量下降。为了提高管理效率而采用统一的管理方法，进而忽视个体差异也是高等教育管理中常见的问题。如何维持高校中的公平值得我们思考。

从后现代的角度观察现在的高校教育教学管理，笔者发现很多问题，下面从五个方面进行分析。

（一）管理结构方面的问题

我国的高等教育在政府的垄断下形成一种科层制的管理模式。它适应了规范化管理秩序，体现了理性化管理思想。科层制管理模式的典型特征是"权力中心"，规章制度是其维系的纽带。

在现代工业生产中，科层制体现了注重效率的分工协作关系。社会大分工是顺应时势的产物，它既有利也有弊。有利之处是，它解决了各个小个体不能完成内部繁杂工作的问题，使得各项工作分工明确、井然有序，提高了工作效率；不利之处是使组织内部出现分离，减少了内部联系。学校是一个与外界联系较少的封闭系统，受社会环境影响较小。学校的科层制主要表现在严格层次节制上。在具有科层制取向的学校组织中，组织内部上级对下级有合法控制的权利，下级对上级有服从命令的责任。科层制的规章制度将学校内的各项工作以规章的形式明确下来，使学校组织内部工作变得章程有序、有法可依。结构和功能密不可分，相辅相成。学校系统结构的优化和功能的优化紧密相连。

但是，科层制由于过于强调权威也产生了一些负面效应。过度强调法规条例会导致监督严格、控制强硬、有效奖惩等手段的出现，从而导致组织内部人心疏离；反过来，人心疏离又会导致控制的进一步加强，从此形成恶性循环，破坏学校良好的氛围。科层制产生的负面效应在学校内部主要表现为部门间的冲突矛盾不断。比如，校长和教务处、后勤与教师、学生的管理系统等极易产生矛盾。这种严格的制度管理下形成的强制性校园氛围不利于学生的个性发展，极易使学生成为制度的奴隶。学校组织是一个不可划分的整体，各个部门紧密联系，总的目标是促进学生成长与发展；而严格的制度管理不利于学校组织的正常运行和发展，更有悖于学校组织的性质。

（二）管理对象方面的问题

第一，现在高等教育管理多为注重效益的科学管理。科学管理通过抽象掌握管理对象的本质来实施管理举措，主要采用大范围的调查、测量、评估等方法。但是高等教育管理的对象是有思想、有个性的人，是不易被控制的。管理者将他们看作有统一性质的物，使其标本化，进行统一管理。这种做法忽视了人性的差异，在对不同问题的解决处理上过于片面、单调。

第二，现代管理组织的科层制和其结构使得上级领导具有绝对权力。管理者进行策划与决策，而不用实际操作；实施者接受上级管理而采取行动，不会去思考。长此以往，没有人会主动思考、质疑，也就失去了创新意识。在这种等级分明的制度下，追名逐利的人越来越多，而富有创造力的人越来越少，社会的发展将受到阻碍。

（三）管理目标方面的问题

当前高校教育管理大多注重科学理性。管理者在许多管理工作中都采用量化管理的方法。管理者用明确的数字和具体的行为来分析问题，忽视了道德因素与价值因素对教育管理的影响。例如，管理者在做学生管理工作中的综合评比时就采用了量化管理方法，将学生的日常表现、学科成绩、道德思想等量化成不同的分数。量化管理方法可以帮助管理者选出一些优秀的学生，但同时管理者也需要注意思考这种评价是否合理、是否科学。关于学生参与的校园文化活动、做义工等出于什么样的动机，管理者无从得知。管理者在对教师教学和科研能力进行评价时，也主要采用了量化方式，而没有做实质内涵的评估。科学理性使工具主义和利益主义盛行。在这种管理制度下，管理的目标只是满足学校要求、维持学校秩序。管理者缺少了应具备的内涵，只是学校秩序的维护者。

人是高等教育的主要对象。高等教育组织的目的是培养人。所以，管理组织的过程和目的都应该以人为本，重视人的生命、价值、生活等。根据科学管理的原则将问题简化，不注重内在价值必将导致失败。管理者应该认识管理中的价值因素，冲破原有的束缚，使高等教育管理得到创新发展。

（四）管理模式方面的问题

确定性是科层制中的又一不良属性。上下级的权利结构增强了人们脑中的确定性。一方面，人们在各自职能和组织结构角色中被认为是固定的、不可变的。另一方面，科层制的确定性使人们心生惰性，只是一味地接受上级的命令，没有自己的想法，不寻找适合自己的方式，逐渐失去自我，没有了作为人的主体性和差异性，单独展现了人的理性思维的重要性。在高校管理中这种倾向尤为明显。在实际情况中，学校管理者常用统一的教育管理方式来管理不同的学校组织，忽视了不同类型学校组织的差异性。如师范类、艺术类、综合性的大学都具有自己独特的个性特点；同一所学校不同的学院、系也都不尽相同。但是很多高校管理者却没有意识到差异性，用统一的理论指导教育管理。

（五）教育教学管理队伍方面的问题

1. 学校对教学管理队伍的重要性认识不足

长久以来，教育管理工作不受重视。许多学校认为教学管理工作是单调的重复性工作，没有技术含量，停留在"事务型""经验型"的管理层面，教学管理人员不需要过强的专业能力。所以学校在选拔教学管理人员时忽略了对他们素质的要求。学校门槛的降低导致一段时间内出现教学管理队伍低学历、低职称的现象，教学管理质量下降。特别是扩招后，各地方院校不断扩大办学规模，广招学生。学生数量的增多加大了教学难度。为了保证教学质量，学校加强了师资队伍的建设，与此同时却忽视了教学管理的发展，不能用教学管理工作中的专业知识和能力来要求教学管理人员，不重视教学管理人员的管理知识、技能培训。教学管理人员应具备的能力得不到提高，教学管理的层次得不到升华，从而不利于高等教育质量的提升。

2.教学管理人员缺少创新意识

长久以来,我国传统的管理观念深入人心。传统的管理制度使得高校教育教学管理人员对学校的管理形成了固定的思维模式,被动地执行各项政策,按部就班,服从领导的命令,不进行创新思考、教育科学研究,逐渐产生了惰性,失去了创新精神。而新时期的高校教育教学管理应与时俱进、创新发展。面对此种情况,部分教学管理人员不能适应现代教育教学管理要求。

3.教学管理队伍专业思想不坚定

目前,高校的教学管理队伍普遍存在专业思想不坚定的现象,教学管理队伍的人员流动性大。现在各高校的管理人员有许多都是从其他岗位转过来的,缺少专业人员的思想教育;只有小部分长期从事这项工作的管理人员是从管理专业毕业的。一些高校不重视教学管理人员的培养,致使教学管理岗位没有了吸引力。一些有一定工作能力或知识层次的工作人员思想不稳定,认为这项工作不被重视,吃力不讨好。此外,部分高校虽然将管理队伍的职称评比定位为专业技术人员,但是教学管理岗位职称的问题却没有得到解决,再加上教学管理人员待遇低于同级其他岗位的人员,打击了在职管理人员的积极性,以致有些管理人员工作不投入、纷纷想跳槽。尤其是院(系)级教务员流动性大,工作没多长时间就转岗,刚刚熟悉工作就走人,使院(系)不得不调换人员。这对教学管理队伍的稳定性、管理工作和管理资料的连续性都产生了极大影响。

4.教学管理人员专业知识、能力不符

高校是高素质、高学历、高端人才的聚集地,其核心工作是遵循教育教学规律,培养高素质的人才。大部分教学管理人员都不是管理专业毕业的,岗前没有经过专业系统的培训,缺少现代教学管理知识。上岗后繁杂的工作、职称的晋升、专业的深造等多种原因使得教学管理人员没有时间和机会学习教学管理方面的知识与技能,其不具备教育管理科学、高等教育学、教育心理学等方面的专业知识,不了解课程建设、专业建设、教材建设等方面的规则。甚至有些人的工作能力不符合现代教学管理的要求,教学管理效率低。

5.教学管理人员整体水平不高

当前我国从事教育教学管理的人员没有相关的实践经验,只是从书本上自学，在教学过程中不能很好地做到理论与实际相结合，只是照搬书本上的原话，不利于教学工作的开展和教学质量的提升。

6. 教学管理队伍的结构不合理

我国现有的教学管理人员的来源主要有以下两个：一是学生工作部门的管理干部和大学就业指导的政治辅导员，二是经济管理类的教师。当前的教学管理队伍在专业结构、年龄结构、学历结构、职称结构等方面都不太合理。在专业结构方面，管理干部和学生辅导员占大部分比例，很多都是非专业的；在年龄结构方面，教师年龄大多在40岁左右；在学历结构方面，研究生比例不超过百分之三十，博士生更是近乎没有；在职称结构方面，中级及以下职称的人数较多，高级以上职称人数较少。创新创业教育理论研究是发展创新创业教育的基础，而教学管理人员是创新创业教育理论的主要研究者。创建一支水平高、结构合理的教学管理队伍，是发展创新创业教育的必经之路。因此优化教学管理队伍的结构是我们需要探讨的一大问题。

二、目前我国高校教育管理出现问题的原因

每一个国家的高等教育都不是完美的，都或多或少地存在一些问题。我国高校教育教学管理出现问题的原因又有哪些呢？是在高等教育机构建立之初就有还是随时间推移而出现的？要解决我国目前高校教育教学管理中出现的问题，就必须对问题产生的原因进行分析。高校教育教学管理是人的一种活动，会留下痕迹。对高等教育的起源、发展、演变进行分析，有助于分析我国高校教育教学管理出现问题的原因。因为人的主观意识在传统文化和历史长河中会留下印记，也会对我国高等教育或高等教育管理产生影响。

（一）近现代历史赋予其政治与民族色彩

我国的近现代史有着屈辱，也有着自强不息。虽然帝国主义对我国强取豪夺，使我国陷入困境中，但同时也激发了一些爱国同胞对救民族于水火、复兴国家的思索与热情。在我国甲午战争中落败后，一些知识分子踏上了振兴民族、走向富强的路。我国开始实行戊戌变法。在此期间我国第一所高等教育组织——京师大学堂诞生。在动荡的政治背景下，京师大学堂担负着振

兴民族的责任，有着浓厚的民族与政治色彩。后来，戊戌变法虽然失败了，但京师大学堂却保留了下来，且成了各种政派争斗的战场。因而这种政治民族色彩便成为中国高等教育组织的特质，且至今尚存。

现今我国的诸多高等教育组织是在新中国成立后出现的。而我国的高等教育管理体制却受苏联模式的影响。当时建立的高等教育管理体制和观念至今仍产生着一定的影响。

（二）传统的官本位文化赋予其行政化

秦朝是官本位文化的起源。秦始皇统一六国后建立郡县制，他委任官吏执掌各项事务，因此，官吏变成权利的象征。汉朝又将儒学变为官学。在隋唐时期，考取功名成为儒生的目标。在明清时期，人们对仕途功名的追求达到白热化。现在，"科举制"虽然退出了历史舞台，但是"官本位"作为一种民族文化至今存在并有着较大的影响力。

（三）社会现实快速发展使其具有滞后性

现代科学技术飞速发展，其中网络、信息的发展尤为突出。现在我国也正在快速发展，尤其是自改革开放以来政治、文化等方面发生了许多变化，高等教育管理也有了许多新的要求。如果高等教育管理不能顺应时势改变方法，调整思路，必将产生许多问题。不健全的法制建设和不及时的机构调整是高校教育教学管理滞后性的主要表现。

我国在计划经济体制中建立的高等教育管理体制不适用于市场经济体制。随着社会主义市场经济的发展和对外开放，自主管理权逐渐被一些管理组织所关注与呼吁。自主管理权需要有机构支持才能发展落实。但是，我国现有机构是计划经济体制下的产物，内部机构复杂多样，部门间分工不明确，造成了资源的浪费。另外，虽然我国高等教育组织者有了新思路，但是我国高等教育组织的办学依然依赖政府，这就增加了实现自主管理权的难度。

中华民族具有五千年的历史，其中我国的封建社会时期是非常漫长的。因为我国由封建社会直接走向了社会主义社会，所以在长期的封建制度下，原有的人治阻碍了法治的发展。在没有法治的历史基础的情况下，要实现依法治国、依法治校，就需要更努力，付出更大的代价。在新形势下，又出现了许多原来没有的问题。当前我国高等教育组织的规章、制度没有法律地位，且相关教育管理法律法规由于远离现实管理而导致调控力度较弱。

第二节 高校教育教学管理的变革发展

随着改革开放深入发展，大学致力于由应试教育向素质教育转轨，以"以人为本"的指导思想，弘扬了现代人本主义的管理理念。当代大学生教学管理为适应这一教育改革趋向，也致力于自身理论的大胆探索与实践。针对大学教育教学管理的现实问题，我们要着力分析当代高校教学管理改革的必要性和改革途径，从而使高校教学实践有更好的理论指导。

一、高校教育教学管理改革的必要性

大学的中心工作是教学工作，大学发展的生命线是教学质量。在高等教育迅速发展的今天，经济、社会等不断变化对于保证和提高大学教育教学质量都提出了新的挑战。因此，高校教学管理改革就显得十分必要。

二、高校教育教学管理改革的途径

提高教学质量是教学管理的目标。而教学质量是一个综合性指标，其决定性因素有很多，包括师资队伍、教学实验设备条件、现代化教育手段的应用、办学思想、教学管理、专业建设、课程和教材建设等。因此，我国大学教学管理的全方位的改革应从以下几方面着手：①明确教学管理的职能本质。②合理配置教学资源。③注重教师队伍建设，提高教师综合素质。④建立科学合理的教学评估体系。⑤加强大学学风建设。⑥将传统教学管理模式与现代教育技术结合起来。

三、当代高校教育教学管理的改革

随着教育改革的不断深入与发展，现代教育理念也随之不断变化与更新。

而现行教育的新理念有三种：创新的教育、终身的教育和素质的教育。高校是素质教育和创新教育理念实践的主体；而终身教育是针对现代的知识性社会性质而言的，无法在学校教育阶段实践。现代教育的新理念适应了现代教育培养复合型人才的要求。但是，因为这种理念实施的不利因素是现代教育的管理模式。所以对于现代教育新理念的实施而言，探寻现代教育管理的适应模式具有重要意义。

（一）针对素质教育的教育管理改革分析

第一，转变思想观念，将素质教育的理念渗入教育管理改革之中。

第二，建立完善的教育管理体制，加大素质教育实施力度。

第三，加大教育投入，提高办学条件。

第四，建立素质教育运行机制。

第五，优化教师素质。

第六，改革考试制度与教育评价体系以适应素质教育的要求。

（二）针对创新教育的教育管理改革分析

实施创新教育是历史的必然。而我国在实践落实创新教育的过程中存在着许多困难也是客观事实。通过教育管理改革推动创新教育的全面实施，主要有以下几种措施：①加大宣传力度，树立创新教育意识，走出"高分高能"的认识误区。②转变教育观念，树立"以学生发展为本"的教育教学观。③优化课程结构，注重课程设置的综合化、多样化。④丰富课堂教学。这是实施创新教育的主渠道。⑤改变教学组织形式和方法，鼓励学生创新思维，发展学生的创新个性。⑥实行开放教育，通过各种活动，培养和开发学生的创新能力。⑦改变重知识和智育的单一评价模式，树立弹性、多元的教学评价观。

四、当代高校教育教学管理观念的变革

在大学教育管理工作中，"以人为本"既是一种价值观，又是一种方法论。它在指导教育教学管理方面具有以下几种意义：①教育的产生和发展是社会发展和人自身发展的需要。社会和人是教育的主体。②推动人类社会的延续

和发展是教育工作的最终目的。而这个目的是通过培养社会所需求的人来实现的，从而决定了教育活动的中心是人。③只有全面提高人的综合素质，才能培养出社会所需求的人。所以大学教育的职能就是把学生培养成为具有主体精神与创造力的人。

（一）由"以事为本"转变为"以人为本"

当代大学生教学管理贯彻的"以人为本"的思想应以面向基层、教学活动与服务对象为原则。因此任何一项教学管理政策、制度、措施的实施都要以此为前提，以促进教师教学活动的自主性与创造性、学生学习的主动性与积极性，进而便于培养学生的实践能力和创新精神，最大程度地发挥人的创造性和主动性。所以，以"人"为中心应成为现代大学教育教学管理的观念。采取参与式、民主式的管理方式，切实保障教师参加教学管理工作、参与审议学校的重大管理措施的权利，从而为学校的教学管理提出意见和建议，有利于学校教育教学管理工作的顺利开展，保证教学质量。管理者与被管理者之间存在着双重关系，即工作关系与人际关系。前者强调责任，后者强调感情交流。在学校教学管理过程中，管理者应保持这两种关系的平衡，对被管理者既要考虑人际关系，互相关爱、增进感情；又要注重工作关系，坚持原则、恪尽职守。

（二）坚持"教师主导，学生主体"的教学原则

在"教师主导，学生主体"的教学原则中，以学生为主体强调的是在学习过程中，学生应当作为认识的主体，以学生的思维活动为主体、以学生的认知过程为主体。因此，教学活动的最终成效是以学生学到了什么而不是老师教了什么，以及对提高学生素质产生了什么影响为主。这一教育思想的重大转变，实质上也是"以人为本"的思想在教学管理过程中的重要体现。以学生为主体，还要求开发学生自主性、创造性学习的动力；教学的形式由组织传授灌输式教学转变为组织参与式教学；教学活动的评价标准由以教师传授、学生接受知识的效果评价转变为以培养创新精神与实践能力的效果评价；考核的目的由单纯检验学生对于知识的掌握情况转变为检验与培育学生的实践与思维能力、创新意识；大学生毕业的就业与创业教育应更多地体现在促

进新的经济增长点、培养学生自主创业的开拓精神上。

五、当代高校教育教学管理模式的变革

当代高校教育教学管理模式的变革要求严与宽并存，既要严格要求、明确规章制度、不因人而异，又要进行弹性管理，培养创造性人才。所以，教师在教学管理中要处理好严谨与灵活的关系，为学生的个性发展提供充足的时间和空间，营造宽松良好的环境氛围以便于学生创造性思维的形成与发展。与工业经济时代"标准化"教育的"刚"性管理相比，当代教育是一种建立在鼓励创新型教育基础上的有较高理论水平的"柔"性管理。因此，现行的教学管理模式的变革，尤其要对"刚"性教学管理制度进行改革。在深化教学改革中，教师需要发挥很大的作用。因此，高校管理者必须鼓励教师积极参与教学管理改革，而现行的管理制度阻碍了改革的推进。例如，现在各所大学主要以承担教学任务的工作量来计算、调整教师的工资与奖金。这种制度在教学管理改革中具有抑制作用。教学管理改革要求教师编写新教材、制订新方案、投入大量的时间精力，增加了教师的工作量。但这些在现在的教学工作量标准中却没有体现出来。这就导致了教学管理改革动力不足的问题。因此，出台一些政策，保证或提高教师对教学改革的积极性，是现在教学管理要深入探讨并解决的问题。当前，各高等学府都开始实施增加选修课、主辅修制、第二学位、学分制等措施，使人才培养模式呈现多样化。但是，存在的矛盾是现有的学时不变，学生没有时间精力选择学习自己感兴趣的课。学分制虽然为学生创造了多方面的学习条件，但是专业课的课程安排紧凑，致使学生没有时间超前修课。现在，虽然国家淡化了专业种类，拓宽了专业口径，但是在具体实施过程中仍然有较强的"专业性"，学科交叉的目标还是可望而不可即。因此，改革现有的教学管理制度与方法是教学管理改革的突破口。

六、当代高校教育管理系统的变革

先进教学思想观念得以应用到人才培养模式中主要因为大学教育管理部

门的有效组织和协调。例如，大学教学管理部门的重要任务就是制订人才培养计划。其遵循的原则应是符合培养创造性人才的要求、协调各方面的关系。这对深化教育教学改革有着举足轻重的作用。在改革教学内容的同时，高校也不能忽视教学方式的改革。从教学评价上说，传统的教育采取的是以传授知识为主的教育模式。这种教育模式是不可能培养学生创新精神的。因为培养实践能力和创新精神的教育需要运用讨论式和启发式的方法，让学生将动手与动脑结合起来，发掘其独立思考、自主学习、发现提出并解决问题的潜力。

所以，大学教育管理部门需要运用现代教育观念诊断教学，激发教师教改积极性，重新制定教师教学的评价标准。另外，大学教学改革的经费应主要用于创新教育。为提高学生创新意识水平和实践能力，高校应建设现代教育技术基地服务。传统人才培养模式的重点在于教师教导，而创造性人才培养模式的重点是学生学习。因此，高校教学管理既要做好教的管理，又要注重学习管理，加大对学生学习的管理力度，主要应关注学生学习的方法、态度、习惯、效果和学习风气等。在人才评价标准方面，传统人才培养模式总是把听话、懂事、学习好作为好学生的评价标准。标准单一机械，往往会压制学生的个性发展，扼杀了其创新精神。因此，高校教学管理应正确对待学生，鼓励学生的个性发展。因为为学生发展个性、培养兴趣爱好、开发潜能、培养创新精神和创造能力提供条件是大学教学管理的责任。因此，高校应建立有利于学生和教师创造性发挥的科学评价体系和评价方法。

七、高校学生管理体制的变革

（一）改革学生管理体制的意义

通过对比中外学生管理体制和研究我国高校学生管理体制可以发现，我国高校需要对现今的管理体制进行有效的改革，否则学生管理体制将会影响管理效果乃至人才培养的质量。

首先，改革学生管理体制是学校工作面向社会主义市场经济的需求。社会主义市场经济的建立使社会向学校提出了培养适应社会主义市场经济发展的人才的要求。面对这一全新的要求，学校必须适度改革管理体制，否则就不能完成时代赋予的使命。学生管理系统是学校管理的子系统，直接担负着培养人才的任务。因而学生管理体制的改革势在必行。并且，随着社会主义市场经济的建立，学生的招生机制、指导就业机制以及教育管理机制也出现了一些问题。这些已经摆到议事日程上的现实问题是过去计划经济条件下所建立的学生管理体制难以解决的。

其次，改革学生管理体制是全面改进学校管理工作的需求。从理论和实践角度来讲，管理的有效性源于两个方面：一是管理系统内部和其子系统间的协调性，二是各个有关系统的决策、实施检测反馈过程的及时、准确程度。学生管理工作系统作为学校管理系统的一个子系统，除了自身必须有效运转以外，还应为教学系统、后勤系统以及学校决策层提供可靠的反馈信息，以改进各项管理工作。因此，要改进学校管理工作，就需要改革学生管理体制。

最后，改革学生管理体制是学生管理现代化的需要。我国教育必须面向现代化。这既是指培养的人才必须适应现代化建设的要求，同时也指现时的教育手段、内容思想必须逐步现代化。这对学生管理体制也提出了现代化的要求。如果管理体制不符合现代化的要求，就很难培养出符合现代化要求的建设者和接班人。同样，教育思想、内容、手段的现代化也对学生管理体制提出了改革的要求。这些要求包括学生管理体制要充实完善教育思想和教育内容、学生管理体制要保证教育措施的实施等。

（二）改革学生管理体制的设想

改革学生管理体制的设想主要有以下三点：

①整体上专门化。从针对学生工作的领导体制来讲，学校中要有专职学生工作的领导，以负责学生非学术性事务和课外活动而不再分管其他工作。

②系统内多中心。从学生工作系统内部组织结构来讲，现今大学与学生工作有关的管理职能要包括实现学生工作部和相关部门的有机重组。

③以条为主且直接管理。高校学生工作管理应由现在的校、系两级的条块相结合的机制转向以条为主、直接管理的机制。

第三节　高校教育教学管理的创新模式

一、高校新型教育教学管理模式

（一）高校新型教育教学管理模式的目标

高校新型教育教学管理模式的目标就是追求科学发展观，提高教学质量，促进大学生的全面发展。因此，判断一个教学管理模式是否符合高等教育的要求，关键是看它能否代表先进文化的发展前进方向、先进生产力及广大人民群众的根本利益，进一步来说，就是要看它追求的目标。高校新型教育教学管理模式追求的目标，从理论上讲，主要有以下几点：

①为学生提供自主选择教师、专业课程的机会，增强学生学习的灵活性，提高他们的学习兴趣与学习质量。

②对于教师教学水平的评估，从量化上来说，应根据学生自主选修的教师的听课人数对其进行客观评估的标准，从本质上引入教学竞争机制，把教师的课时费与学生听课人数联系起来，以实现大学教学对教师队伍的优化，从而激发教师的教学积极性，优化大学的课程教学。

③实行有效的学分制管理。实行学分制管理可以给学生带来更多的选课自由和更大的自主学习的空间，以适应社会、新时代教育市场的需求与发展。

④建立良性教学竞争机制，树立良好的学风与教风。高校可以实施教师挂牌上岗的举措，从而推出学生心目中的明星教师、教授，激发学生的学习兴趣和教师的教学积极性与创造性，同时也为建成真正的名牌学校创造有利条件。

⑤在教学的管理上，在某些方面实行目标化管理，要用量化的指标考核，尽量避免人为因素的干预，实现公平、公正。但是大学教学活动不是都可以量化的。管理者还应注意采用适当的模糊化的管理与评估。

⑥应按学生与社会需求方式来确立教学方法，应以学生接受传授的知识是否高效，并能较好地应用知识，创新型思路方向正确与否和社会人才的需

求作为判定的标准。

（二）新型教育教学管理模式的管理政策

①对于大学课程的设置与管理，大学应尽量做到基础课程不分班级，专业课程不分年级的方法来进行。这样可以保证学生具有自由选择课程的条件与机会，赋予了学生自由选择教师与自由听课的权利，为实现真正的学分制奠定基础。

②大学实施同课程的同步教学的管理办法，以利于学生对教师进行比较而做出更好的选择，同时为教师发挥个性和教学创造力、面向市场需求进行知识的整合创新、提高传授技能等创造有利条件。

③大学教学管理部门进行以课室为目标的管理，实行教学现场管理的办法，通过量化统计，以实现管理目标的数字化。

④对于考试制度，大学成立各司其职的考试命题委员会，考试时实行四分开制度。即在统一的考试中，由不同教师负责不同的职责：任课、命题、监考、阅卷，且彼此互不了解，以保证考试公平公正的一种考试管理制度。

⑤关于教师的量化考核与报酬分配。相关管理部门通过上述各课室学生听课总人数对教师实行记分制考核结果进行每学期的统计总结，从而制定和实行课时费浮动制，并按阶梯形式奖罚结合，体现教师不同层次的教学水平，以促进教师适应市场经济规律发展的变化，改变教学方法，提高教学质量，转变教学理念，使教育教学竞争机制合理有效。

⑥实施教师循环竞争上岗制。即每学年对教师进行一次听课人数统计结果的客观评定，并成立教师招聘委员会，拿出排名在后的教师岗位指标，在学校，或社会竞争招聘，以实现循环竞争上岗制，给学生更大的选择教师的空间，给教师更多的竞争上岗的机会，以学生为本，充分发挥教师特长。

⑦对教学内容的安排遵循分两步走的原则。这有利于提高学生对知识的掌握运用能力和创造力。例如，在四年制大学中，学生在头两年先学习基础课程，即入门；在第三年深入学习专业内容和先进技术，即提高；在第四年提高专业知识的运用能力，培养创造力。

⑧学校管理部门应从学生的学习能力和社会对人才的需求出发，调整教

学内容和课时量，将教学计划变为指导性计划。例如，对逻辑思维含量少，适合学生自学的课程，应适当减少课时，留给学生充分的自由学习的时间与空间，体现现代大学生学习理念；而对于逻辑思维含量成分多的课程，应该增加课程时间，根据市场变化的而变化。

⑨颁发毕业证书分档分步。分档即将毕业证书根据学生学分由高到低分档。这既对学生公平，又便于社会挑选所需人才，也可以防止成绩差的毕业生走进社会影响学校声誉。分步即在学生学习的最后一年的下半年，全校统一发放准毕业证书，以便让学生找工作，在工作中将理论与实践结合起来，实现真正的毕业实习，培养学生的适应能力和创造力。

⑩大学应注重对学术刊物的管理，要多办刊物，多出期刊，提高学生优秀论文在有关学术刊物或增刊上的发表率，并对学生取得的成果给予一定的鼓励，为调动学生学习的主观能动性和发现优秀人才创造有利条件。

二、多校区高校教育教学管理模式

随着我国高等教育的普及，一校多区是当代高校发展的一种走向。多校区办学弥补了教育资源的不足，拓宽了教育发展的空间，同时增加了高校的竞争优势。但是，多校区也带来了管理上一系列的新问题。所以，研究探索多校区办学的教学管理模式是当前我国有关学术界与教育界一个非常重要的课题。多校区大学指的是有一个独立法人，却有多个在地理位置上不相连的校区的大学。多校区办学改善了办学条件，增加了高校的竞争优势，解决了一些问题。但在构建有效的多校区办学管理模式上，世界上却没有既定的统一模式可供套用。各大学只能根据自身实际情况，积极探索适合自身发展的新模式。

（一）国内外多校区高校教育教学管理模式

多校区教学是高等教育发展过程中一个现象、一种趋势，在国外也很常见。

1. 国外高校多校区教育教学管理的主要模式

（1）事业部型的管理模式

这种管理模式有四层组织机构：总校、分校、学院、系。总校的董事会是最高权力机构，负责战略性和重要性的决策，分配全校范围的资源，任命总校长。总校长提名重要的官员，管理全校性的事务，对接董事会。分校长是各分校区的最高领导，处理分校事务，有极大的自主权。事业部型管理模式适用于较大的学校组织，具有联邦分权的特点，由总校实行重大的事件决策，各个分校的日常管理相对独立。这种管理模式既有利于保证战略决策的正确性，又有利于调动各校区的积极性。但是这种模式也有不足的地方。由于各个分校分权而立、自主核算，考虑事情从本校区出发，从而忽略了整体校区的利益，不利于校区间的协调和学科间的融合。

（2）一校多制型的管理模式

在这种管理模式中，董事会为最高决策机构。其下是议事会即智囊团，是由董事会推荐的多名教授和社会知名人士组成。校长为全校最高领导，下有 16 名校级行政官员——分管科研、财务、投资、教学、规划、法律、公共事务、学术方案、大学关系等。一校多制型的管理模式适用于投资模式多元化的学校。管理体制的不同为学校管理提供了便利，使其具有发展的活力。

德、美、法、日等国有许多著名大学都采用了多校区的教学管理。例如，日本的东京大学由三个校区组成。主校区设有大部分机构，是高年级本科教学、研究生教学和科研的主要基地。其中一个分校区以基础教学为主，呈现综合性的教学体系，统一的教学环境是基础教学高质量的保证。另外一个分校区是以应用型科研为主的校区，教授主要负责培养研究生和承担重大科研课题。三个校区合理定位、优劣互补。而美国的加州大学有九个校区，它们各自是独立的，不存在上下级的关系。每个校区的学科设置都有多学科性的特点。加州大学甚至与全美国信息网络系统相连。

从上述两所大学教学管理实践来看，多校区大学为社会提供了更好的科研、教学与公共服务。校区扩大增加了接受高等教育的学生数量，使其科研成绩也显著提高。多校区大学办学既满足了时代社会的需要，又促进了大学间的互相竞争、知识和学科的不断分化和综合，所以现在多校区办学迅速发展。当然，多校区办学也有一定的缺陷。各院校之间多多少少存在办学成本高、职能冲突等问题。

2. 国内多校区高校教育教学管理的基本模式

在我国，由于多校区大学主校区与分校区的教学管理职能不同，所以其管理权限也不同。由此来讲，当前我国多校区教育教学管理的基本模式可以分为三种。

（1）相对集中的模式

总部具有最高决定权，统一管理整个学校，分校区职权在总部之下，总部统一安排分校区的教学组织和管理事务。在这种模式下，学校的发展规划、学科建设、教育资源和教育管理统一由校级领导制定管理；学院作为二级管理机构，管理具体教学和科研的运作。即各个分校在同一套管理机构进行教育教学管理。这种模式具有管理职责分明、管理的集中与分散互补的优势，进而使学校的学术水平显著提高，计划、政策得以有效实施，各校区间的研究和学术资源得以协调分配。但是由于地理区间较大，信息交通不畅，也存在管理困难、配合不协调和效率不高的问题。

（2）相对独立的模式

在总部的统一协调下，各校区是相互独立的，有各自的体系。每个校区都有自己的教学管理体系，总部只是给予大方向的指导。这种模式适用于学科种类多、不利于统一管理的高等学校。多校区的相对独立管理模式增强了高校的活力，促进了分校内各学科的交叉融合和教学科研的进一步发展。此种模式可以显著减少各级教学管理的时间和成本，缩短管理环节，加快决策速度。但是，此管理模式由于加大了各校区的教学管理自主权，难免会导致教学管理权力腐化分散，可能会影响整体学科交叉的统一规划和指挥。

（3）混合的模式

它是一种介于相对集中和相对独立之间的模式，它既便于大学的统一管理，又增强了各校区管理工作的活力和主动性。其优点在于有利于全校总体规划，加强了校区的协调管理。需要注意的是，在实际践行此模式的过程中，大学要做到责权明确，反之则会由于责权不明确致使某些管理失控，影响管理、教学质量，甚至是学校的发展。

（二）多校区高校教育教学管理模式的不足之处

1. 专业建设不能协调发展

专业方向是学校的基础，专业是大学资源的载体。因此专业对大学教学管理极为重要。在单一校区的大学里，专业结构越稳定，教育教学管理的复杂程度越低，越便于管理与协调。而在多校区的大学里，其专业门类齐全，而且有一定的分散性，容易造成各个校区相同专业构成太分散、不融合，不利于教育教学管理。

2. 教学管理权力太过集中

权力的集中与分散在大学教育教学管理中存在着矛盾。我国的传统大学教育教学通常采用的是集权式管理。随着大学教育管理的发展，集权式管理的弊端日益暴露。各大学对分权式管理的需求越来越强烈。在多校区大学办学形势下，面对庞大的规模和集权式的管理更严重阻碍了高校的进一步发展。

3. 教育教学管理的成本增加

多校区大学往往由于校区间地理位置的因素，给师生员工在校区之间的教学活动带来了很多不便，如交通不便、费时费力等。空间上的距离增加了校区间的联络成本，增加了学校的支出。

4. 教育教学管理的效率降低

效率降低主要表现在以下两个方面。第一，原本单一校区发展已有一定时间，管理模式相对稳定。增加新校区无形中就打破了原有的稳定，增加了教学管理的复杂度，使教学管理效率降低。第二，在校级管理机构上，分校级管理部门一般坐落在主校区，主校区与分校区空间距离较大，加大教学管理难度。

（三）多校区高校教育教学管理模式的原则

管理者在构建多校区高校教育教学管理模式时，既要考虑适合学校的运行机制，又要考虑管理实现的基本功能。具体来说，应遵从以下基本原则。

①整体性。多校区大学要求管理者做到思想观念上的真正融合，实现教育资源配置、专业结构调整等方面的协调统一。这样才能提高整体办学效益和促进大学的整体发展。

②多样性。在同一所大学里，各个校区都有自己的特点，形成了不同的校文化。各校区应该在相对统一的前提下建设有自己风格特点的管理机制，使其灵活多样、充满活力。

③高效性。管理工作的效率对于高校教学管理模式的选择很重要。只有管理效率的提高才能带动办学效益的增长。

（四）多校区高校教育教学管理模式的构建

多校区高校教育教学管理模式的主要目的是合理有效地利用有限的教学资源，尽可能高质量、高效率地实现教学管理目标。

1. 实现信息化教育教学管理

多校区高校教育教学管理模式的运行内容涉及范围较为广泛。负面因素，如教学资源分散、教学的运行可变性大等。既要高效率实现教学管理目标，又要减少负面影响，高校就要注重信息的普及，信息化管理系统。高校应利用计算机网络技术、现代化教学管理系统、图书查阅系统以及会议视频系统等，使教学管理信息得到有效的传递，实现办公自动化、会议视频化、教学远程化，打破传统教学管理的物理界限。

2. 促进学科融合，优化学科结构

学科的布局是教育教学管理的重点和难点。因为各个分校区有自己的发展特色，有不同的优势学科。且各校区学科发展水平有高有低。即便统一学科，其研究的方向重点也不相同。只有实现学科的合理布局，实现学科的协调发展，才能使学科相互融合。优化学科结构需要做到以下三点：教师思想的融合，学科间的互相尊重，加强跨学院的横向联系。

3. 坚持管理层次扁平化原则

多校区大学教学管理人员繁多，易出现推卸责任的现象。因此，教学管理要坚持管理层次扁平化原则，做到职责明确、实事求是、按岗设职、精简高效，建立责任追究制和目标责任制，使得各校区间互相配合，高效运转。

4. 提高教学管理人员的能力

教学管理人员素质的高低对多校区教学管理模式的运行有着重要影响。现今我国高校教育教学管理人员的文化素质参差不齐，所以必须根据不同的工作岗位需求，加强管理队伍建设，建设一支结构合理、素质较高、有职业道德的队伍。教育教学管理人员需要努力增长自身的学识和提高管理水平，勇于面对新的挑战，顺利实现高效能运转的管理。

第三章 高校教育管理与素质培养研究

第一节 素质培养原则在信息化教学管理中的实现

一、加快观念更新和制度创新

（一）转变观念，树立人本管理理念

教育教学管理制度是教学思想、教学理论、教学观念的具体化，教学思想观念的转变是教育教学管理改革的先导，是教育教学管理制度更新的动力。高校教育教学管理与素养培养制度的改革和建设要体现"以学生为本"的原则，要以学生的需求为导向，以学生的发展为目标和根本。一切为了学生，为了学生的一切，为了一切的学生，确立起学生的主体地位，充分尊重学生的选择，为学生提供越来越满意的高质量服务，把以往让学生、社会适应高校现有的管理制度转变成高校管理模式必须适应学生的意愿和社会的需要。

管理理念是学校发展的指南，是一个带有方向性、根本性的问题，它标志着高等学校发展进入了新的时期。管理理念是学校管理工作的基础和灵魂，是学校定位和管理思路的集中体现，它是一所学校中人员角色定位、管理特色等追求的理想和价值。管理理念具有导向性，起纲举目张的作用。管理理念不是抽象的，不能脱离高校的现实来谈高校管理理念。管理理念应该与树

立正确的教育观、质量观、人才观、服务方向结合起来。从 20 世纪八九十年代以来直至 21 世纪最近几年，我国高等教育的本质发生了根本性的变化，要求高校构建一种更加民主、自由、平等的管理模式，即树立"以人本思想为核心"的管理理念。

高校的人本理念包括以教师为本，以学生为本，也就是办任何事情，都要以教师和学生的利益为出发点，把人放在相应的主体位置，以尊重人、关心人、依靠人来推动高等教育发展的办学理念，因此，树立教育教学管理的主体性理念，以全面发展学生的主体性为目标，以师生教学主体性为教育中心，以师生共管主体性为手段，形成教、学、管三种权力制约机制。

（二）人性化教育教学管理制度的构建

教师和学生是教学的双重主体，要实现教育的目标，就要高度重视和认真研究学生的需要和选择。因为学生是学习的主体，只有尊重学习者的自主选择，尊重他们的个性化需求，尊重他们的自主学习，鼓励他们创新，才能培养出高素质的创新型、复合型人才。

教育教学管理改革的核心内容是制定出科学合理的符合本校实际的教育教学管理制度，为学生的个性发展和自主学习提供更多的空间。完善教育教学管理制度在于给教师、学生更多的选择权，以充分调动教师教学的积极性和主动性，较大程度上满足学生个性化发展的需要。建立科学人性化的教育教学管理制度，是为了给学生更大的空间和更多的选择权，但这并不意味着允许学生放任自流，而恰恰是为了保证人才素质培养的质量和选择的合理性，教育教学管理部门和教育教学管理工作者必须从制度上、服务上、管理上做更多的努力。因此，学校要积极推进教育教学管理制度改革，建立自主学习制度。其主要表现在以下几个方面。

（1）扩大学生专业选择性。许多学生在入学之后发现所学专业不适合自己，或者根本就不感兴趣，为此，各高校应努力创造条件逐步放宽转专业的条件和比例，给予学生选择专业的自由。目前一些高校实行大学一二年级不分专业，三年级再定专业，这就是一种比较可行的做法。在这方面，一些高校已实行的按文理大类或学科大类招生的做法不失为一种好的办法，可为学生自主学习提供更加自由的选择空间，使学生根据自己的兴趣、爱好、特长自主选择专业，以满足学生个性充分发展的需要。当前高中阶段分文理科的情况是存在局限性的。随着基础教育的改革，大学阶段专业的范围将会更广、更自由。

（2）加大学生自主选课力度。每一名学生的兴趣、爱好和将来毕业后的打算各异，即使对同一门课的兴趣也各不相同，因此，在保证学生掌握基本专业知识的前提下，应给学生更多自由选择的空间。改革培养方案，控制必修课比例，提高选修课尤其是任意选修课和公共选修课的比例，扩大选修课的数量，建立允许学生跨院系、跨年级、跨专业选修。

（3）自由选择教师。教师实行挂牌选课、授课。由于教师在授课上存在很大的差异，即使是知识水平相当的教师在教学方式、教学方法和教学风格上亦各具特色，学生可以自由选择其所欣赏的教学风格教师的课程，扩大学生选择教师的权利。

（4）加大选择学习方式的灵活性。允许学生根据自己的能力和实际条件选择不同的学习方式。对于学生所选修的课程可以通过自学，也可以通过随堂听课等方式来完成本门课程的学习任务，没有必要硬性统一规定（时间、地点、媒体）的学习方式，只要通过学校组织的正当考试，学校和教师就应该承认学生的成绩和学分。对这种做法有人持有异议，认为教学质量得不到保证，但只要我们建立科学的考试制度和严格的考试纪律，是可以保证教学质量的。这样有利于培养学生自我负责的精神和自主学习的能力。

（5）改革对教师的管理。在教育教学管理制度上除了给学生更多的选择权外，对教师的教学管理也要改革。"没有教学创新的教师就不可能培养出创新能力的学生，高校对教师教学程序及教学评价规定过于呆板，为了适应创新人才素质培养和人性化管理，教师需要更宽松的环境，这样才能使教师的教学个性得以施展、发挥。"[1] 不能用一个标准来衡量所有教师的教学。教学评价应该从传授和接受知识的效果评价转向以培养创新精神和实践能力及学生的综合素质的效果评价，从以学生为主的单一评价转向由学生、同行、教

---

① 王菲.教学的自由与创造 [D].内蒙古师范大学，2011.

学管理干部等共同参与的多维评价，从必定评价转向期望评价，从静止性评价转向发展性评价。这种评价制度能使教师与学生间有效沟通，教师和管理人员之间有效协调配合，这种评价结果让教师更容易接受。这种激励式、发展式的评价将成为教师积极投身教学研究的原动力。

让学生参与教育教学管理和制度建设，扩大学生的知情权和参与权。学生参与教育教学管理是教育教学管理改革不可忽视的一个方面，传统的教育教学管理中学生是教育教学管理制度约束的对象，学校规定什么样的制度学生就服从什么样的管理。那么，体现人性化管理就是给学生更多的自主权，这并不是否认教育教学管理制度的权威性，或者是没有制度来约束，而是什么样的制度更合理一些。

让学生参与制度的制定和管理是尊重学生的主体性，把主动权交给学生，引导学生强化自我管理。同时还能发挥学生积极关注教学改革，并能在师生之间和学生与管理者之间建立良好的沟通。教育教学管理是需要经常沟通和相互理解的，没有亲身参与便不能有切实的体会，处在成长期的青年学生可塑性很强，完全撇开他们自主意识的"刚"性管理容易使他们产生反感。同时来自学生的一些教育教学管理信息会更客观、更真实，让学生参与管理更体现出一种尊重、一种责任，也是教学制度改革的需要。

二、构建素质培养原则的管理模式

教育教学管理中，传统模式主要表现为管制、监控、指示、命令，在一定程度上束缚了学生个性和创造才能的发挥。而素质培养原则的现代管理理念则是，尊重个体差异，顺应环境，充分调动教师、学生的自主性和创造性，逐步达到人性化管理。

（一）树立教育管理服务至上的素质培养理念

高校教育教学管理与素养培养应当贯彻"以人为本"的素质培养思想与方法，以面向教学第一线、面向服务对象为原则。教育教学管理和素质培养的对象是教师和学生，教育教学管理和素质培养的目的是调动教师和学生的积极性、主动性和创造性。任何一项教育教学管理的政策、制度、措施的出台应符合这一目的，更要体现差异化和人性化教育教学管理的目的是利于形成生动、严谨、活泼而宽松的人才素质培养环境，有利于学生创造思维等方面的素养培育。在提倡教学主导、学生主体的今天，教育的最终成效不应仅仅以教师教了什么来衡量，还要以学生最终素质的提升来加以衡量，这是教育思想的重大转变，也是以人为本思想在教育教学管理和素质培养中的重要体现。因此，我们的教育教学管理服务部门，要按照创新教育的客观规律，主动适应新情况，在教育教学管理服务的观念和行为上要与当前教育教学改革相匹配。管理机构、服务机构应是精干、高效、求真、务实的，对教育教学进行宏观管理和提供优质化的人性化服务。

1. 建立教育教学管理个性化与多样化的模式

随着高等教育规模的快速扩张，我国的高等教育开始转向大众化教育，而高等教育大众化的前提是多样化。受教育者众多，其对高等教育的要求也必然呈现出多样化的需求。同时，根据因材施教的原则，高等教育个体素质培养模式也更趋于多样化。由于传统的教育教学管理使用计划模式的教学计划，采用群体管理、单一模式培养，学生被动地使用教学资源，这样的教育教学管理不利于因材施教、个性发展。现在高等教育教学改革不断深化，更加注重人才素质培养的多样化、个性化、素质化。可喜的是，我国多数高校打破了几十年来传统管理模式，教育教学管理理念由注重群体化、单一模式化管理向个体化、多样化管理模式转变。

2. 完善课程管理

高校的课程体系和课程改革是实施创新教育的一个重要环节，传统教育往往只看到专业决定课程，而忽视课程决定专业的一面。从实质上说应是课程构成专业，专业的方向和专业面是由课程来体现的，课程直接影响专业的生存和学科的发展。

传统的学年制教学计划课程设置是严格按照学科专业分设的，各专业的课程体系是相对封闭的，学科之间很难交叉，致使学生的知识结构单一、思维狭隘。在创新教育的理念下，课程设置应当体现综合化、多元化。联合国教科文组织高等教育与社会特别工作组 2001 年的报告《发展中国家的高等教育：危机与出路》① 指出，通识教育适合发展中国家，高质量的通识教育为进一步学习和专业化提供了坚实的基础，从而加强了专业训练，也为不同专业的人们提供了一个相互交流的共同知识渠道。每个国家要设计适合自己国家高等教育系统的结构和价值观的通识教育课程。

新的课程要体现出把现代科学、技术、文化成果完整、及时地反映到课程体系中，并坚持将人文教育融入科学教育中，把科学教育融入人文艺术教育中去。课程综合化并不是简单地相加，而是要通过综合引出新的跨学科课程。这就要求我们的教学计划要扩充和调整选修课，使选修课在数量和质量上都适应创新教育的要求。

（1）积极推进学籍管理制度改革，实行学分制和弹性学制管理制度

积极推进创新学籍制度改革是教育教学管理模式改革的支撑，它为人才的多样化培养提供了制度上的保证。学年学分制个体素质培养模式的主要特点是为学生提供了一体化的培养方案、课程计划和学习要求等，不能实现多样化人才素质培养目标。而人性化管理就是多给学生一些学习的自由，因此必须建立相应的学籍管理制度，学籍管理应体现学生自主学习的内容。比如，允许学生根据自己的兴趣、爱好、特长转换专业的制度；允许学生选择学习方式而制定的考试成绩合格的免听免考制度；允许自由选择学习进程和学习年限而确立的灵活的休学、退学制度；允许学生中途停学一段时间去创业或工作，把创业或工作也看成一种教育，待学生感到需要继续学习时或条件允许时再回学校继续接受教育。修满规定的学分，完成学业，可以提前毕业或推迟毕业，学年在3~6年为宜，修满教学计划规定的学分，均可毕业。此外，根据学生的学习需求，实行双学位制，或多学位制，鼓励学生学习相关的专业或不同的专业，加大辅修专业、第二专业的培养力度，从而扩大学生的知识面，满足人才素质培养多样化的需求。

针对学生在学业上的暂时失败，学校要采取宽容的态度，在学籍管理上体现为放宽重修规定和退学规定，在考试违纪上取消与学位挂钩，不轻易开除学生学籍。允许大学生学业上的暂时失败，不能将学生一棍子打死。因此

---

① 世界银行，联合国教科文组织高等教育与社会特别工作组编著；蒋凯主译.发展中国家的高等教育 危机与出路 [M].北京：教育科学出版社，2001.

在学籍管理制度建设中应该允许学生学习上的失败，不然，学生就会按部就班地被动学，不敢于去尝试失败，进而也就没有勇气去探索、创新。

（2）建立学科评价制度

科学有效的本科教育质量监控、考核评价体系，成为教育教学管理模式的重要有机组成部分，是保证多样化人才素质培养质量的关键。

首先，应当建立发展性教师教学评价制度。传统的教学评价制度是以知识传授为衡量尺度的教学评价观，只关注教师课堂传授知识的多少和深浅，以此作为衡量教师有效教学的基本尺度，忽视了教师的个性发展。发展性教师评价是以促进教师个人发展和改进为根本目标，而创新教育则是要求着重评价教师在指导学生独立思考，启发学生的创造性思维，培养学生创新能力，提升学生综合素质和人文素质方面的成效。还要明确教师个人的发展目标，在进修、考研、科研等方面创造机会，以此来提高教师的思想修养、专业素质和教学水平。

新的教师评价观是要尊重教师的教学权，鼓励教师在教学实践中创新。教师的评价体系主要包括教书育人、教学态度、教学内容的新颖性、教学方法的独特性、对学生创造性思维的启迪、培养学生学习能力的提高等方面的评价。教学评价能把教学引向格式化，教师评价体系不宜过细，主要评价的方法是采用学生评教和学校教学督导组评价相结合。督导组评价不宜用统一规范的格式，而在于发掘每个教师的教学特长和潜力，指出其不足之处，为教师的发展提出参考性意见。学生评教主要是从教书育人、教学态度、教学内容、教学方法和教学效果等几个方面来评价，这种教学评价应是民主商讨型，结论是分析型的。它主要不在于监控教师教学活动，而是促进教师教学成长，让教师在充满责任和使命感的教学活动中发挥积极性和创造性，使学生受到启迪，激发学生学习兴趣。

同时，应当建立创新型学生学习成绩考核评价机制。目前对学生的学习评价最大的弊端是只重视终结性的评价，不重视诊断性评价和过程性评价。评价方法单一，一般都是期末考试定终身。从深层次的评价观念来看，我们的教育只允许学生成功，不允许学生失败，缺乏灵活性、弹性和个性化，有的做法是缺乏人性化的。美国高校在这方面的一些做法是值得我们借鉴的。美国高校允许学生有一定限度的失败，有机会进行尝试学习，即使某一门课程学得不好，或不感兴趣，也允许学生有改选的机会。学习前进行诊断性的评价，师生双方可以准确把握各自学习、教学的深浅度、进度，明确哪些知识欠缺，哪些知识已经掌握，哪些知识应作为学习或教学的重点。过程性评价则是对学生学习过程的监控，是教师对教学过程的调节，这样终结性评价的压力就减少了。

对学生学习的评价应采取发展特长的"多维评价"制度，要多角度、全方位地评价一个学生的发展状况。这个评价体系指标反映在评价内容上应该是多维度的，我们不应该以学生单方面的发展作为评价的依据，而应考查学生的全面发展。我们也不能要求所有学生都在同一发展水平上，所以教学评价制度也应是多元化的。

3. 正确处理严格与灵活的关系

在教育教学管理当中，实施素质培养原则与严格管理并不矛盾，人性化管理就是需要多一些管理的弹性，改变现有的教育教学管理制度，使之既严格又不"一刀切"，既规范又有一定的柔性与弹性，既明确体现对学生的基本要求，又能为学生的个性发展创造条件。但是，弹性管理并不等于不要管理，从根本上说弹性管理是一种更高层次的人性化管理，它对管理者的知识、能力、素质要求更高了。同时，高校人性化管理不能走极端，实行人性化管理不等于放任自流，尊重学生权利也不能成为拒绝任何约束和规范的挡箭牌。因此，我们要正确处理好严格与灵活的辩证关系，改革精英教育体制下形成的教育教学管理思路、模式与方法，逐步形成一套为培养个性化、创新人才服务的教育教学管理制度与方法。

（二）完善教育教学管理科学化过程

管理是为了实现预定的目标，即提高教学质量，培养科学、高素质、个性化的复合型人才。管理必须以教育为主线，以教师为主导，以学生为主体，有效调动双方积极性、创造性，从而实现管理现代化、制度化、民主化，最终达到科学化。

1. 教学计划的管理

教学计划是学校保证教学质量和人才素质培养规格的重要文件，是组织教学过程、安排教学任务、确定教学编制的基本依据。教学计划是在国家教委宏观指导下，由各校组织专家自主制订的，它既要符合教学规律，保持一定的稳定性，又要不断根据社会、经济和科学技术的新发展，适时地进行调整和修订。

教学计划管理要现代化、科学化。确立专业培养目标是制订教学计划的前提条件，管理者要根据所确立的目标，进行广泛的社会调查，并结合本校的实际，由教务处提出制订本校教学计划实施意见和要求；由院（系）主持制订教学计划方案，经教务处组织专家讨论评议后，由主管校长签发执行。教学计划的制订要体现对学生德、智、体、美、劳等方面的全面要求，注重知识、能力、素质协调发展和共同提高的原则，根据经济时代人才素质培养的要求，体现最新的科学知识和科技成果，把素质教育、创新教育的理念和以学生为主体、教师为主导的思想体现在各个教学环节中。要整合基础课程和学科基础课程，构建高校学科基础平台，在本科培养后期实行宽口径的专业教育。在人才素质培养上，一是变单一的专业教学计划为由专业教学计划、人文素质教育计划和研究性实践及创新能力培养计划三部分组成的人才素质培养方案。二是按照拓宽基础，淡化专业意识，加强素质教育和创新能力培养的思路设计人才素质培养方案，改变长期以来注重专业需要和偏重知识传授的做法，综合考虑调整学生的知识、能力、素质结构。既要突出创新能力的培养和学生个性发展，同时还要体现出不同层次、不同学校的培养特色。教学计划一旦制订就要保持其相对稳定性，不得随意更改，如在执行过程中需要调整的，应严格按照审批程序执行。

2. 教学运行管理

在教育教学管理中，教学运行管理是按教学计划实施教学活动的最核心、最重要的管理。教学运行管理包含许多环节，如课程教学大纲管理、课堂教学环节的组织管理、实践性教学环节的组织管理、日常管理、学籍管理、教学资源管理、教学档案管理等，每个环节都与培养目标紧密相连，体现出与时代、经济同步发展精神，在教学运行上，要改变个体素质培养模式，突破过窄的专业教育观念，转变单一传授知识和对学生统一培养的模式，要提倡因材施教，建立起多元化培养模式。

课堂教育教学管理是教学运行管理的关键环节。"课堂是生命相遇、心灵相约的场域，是质疑的场所，是通过对话探索真理的地方。"[①] 课堂教学是教学过程的主渠道，在课堂教学上要打破以往僵化的课堂教育教学管理制度，大学生正处在青春期，求知好奇、多动多问阶段，但在教育教学管理制度上却没给学生提供这样的空间。在课堂教学过程中，人性化理念要求课堂形成一种师生之间、生生之间合作的气氛，把课堂还给学生，让学生参与课堂教学的全过程，要求教师以平等的对话和讨论方式来进行教学，是建立在平等、民主、快乐、相互尊重的基础之上，课堂教学不是一个封闭系统，课堂师生展开互教互学，通过"设疑、讨论、交流"等形式，让学生学会学习、学会思考、学会解决问题，使学生的主观能动性得到充分的发挥。课堂教学是教学工作的中心环节，是决定教学质量的关键。所采用的教学方法和手段应是培养学生发现问题、分析问题和解决问题的能力，给学生提出的问题具有一定的启发性和研究性，给学生课外留有一定的思考余地，这样，才能发挥学生的主体性，与我们的教学培养目标相符合。此外，还要积极发展计算机辅助教学、多媒体教学、网络课程等现代教育技术，扩大课堂信息量，为学生学习提供更多的空间，提高教学效果。

3. 教学质量管理与评价

教育教学管理的最终目的是保证和提高教学质量。要通过不断改善影响教学质量的内部因素（教师、学生、条件、管理等）和外部因素（方针、政策、体制等），通过科学的评价，分析教学质量，建立通畅的信息反馈网络，从而营造并维护良好的育人环境，达到最佳教学效果。在管理中要提高教学质量意识，树立正确全面的质量观，把握好全过程的质量管理。如招生过程质量管理主要是把好新生质量关，搞好招生宣传、招生录取、入学新生全面复审等工作。计划实施过程的质量管理，主要是教学计划的制订和分步实施；

① 张燕妮，刘芳，李林朋. 人工智能初学者指南 [M]. 北京：人民邮电出版社，2019.

教学过程的质量管理主要是把好教学过程各个环节的质量关；教学辅助过程的质量管理主要是提供充足的、最新的图书资料，提高计算机辅助教学、电化教育、仪器设备、体育场馆、多功能教室的水平和教育教学管理人员的服务质量，实行科学化考试管理等。

考试环节的管理是教学质量管理的重要环节，是检验教师的"教"与学生的"学"双重效果的重要手段。考试管理要现代化，试题按培养目标的要求，大纲要求，做到教考分离，实行一般、重点、过关三级考试制度。由于一般全校性的基础课采用试题库出题，同时减少人为因素。考试的形式多样化，除采取闭卷外，还可以根据课程的性质采取口试、开卷、提交论文等形式，注重平时成绩的比例，重视过程评价以减少终结性评价的压力。

在把握好质量过程管理之外，还要进行教学质量检查，了解教学情况，加强教学信息的反馈，利用科学的评价体系，通过对信息的采集、整理、统计、分析对教学质量给予客观公正的评价。

此外还有教学基本建设管理、教育教学管理组织系统、教育教学管理与教育研究等方面管理，这都要求我们的管理者用现代管理的理念，以开拓进取的精神，最终达到科学化管理。

4.教育教学管理网络化、信息化

教育教学管理信息化、网络化是时代发展的要求，是保证教育教学管理高效运行的必然选择，它给传统的教育教学管理带来了新的革命。高校教育教学管理部门承担了大量繁重的教育教学管理工作，尤其是实施弹性学制和办学规模的扩大，高校的教育教学管理工作日趋繁杂、多样、综合化，靠人工完成相同的行政管理工作已日显困难，而且效率很低，远不能适应高校发展的需要，应充分利用现代化教育教学管理手段（计算机、校园网络）进行教育教学管理，通过利用计算机开发或引进教务系统管理软件，将教育教学管理的全过程纳入计算机管理。如教学计划管理、学籍管理、成绩管理、教师管理、教材管理、教室管理和考务管理等工作。实现了学生网上选课、排课、教师网上成绩录入及一些大型的等级考试网上报名，这样对教学活动中各个环节的信息及时地进行统计、分析处理和贮存，提高了管理效率和水平，真正实现了教育教学管理现代化、规范化和科学化。

5.建立一支高素质的专业化管理队伍

教育教学管理是靠人来组织完成的，人的因素是教育教学管理改革的第一因素，前面所谈到的教育教学管理存在的问题归根到底还是人的素质问题。因此，教育教学管理改革首先要从提升人的素质做起。

现代化的教育教学管理离不开现代化的管理人才，它所完成的任务不仅是简单的行政管理事务，还是具有较高的技术水平和较强的创造性的专业管理，正如前面所谈到的教育教学管理模式的改革，教学计划的管理与修订，教育教学管理制度的改革，课堂教学的改革，考试方法与课程结构体系内容的改革等，在世界一些国家的高校教育教学管理中，学术管理是由教授学术委员会来行使，教务管理部门主要是行使行政管理功能，而在我国高校教育教学管理部门担负着行政管理和学术管理的双重职能。因此，在我国只有建立一支高素质的学术管理队伍，不断强化学术管理功能，才能推进教育教学管理现代化。

提高对教育教学管理人员重要性的认识，是搞好教育教学管理工作的前提。学校领导应该像重视教师队伍建设那样重视教育教学管理队伍建设，管理是科学，教育教学管理兼有教育与研究的属性，教育教学管理人员不仅要懂得管理的一般规律，还要懂得教育理论和教育规律，还要有一定的学科专业知识。管理出效益，任何一所高校的教学工作如果没有好的组织与管理，无论师资队伍和教学条件有多么优越，也很难保证高质量的教学。

针对目前教育教学管理队伍存在的问题及原因分析，加强和改善教育教学管理队伍建设，首先要从对教育教学管理人员的教育、培养、稳定入手。学校领导要重视对教育教学管理人员的培训和管理素质的提高，要定期组织培训，参加国家、省里组织的教育管理干部培训班学习，同时要有计划地选拔一批有培养前途的教育教学管理人员进行系统教育理论学习，经常举行教育教学管理中一些热点问题和教改研讨会，到一些兄弟院校参观学习等，提高教育教学管理干部的科学文化素质，掌握教育教学管理基本规律，提高分析问题和解决问题的能力，使教育教学管理队伍的管理水平整体得到提高。

此外，还要提高教育教学管理队伍待遇，学校要从实际考虑教育教学管理人员的待遇和前途，并用相应的政策予以保障。如在专业技术职称评定方面，对多年从事教育教学管理工作并对教育教学管理有研究的，另取得一定的研究成果和在具体实践中做出成绩的人，应给予一定政策倾斜。同时还要建立激励机制竞争上岗，努力增强管理干部不断学习新知识并保持积极工作的热情。通过评估、奖惩等手段来充分发挥教育教学管理人员的积极性和创造性。

第二节　高校教育教学管理与素质培养的信息化建设体系设计

一、高校教学管理信息化功能需求分析

（一）高校教育教学管理与素养培养信息系统结构的需求

高校校园在建设教育教学管理信息系统时不能只根据现在的使用需求建设，而应该根据校园信息系统未来的使用需求建设，应建设一个适用范围广、使用功能全、便于学生掌握、内部网络安全等适用于高校内部的信息管理系统。

高校在建设教育教学管理信息系统时要根据学校教务系统设计独特的网络系统结构，设计一个整体，整体中应包含多个侧重不同的管理模块，如对学生学籍的管理、对教师信息的管理、对系统的管理等。不同的教职员工在进入高校教育教学管理信息系统时应选择相对应的功能模块，同时赋予相应权限。

（二）高校教育教学管理与素养培养信息化各功能模块需求

高校教育教学管理与素养培养信息系统每个模块都有不同的需求，教育教学管理模块是整个管理系统中最重要的部分，与其他管理模块关联性较强。教育教学管理系统管理着整个学校教学系统的运营，系统内部各部门之间的联系较为紧密，要求工作人员必须掌握基础的数据、规范掌握操作方式、严格按照流程进行操作。教育教学管理信息系统能够根据教师资源、师资配置、

学生分班等信息智能安排学生的课程，合理分配和利用教学资源等。

高校内部的教育教学管理信息系统模块设计应考虑人性化需求，遵循以学生为本，为师生服务的理念，使高校能够更加科学规范地对教学进程的各阶段展开有效管理。

1. 维护管理系统模块

维护系统指的是对系统权限、代码、口令的维护，及时更新系统数据，对系统进行备份，设置系统等日常管理系统的工作。

2. 管理学生信息的模块

对学生的管理模块指管理学生的注册信息、交费信息、数据信息、档案信息、学生证明信息、学籍信息等学生的基本信息。

3. 管理教师信息的模块

对教师的管理模块包括管理教师的密码信息、教师个人信息、课程信息、薪资信息、综合信息等教师的基本信息。

4. 管理教学计划模块

对教师教学计划管理的模块指管理教师的课程信息、专业教学计划信息、计划实施情况、学校日历信息、统计信息等教学计划信息。教学计划管理中最重要的部分是教师专业教学计划的信息，教学计划是智能排课的核心。

5. 智能安排课程模块

智能安排课程模块是指系统根据教学的教室场地、设备台套数、教师的师资力量、班级的人数等信息智能安排课程。其中应包括选课信息、排课信息、上课地点安排信息、上课时间安排信息、教师信息和课程具体信息等。

6. 管理考试模块

管理考试模块指系统根据考试课程、考试人数、考试场地、考试方式等智能安排学生考试与监考。考试模块主要管理学生的考试信息，根据教师的人数、考试场地的空闲信息，学生的时间，智能安排学生的考试，并记录学生的考试情况。

7. 管理选课模块

管理选课模块主要负责学生选修课程的安排，在特定的时间段为学生开放，供学生选择相关的课程，管理选课模块同时应为学生提供随时查询和智能打印等功能。

8. 管理成绩模块

成绩管理模块主要负责学生成绩的记录，学生成绩的管理、学生的考试信息等，随时供学生查询成绩。

9. 管理学生实践模块

管理学生实践模块主要负责管理学生实践的安排、实践的计划、学生实践的表现以及学生的实践成绩等学生的实践信息。

10. 评教模块

评教模块主要负责学生对教师的评价，模块中应包含教师的个人信息、教师的授课信息、专家互评板块、学生对教师的评价反馈以及各层级的评教排名等信息。

11. 毕业管理生模块

毕业生管理模块主要负责毕业生毕业资格审查，应包括毕业生的毕业资格审查数据设置、毕业生的学业资格审查和毕业生的档案等信息。

12. 自主发展模块

自主发展模块，学生可申请自主发展计划学分，各学院教务管理人员对学生自主发展计划学分进行审核、评定和统计。

二、高校教育教学管理与素养培养信息化建设体系框架

（一）高校教育教学管理与素养培养信息化软件平台建设

高校教育教学管理与素养培养信息化建设软件平台的主要服务对象是教师和学生，是以提高教育教学管理可行性为目的的信息化系统。高校教育教学管理与素养培养信息化在系统的选取过程中，应该充分考虑系统的可操作性，系统应更多倾向于服务性和简洁性，为教师和学生提供更加舒适的使用体验；体系架构以其突出的服务性能从众多的系统中脱颖而出，被应用为本系统的基础系统。

体系架构系统可以作为软件的载体，具有很好的整合作用，它可以承载很多相同目的的硬件平台，通过平台间的相互协作最终实现教育教学管理信

息化的目的。系统本身并不是与硬件平台融合，而是以媒介的方式加强硬件平台之间的交互，是独立于平台存在的。为增加高校教育教学管理与素养培养信息化建设软件的简便性，须将各硬件平台接口整合为统一的服务接口，这样可以提高资源的利用率，也可以实现最大程度上的管理。

体系架构系统具有很强的优势，首先从理念方面分析：系统将 Java 作为编写程序语言，运用 Java 技术，以 J2EE 作为平台的基础规范，并将 J2EE 和 .NET 作为基础的网络平台。而从技术方面分析，将客户端技术与浏览器技术融入系统之中，并引入先进的技术设计理念如中间件、组件技术和模块化设计等。

（二）高校教育教学管理与素养培养信息化数据流程体系构建

由于高校不具备开发高校教育教学管理与素养培养信息系统的能力，所以由高校出资寻找具有开发能力的软件开发商，开发商应该以高校的要求作为系统开发的目标，追求最高的技术性与经济性。以下是对开发原则的具体阐述。

1. 服务良好，实用性强

实用性是评价系统的重要标准，而实用性不仅仅表现在系统的操作难易，还应该包括系统能够解决实际当中的哪些管理问题。操作性是良好系统的基础，也是系统实用性的重要评估方面，除此之外，系统对教育教学管理过程中的问题应该具备很强的针对性，并且具有良好的解决方式。目前，高校以 Web 作为统一的网络基础，对于一些较为基础的教学信息可以通过互联网查询。开发的系统也应具备以上功能，使得师生可以快速通过系统网络来查询教学信息，系统管理用户也可以更加快速便捷地完成教学任务安排、学生分层分类教学归类等相关管理实务的操作。

2. 系统的安全性

系统集中了高校校内的许多重要信息，所以必须保证系统的安全性。当系统受到外界侵入时，应该具备较强的抵御能力，以防止重要信息泄露或者篡改系统内部信息。为提高系统的安全性能，应该采用身份验证与权限管理两方面结合的方式。系统应该对使用者在系统中的行为进行记录，识别恶意侵犯行为。系统应该对内部数据进行实时备份，减少系统内部数据丢失的影响。

3.兼容性和可扩展性

随着使用者对系统的要求日益增多，系统所具备的功能也应该更加多样化，丰富的系统功能是通过系统更新实现的，但是系统更新过程中新增数据会对原始数据有一定影响，系统应该在保护原有数据基础之上再引入新功能，从而保证系统的安全性和稳定性。系统中所包含的数据种类繁多，对于数据的格式应该采用统一的标准，从而方便系统管理内部数据。

4.维护便捷和操作简单

系统所面对的使用群体十分庞大，当遇到操作高峰期时，系统的浏览量非常大，所以在设计系统时，应该考虑系统的负载能力，以确保系统在使用高峰期能够正常使用，而不出现延迟、崩溃。而且在系统的使用群体中对计算机知识了解程度也不尽相同，所以在设计系统的过程中，为了让大多数人能够正确地使用系统，应尽量保证系统的简洁性，应多以鼠标操作完成，减少界面中的输入操作。系统内部的各个操作界面应该基本保持一致，对于较为复杂的操作应该给出相应的操作说明。

综合以上设计原则，高校教育教学管理与素养培养信息化的实现需要一个具有全面功能的系统和数据流程体系加以支持，之所以促进高校教育教学管理与素养培养信息化，是为了优化使用群体的体验，以更加方便的方式获得所需要的准确信息。

三、基于 WBS 分解的高校教育教学管理与素养培养信息化建设体系构成

高校管理信息化的实现需要一个过程，要想加快其实现的速度，需要充实的理论基础，最为重要的是要遵循相应的政策及制度，本书所涉及高校教育教学管理与素养培养信息化采用自上而下的工作分解理论，根据高校管理信息化建设的特点，对其采用由上而下的方法，将该项目所涉及的所有机关部门以及人员都要考虑在内，其中最为重要的问题是对人员进行分类，是项目实行的重中之重。

在分解过程中应该结合学校原有机构的特点，不能盲目分解学校的职能部门，在分解及整合项目时，必须先了解分解部门，明确部门设置原因，同

时结合其功能，再决定是否进行分解。

各职能部门的存在都具有重要意义，同时各个部门之间的工作目的相同，通过长时间的工作，各职能部门都会积累属于自身的经验。所以在分解过程中不能以偏概全，对分解对象应该充分考虑其价值，不能全部否定，而是要充分考虑该部门所积累的工作经验以及对建设具有积极意义的意见应予以采纳，将工作分解理论与高校各职能部门的工作经验相结合，这样会更有利于高校教育教学管理与素养培养信息化的进行。

（一）高校教育教学管理与素养培养信息化建设功能模块

高校管理信息化系统应该具有多样化功能，而错综复杂的系统功能可能会影响到系统的正常运行，所以将系统功能按照功能不同分为不同的功能模块，以促进系统功能的正常运行。具体分为以下几种模块：系统维护模块、人员管理模块、教学模块、教务模块、自主发展模块等，这些模块包含系统维护功能、学生管理功能、师资管理功能等系统功能。

以下是对系统功能的具体阐述：

第一，系统维护功能。系统管理员具有最高权限，可以根据教育教学管理人员负责的事务分工不同来分别赋予不同模块的操作权限。

第二，学生管理功能。该功能所针对的对象是学生的基本信息和今后学生的学生学籍异动信息，将学生的基本信息以数据的形式存储在独立的数据库之中，以便于查询和应用。

第三，师资管理功能。师资管理功能所涉及的方面较为复杂，除了教师的基本信息，教师每学期上课工作量随着教学任务需求量的变化而变化，我们需要在该模块中设置各类工作量系数，系统就会根据实际教师上课学时乘以相对应的系数从而得出教师的工作量，为考核业绩和核算各学院工作量提供标准，同时能为教师薪酬的界定提供依据。

第四，教学计划管理功能。相较于传统的排课方式，高校教育教学管理与素养培养信息化以后排课会更加方便、更加简便。传统的排课方式是由教务管理人员统一排课，当确定正确无误以后，由教务管理相应人员打印，并分发给相应的任课教师，这种方式相对较慢。教育教学管理系统可以综合本身的数据，为排课提供数据支持，系统还可以自动识别安排课程过程中的错误，比如，重复、上课时间冲突等常见的错误。系统完成排课后，教师可以通过网络了解自己的课程和全部课程，在需要时也可以了解其他教师的任教课程，以满足特殊情况下教师的调课需求，教育教学管理系统还可以根据教师上课需求合理地选取任课教材、安排教学场地等。

第五，考试管理功能。考试安排由系统通过自身掌握的数据信息，合理地安排考试地点以及监考教师，学生、教师可以通过网络了解自己所涉及的考试信息。

第六，选课管理功能。选课管理应当参照排课结果和教学规模，结合学生的选课结果，综合对课程的地点及时间进行安排。对于教学过程中需要参加的诸如计算机等级考试等各种级别考试，学生可以根据自身情况进行报名。

第七，成绩管理功能。学习成绩也可以作为学生的基础信息，在考试结束后，系统要将学生的成绩进行录入，方便对学生进行评估，分析成绩分布。而成绩的录入是由人工完成的，主要是由教师进行录入。

第八，教学质量评价功能。这项功能所面向的群体主要是学生，在一学期教学即将结束前，学生应该结合自己的上课体验，对教师的教学效果进行评价，这些评价会反映给教师本人和相关部门，以促进教师教学方法的改进、教学内容的完善和教学质量的提高。

第九，毕业生管理。在临近毕业时，系统可以将学生课程修读、学分取得等情况通过设置的资格审查数据与专业培养方案进行比对，判断是否毕业，并统计出未取得学分的课程和相关信息，从而加快对毕业生学生的审核进程。

第十，自主发展模块。学生可申请自主发展计划学分，各学院教务管理人员对学生自主发展计划学分加以审核、评定和统计等。毕业时审查是否达到自主计划学分要求。

（二）高校教育教学管理与素养培养信息化建设组织模块

组织模块的划分和设置是对项目管理功能的进一步优化，可使项目管理的功能得到进一步的发挥，信息化建设管理效率得到进一步提高。项目实施是一个复杂的过程，对于项目的管理至关重要，为强化对项目的管理，使得项目能够达到预期结果，设立组织模块是十分有必要的，但是如何合理地设立组织模块又是一个重要问题，建立科学、合理且简洁高效的组织体系和机构可以为项目的成功奠定坚实的基础，为项目成功提供保证。

本书所涉及的高校教育教学管理与素养培养信息建设项目中的组织规划与传统的规划方式不同，传统的规划方式是以部门职能及在项目中起到的作用而决定的，本书所涉及的项目是将组织规划为三个范围，形成纵向的组织形式，其中包括业务流程分析、系统构建顾问、数据库开发顾问三个方面。其中系统构建顾问及数据库顾问两方面具有较高的独立性，不受相应的职能部门的管理，应有教务处负责人对其直接进行管理。随着组织机构的规划转变，相应的职能部门也应具有相应的变化，对部门的管理事务以及所具有的权力、责任进行合理调整，对内部的规范制度也应该不断完善，形成新型的管理系统，最大程度上促进管理工作的实施。

根据上述的矩阵式组织规划，三方面组织作为项目实施的第三层，其中业务流程分析由学校的各职能部门组成，其主要负责项目执行过程的监控与实施，对于项目执行过程中的信息变化进行及时总结分析，并实时监控项目阶段任务的完成程度。

系统构建顾问则由网络管理人员组成，网络管理人员既可以是学校原有的管理人员，也可以是为完成项目而新招的网络工作人员。这些人员所组成的集体并不受职能部门的管理，而是单独的一个整体，这样有利于保证系统构建的效率。数据库开发顾问的主要职能就是录入数据，高校在实行管理的过程中会生成许多数据，而这些数据的录入工作就是数据库开发人员的工作，为提高数据的准确性，可将参与人员分成具有不同职能的小组。

在高校教育教学管理与素养培养信息化建设具体过程中，应该由高校教学副校长担任项目的总指挥，由教务处长担任项目经理，网络中心和各学院配合实施。由于高校教育教学管理与素养培养信息化建设是一个对计算机技术要求较高的项目，需要学校的网络中心作为信息总体架构搭建的技术支持，对于需要实现的功能，由教务处长负责，各学院分别提议。在不同的实施阶段，各学院应对相应的功能进行测试，教务处长统筹规划进行完善。功能需求提出、系统架构搭建以及程序开发等各个阶段的任务均需要进行反复测试和修正，整个过程的业务部分由网络中心、各学院职能小组人员具体实施，教务处长总体负责，教学副校长实施决策，建立纵向职能分明、横向充分沟通的矩阵式组织架构。

第三节　高校教育教学管理与素质培养的信息化建设实施方案

一、基于项目管理的高校教育教学管理与素养培养信息化建设的实施规划

（一）高校教育教学管理与素养培养信息化建设实施内容

项目实施过程主要分为以下三方面：

1. 业务流程分析

业务流程分析是项目进行的一条主线，其要求是对项目整体具有宏观的了解，并以高校教育教学管理与素养培养信息化建设需求为根据设立项目所应达到的目标及需求调查报告。从全局出发设定各个阶段的任务目标，并实时了解项目进度信息，针对项目实施过程中出现的问题和未完成部分提出相应合理的要求。为确保项目顺利完成，业务流程分析还应该包括对参与项目人员程序功能和教育教学管理方面的培训。

2. 建立信息化系统

建立信息化系统首先需要对现阶段高校教育教学管理与素养培养模式进行全面了解，将高校教育教学管理与素养培养信息化建设的需求作为最终目标，综合两方面提出项目的实行方向和脉络，综合考虑系统所应该具备的主要功能和各项功能模块所应实现的业务功能，最终达到项目的需求。在确定项目实行方案之前可以根据高校的具体情况确定是否沿用原有的管理系统，并以原有管理系统为载体进行优化，最终达到项目要求。倘若不沿用原有的管理系统，可以开发全新的管理系统。当确定开发方向以后应该形成相应的

实体方案和设计任务书；形成项目建设中的行为规范，以此对项目进行规范；确定业务的运行环境，与项目未来的实行环境相结合，形成真正适合高校实施的教育教学管理信息系统。

3. 运行维护

在系统完成设计以后，对系统进行试运行，经过一段时间的检验，分析系统运行状况，记录并生成运行报告，待确定没有问题以后，再交给校方验收。在系统被校方使用以后，系统所涉及的使用群体对系统进行正常的教育教学管理操作，以检验系统的运行情况，就使用过程中所暴露出的问题进行及时反馈，以便于及时维护。

（二）高校教育教学管理与素养培养信息化建设实施步骤

教育教学管理信息系统从设计到投入使用是一个较为长期的过程，在实施项目期间必须保证各个阶段有序进行，所以建立切实可行的实施计划变得至关重要。在项目开始之前，教育教学管理信息系统项目的参与双方必须拟定并签署合同，合同中应对各方所该承担的责任和所具备的权利做出明确规定。然后将项目分为不同的阶段，并规定各个时期的任务内容，保证任务的顺利完成。以下是高校教育教学管理与素养培养信息系统实施各阶段的主要工作。

1. 确定详细的建设范围

管理项目范围是一个整体概念，它会根据对象的不同而调整其包含的具体内容。管理项目范围所包含的内容也较为复杂，为使得建立的范围更加清晰，所以将其分为产品范围和项目范围两方面。产品范围即教育教学管理系统所包含的具体内容，产品范围管理可以将系统的人力需求最小化，规范系统的使用及功能，可以使系统各项功能得到充分的实现和应用。项目范围是指项目本身，项目范围顾名思义是针对于整个工程项目，它对项目的实施具有较强的监管能力，从而提高各个阶段项目实施的质量。具体范围的确定包括以下流程：①搜集需求。搜集项目最终要满足的需求，作为项目规划的基本依据，可以通过与教育教学管理人员和师生之间的相互交流，也可以通过开会研讨、调查问卷的形式确定项目的最终目标。②定义范围。明确区分项目的不同阶段，并对各个阶段所应该完成的任务给予严格的规定。创建WBS，将项目所包含的工作按照自上而下的方法进行分解。③确定范围。对教育教学管理信息系统进行验收，也是成果交付的过程。项目最终的审查一般由高校校方进行，并由校方签字以确定验收。

2.递交的工作成果

所谓工作成果即为项目完成后产生的最终结果，其中包括项目实施过程中的业务流程、实施过程中的实施信息、各阶段的工作成果、项目开发的相关文档以及教育教学管理信息系统。待学校验收以后，还应该包含项目的技术支持和相关的维护协议等数据和资料。

3.时间进度控制

在项目开始之前，项目的参与方就应该确定相应的时间期限。根据项目不同阶段的难易以及经济支持等多方面原因设立相对合理的时间计划，可以提高项目的完成效率和经济效益。在制订出合理的时间进度计划以后，可以通过回执里程碑表等资料参照，按照项目管理计划和进度计划等，尽可能在预期的时间范围之内完成相应的工作，如果遇到特殊情况，实施计划有所偏离，应该针对问题及时采取应对措施，以减少损失。

4.制订人力资源计划

人力是项目实施的基本单位，而项目所涉及的人员种类也很多，包括开发公司的技术人员、工程师和管理人员，同时还包括学校的领导、教务处各科室职员和各个院系的教务管理人员等。既然包括高校校方的重要人员，就要考虑工作与时间的冲突，高校校方人员应该将工作时间和参与项目时间协调好，从而为项目实施提供人力支持。项目的参与人员应该相互协作，并且分为三个层次，由高到低负责下一层的管理工作，其中下一层的管理人员应该是上一层的工作人员，这样可以加快信息的上传下达传递速度。

在实施过程中，高校校方需要按照项目管理的步骤进行，首先确定高校教育教学管理与素养培养信息化建设的范围，在范围界定的基础上，制定高校教育教学管理与素养培养信息化建设的进度、质量、成本三大目标和计划，并通过人才素质培养、风险管控、采购管理等措施保障高校教育教学管理与素养培养信息化建设的顺利进行。

二、基于项目管理的高校教育教学管理与素养培养信息化建设的控制

（一）高校教育教学管理与素养培养信息化建设控制要点

项目管理的核心之一是项目控制，包括项目的风险、质量等一系列控制要点和措施。当应用项目管理理论来建设高校教学信息化平台时，在进行高校教育教学管理与素养培养信息化平台实施规划的基础上，还需要对实施内容进行全过程动态控制，一方面检验实施规划的及时性，另一方面避免风险要素的发生。对高校教育教学管理与素养培养信息化建设项目应该从以下几方面进行控制，以保证项目的正常实施和如期完工。

1. 变更控制

项目在实施的过程中多数会出现计划之外的问题，从而影响项目的实施效果，当出现这些问题时应快速地提出解决方案，这就是所谓的变更。如教务管理系统输出数据重复或为尽量减少变更对系统的质量影响，在不同阶段的项目实施之前，应尽量考虑到影响项目实施的潜在因素，并及时寻找规避这些问题出现的方法。但如果出现项目变更，就要遵循以下原则：第一，应该寻找影响最小的解决方式，充分考虑变更后还会出现的问题，防止出现二次变更。第二，在项目进行变更之前必须通知校方，并且必须与校方进行协调、商议之后才能执行。第三，当确定变更以后，应当及时、快速地公布变更信息。

2. 信息系统项目人员职责分配

系统中所包含的人员可以分为三种：第一种是承办公司内部人员，包括项目开发的技术人员、项目的管理人员，以及项目实施的工程师。第二种是高校校方的人员，包括高校校方相应的负责人员、教务处各科室的负责人员、各院系教务管理人员和教师等。第三种是聘请的监管人员。不同种类的参与人员应该明确自身承担的责任，这样才能保证项目的有序进行。项目的参与人员应该将工作时间与项目时间协调好，从而为项目的实施提供足够的人员支持。

3. 评估实施的主要风险

对于项目的评估需要专业的人员，其中包括开发公司相应的软件工作人员、高校校方具有较高软件技术人员、学校各层级的教务管理人员以及师生代表等。可以将系统的使用情况、应用范围结合具体功能对系统可能存在的风险进行客观评估，并采取有效的相应措施应对可能出现的各种风险。信息系统的最大风险一般来自网络，因此，高校在教育教学管理信息化建设方面需要充分考虑到系统的稳定性以及受到黑客攻击时的抵抗能力。在安全风险评估的基础上，制定合理的信息系统网络安全应急处理措施，一旦信息系统受到网络攻击，需要立刻停止系统运行，避免数据和信息丢失。此外，开启备用系统，防止由于系统停用而导致的教学受到影响。

4. 数据准备

系统在投入使用后会集中很多数据，一部分数据可采用原始基础数据，如教师、学生基本信息和课程基本信息等，为投入使用后大量录入数据奠定基础。另一部分数据应通过填表的方式进行采集，如课程建设信息、新制订的培养方案等信息数据。但是这些数据并不能直接应用于系统之中，而是对这些数据进行分析，了解高校校方所需要输入的数据类型，采用统一的排序标准和列表方式录入数据库。由于数据作用的特殊性，所以应该尽最大可能保证数据的准确性、完整性和实效性，数据分类是数据准备过程中所采用的重要方式。

5. 项目培训

项目的最终成果将会在高校中加以运用，因此凡是参与项目的人，都必须参与培训，将学校学分制学籍管理规定、学分预警等相应的规章制度与规定、管理模式和系统运行操作作为培训的主要内容，这样，开发人员将技术与学校需求完美结合，可使教务管理人员和师生更好地了解系统运行和操作方式。

6. 质量管理

质量是对项目结果的一种评定。质量管理包含诸多方面，不仅仅表现为满足用户需求，还表现为项目整体的功能。质量管理贯穿项目的全过程，这是为了更好地完成项目，使得项目的成果能够被采用。质量管理应该监督教育教学管理信息系统建设项目每个阶段的完成情况，可以在每个阶段的产出中提出相应的质量问题，诸如数据显示较慢、录入数据更新延迟等问题，从而为项目的开发人员提供变更的合理依据，以完善教育教学管理信息系统，另外还可以保证系统的后续开发。整个教育教学管理信息系统项目完成后，若质量达到相应的管理标准，质量检验也随之完成。

（二）高校教育教学管理与素养培养信息化建设控制措施

1. 建立报告和决策机制

项目在实施过程中会遇到各种各样计划之外的问题，如教学任务中任课教师会因特殊情况出现调换的情况；不对系统做出相应设计将会影响学生对任课教师的教学评价；出现评价教师和上课教师不一致的情况等。当遇到问题时应该及时向上级反映，并且及时找到解决方法。并不是只有当遇到问题时，才会向上级反映，而是在每一个阶段结束以后都要向上级汇报，通过汇报总结本阶段的工作完成情况、形成的工作经验、出现的工作错误以及对下一步工作的设想等。另外，为保证项目的质量，应该将某一方面作为重点进行深入调查，并形成相应的报告。在工作的关键时刻遇见的关键问题，工作人员应该具有决策能力，而这种决策能力并不是盲目地进行决策，而是与实际工作相结合，进行深入分析，从而做出具有说服力的决策，这样能够促进项目的进程。

2. 系统测试管理

在检验项目质量时不能盲目进行，而应当由浅入深逐层检验。第一步是对基本单元功能模块的检验，测试功能块是否能够正常工作，如录入数据、查询信息等。第二步是将各个功能块结合起来，对功能块之间的组合功能进行测试。如变动学生的学籍信息，相应的教学课程信息是否随之变动。第三步是对整个功能区的检验，测试所有功能块是否都能正常工作。第四步是将项目成果在整个应用范围之内进行测试。这需要进行大量的数据测试。第五步是统一整理测试结果，与测试人员进行多次交流，了解测试结果是否具有准确性。

3. 项目培训策略

当系统设计完成以后，系统应用也是一个亟待解决的问题，系统的最终操作者是学校的教务部门和全校师生。所以很有必要对系统的操作者进行使用前培训，这样能够加快管理系统在学校范围内的扩散速度，由于系统所具备的功能较多，而且系统的使用者对系统的需求也不同，所以在培训的过程中应该按照培训对象不同确定培训内容，培训是一个循环的过程，应该通过不断培训来促进对教务管理信息系统的使用。

在项目实施初期，应该针对学校的领导层和管理层进行管理方面的培训，包括绩效管理、组织变动和管理制度变革等。在项目实施中期，应该将学校中参与项目的人员作为重要培训对象，具体包括业务流程描述工具、解决方案描述、测试系统性能及各项功能等内容。在项目实施末期，应该将各级教务管理人员作为重要的培养对象，其中包括系统操作技术、各模块功能、教育教学管理功能实现的操作流程、教育教学管理等内容。

第四节 高校教育教学管理与素质培养的信息化建设的保障措施

一、组织制度保障

高校教育教学管理与素养培养信息化建设要制定组织保障制度，这样才能发挥组织的保护作用和管理作用，同时在人才利用和人员开发上要占据主导地位。在这种组织保障制度中最主要的就是领导的关注程度，此外，项目也需要优秀的领导做出正确的决断，才能保证项目顺利完成。在高校教育教学管理与素养培养系统中，获得校领导重视，就能在人力、物力、财力、技术等方面获得更大的便利，能保证项目的顺利进行。由校教务领导出任高校组织的项目经理，在项目的决策、人事安排、沟通协作等方面都起到决定性作用。因此，科学的项目结构也能保证项目的顺利进行。各部门积极参与，各组成员共同合作，组成一个团结协作的团队，才能更好地开展项目。

二、资源制度保障

（一）信息共享

高校教育教学管理与素养培养信息化需要创建共享平台，用于进行信息的沟通与交流，只有各个部门之间改变观念，才能更好地共享信息资源，根据科学合理的方法归纳整理各部门的信息资源，建立高校信息化管理数据共享平台。

这些都需要有科学合理的规划，只有这样，才能构建出和谐、有效、快速、便捷的信息共享平台，避免出现各部门在实际运行中各自为政、信息重复、遗漏等情况。在统一的信息平台上工作，各个部门在沟通和信息上都要同步，避免各部门之间产生利益冲突。科学的管理模式能加强学校各部门的交流，使其能通过沟通协助完成各部门的工作，在工作上能够齐心协力。共享信息也包括将高校内的信息向校外开放，为用人单位、学生家长、教学点提供了解学校教学情况的平台。同时，结合各个方面的信息，形成新的信息数据库，方便广大用户使用，提高高校校内和校外的管理工作效率。

（二）人力资源共享

在人力资源方面，要求校领导、管理者、技术工作者都要具备现代化管理意识和管理理念，同时高度重视现代化管理。学校信息化管理是将信息技术和管理相结合，这对作者的信息技术有一定的要求，同时需要工作团队具备高度的专业素质。

信息化系统的开发和维护需要由专业信息技术人才完成，要依赖这些专业人才保证管理系统的通畅运行。教学信息化管理体系能够彻底改革传统的管理方式，要改变传统的管理模式，不仅要从管理技术上改革，更重要的是转变管理者的管理观念。

管理者要积极参与教育教学管理信息化培训活动，校领导也要掌握学校管理信息化平台的使用方式。换言之，管理团队熟练掌握管理系统的操作方式，才能保证让信息管理平台稳定、持续地运行下去。另外，在管理工作中，各领域的人员不仅要熟知自己的工作职责，还要对整个信息化系统有一定的宏观认识，才能将各种有用信息聚集起来，以便在工作中更好地运用，唯有如此才能充分发挥人力资源管理的功能与作用，避免人才浪费。

三、技术制度保障

（一）建立信息化管理的标准规范

目前，高校信息化管理存在管理不平衡、信息共享程度低、行为准则不足等问题，需要对信息化管理平台制定一个统一的标准，再由网络信息管理人员负责平台的管理工作：由这个教育教学管理平台来综合管理不同的用户，对学校定向管理。通过这个教育教学管理平台能同时管理登录该平台的所有用户，让他们经过一次登录就能在网络平台实现全网通用。

高校各部门提供的信息，如学生情况、教师信息、教学计划、学生成绩等全部都会输入信息化教育教学管理平台，而网络管理人员将在后台对上述信息进行整理。同时，有些特别的业务要有相应的管理方案，以便于有关部门工作的顺利进行。

由于高校财务改革，建立财务管理系统成为重要的调整手段。当前因网络信息发展迅速，网络课程越来越多，因此相应的课程点播系统也应及时推出。这些系统能在教育教学管理平台上任意组合。还有网络数据安全问题，要随时备份网络数据，以免数据准确性出现偏差。还要对网络服务器制定相应的安全准则，以此保证教育教学管理平台能随时运行。

（二）构建完善的教育教学管理信息技术平台

由于各部门的管理工作都要依靠信息化教育教学管理平台，因此信息技术的创新能够将教育教学管理技术和管理方法推向新的高度，并且为教育教学管理系统提供技术支持。在高校信息化管理系统中，数据的传输速度、质量安全、准确性都是平台设计的关键因素。网络平台的建设要能够及时处理各种信息，同时要符合教育管理的要求，才能设计出让用户满意的信息化教育教学管理平台。让不同的网络用户能随时通过高校管理信息平台获取所需的相应信息，各部门信息数据及时更新、检查，保证用户得到的信息是最准确、最快捷的。合理规划信息处理方式以及信息权限，改善工作中信息流通产生不良影响的环节，提高高校教育教学管理与素养培养的工作效率。

四、建立科学合理的评价体系

虽然建立了信息化高校管理平台，但无法否认传统管理方式对其产生的积极影响，应该用客观的态度看待这种影响在信息化管理平台中的积极作用。我们在承认信息化管理平台能大大提升高校管理工作的同时应对教学信息管理系统有长期的规划，虽然这种先进、动态的信息工程是标准的信息化管理体系，能为所有高校的教师、学生、工作者提供高质量的服务，但是在面对更为复杂的教学要求，在能力上还有所欠缺。因此，信息化教育教学管理平台的管理人员应该正视这个问题，积极采纳各网民的意见和建议，完善该项目的运作流程，在建立信息化教育教学管理平台过程中，出现问题要及时分析并予以解决，以求达到最好的工作效果。这样才能将评价体系的作用发挥到最大。

五、探索行之有效的激励机制

教育教学管理工作是高校教育的重点，管理者的管理理念应具有一定的开拓创新精神，开展这个项目只有高素质、高潜力的管理人员，才能让管理工作有所提高。提高管理者的自主工作意识是保障教育教学管理工作信息化项目顺利进行的重要因素。例如，挖掘领导、党政委员的能力。由于该项目针对的是高校学生，人口基数大，需要项目管理者们共同努力才能达到最好的工作效果。教育教学管理系统要依靠这些管理者，特别是辅导员、班主任，充分将高校、学生、教师联系起来，以便及时获取信息，尽早发现问题、解决问题。班主任在教育教学管理工作中直接接触学生，打造优秀的班主任班子将显得尤其重要。但在当前的教育教学管理项目中，大部分的班主任都是代理班主任，除了要完成高校校内班主任的工作外还身兼其他工作。班主任工作任务繁重，如何能平衡好工作中心，是校领导应该重视的问题。总之，要想促使各位班主任积极努力地工作，就必须创建一套科学的激励机制，具体如下：第一，定期召开会议，总结班主任的各项工作，让班主任有充足的时间交流经验，及时反思自己工作中的不足并不断改进。第二，定期评选优秀班主任和优秀管理者，通过教学平台等宣传手段广播他们的优秀事迹，为其他管理者树立榜样，以便更加顺利地开展管理工作。

第四章　高校教育教学的理念创新

第一节　高校教育教学理念创新的缘由

高校教育的根本任务是培养人才，而人才培养的主要途径是教学活动。改革开放以来，确立了知识本位的高校教育思想观念。

随着国家对人才培养质量的关注与重视，人们开始重新认识和反思高校教育教学和科研的关系，进而确立了教学在学校工作中的中心地位，无论什么类型的高校教育，首要任务是人才培养，科学研究也要肩负起人才培养职能。高校教育教师必须把教学放在第一位，切实履行教师的基本职业职责。

随着世界高校教育发展和科技、社会进步对人才培养规格新要求的不断提出，能力本位观点越来越受到重视，社会更需要提供知识全面、技能过关的高素质人才。因此，对教学活动提出了新的要求：一方面是出于理论教学与实践教学的关系问题的考虑，既不能忽视理论教学又要加强实践实验教学；另一方面也是出于协调学校教育与社会教育的关系，既不能在学校教育与社会教育之间走极端，也不能过多增加学生的时间、经费、心理等学习负担。于是，新的教学中心地位理论逐步得到丰富和发展，在校内强调理论教学与实验，在科研活动中培养学生能力，在校外加强实习实训基地建设，建立产学研究机制。

第二节　高校教育教学理念创新的思路

一、更新教学理念

（一）更新教育思想，形成实践教育教学理念

实践是指将高校教育教学内容中的自然科学知识、人文知识、德育等各种理论知识教育，通过具体的系统实践来消化、固化、融合、升华。在实践中统一科学教育与人文教育，把实践育人贯穿人才培养的全过程，培养学生的实践能力和创新精神，提升个人人文素质和科学素质，达到完全与社会实际需要相符合。高校在校园文化建设中要建立一种新的激励机制，带动学生积极展开创新创业活动，并给予大力支持，全面推进实践教育。

（二）树立以生为本的教学理念

在教育教学中要体现出对学生主体地位的充分理解和尊重，对学生潜能的充分诱导和挖掘，对学生人格的充分培养和塑造，把学生的个人意愿、社会的人才需求、学校的积极引导有机结合起来，使学生在知识、能力、思想道德、身心健康等各方面得到均衡、全面的发展，从而促进学生成长成才。这一教学理念要充分贯彻体现到高校教学环节之中的各个方面。在教学模式上，实施弹性教学计划，建立学分制、主辅修制，让学生有一定的选择权和支配权，可以自由支配属于自己的时间和空间，着力于学生创新能力和实践能力的培养；在教学目的上，要一切为了学生，为了学生的一切，为了一切学生。在教学方法上，要大力提倡"以学生为主体、教师为主导"的互动式教学方法，鼓励进行问题式、案例式、讨论式、情境式教学法，开展"后发、互动、探究式"的课堂教学实践，采取一系列措施，使教师由传统式知识传授型教学向现代式研究型教学转变，引导学生由被动接受型学习向研究型学习转变。

（三）灵活多样的教学组织形式

在教学组织的具体实施方面，应采取灵活多样的教学组织形式，而对传统教学方式进行创新，充分发挥学生的个性，对学生进行激发和引导，使学生经过探索研究而学会自主学习，使教学方式以传授知识向培养学生认知能力和全面素质转变。转变以教师、课堂、书本为中心的教学局面，进行师生互动，展开专题讨论，鼓励自主探索与合作的学习方式，培养学生的探索精神与批判性思维；重视教学的创新性和学生个体间的差别指导，让学生在与教师的朝夕相处中耳濡目染，接受熏陶；以学生亲自动手实践为主，采取提供实践平台、鼓励学生积极参与科学研究实践课程创新的手段，增强教学活力，培养学生获取新知识、分析和解决问题、交流与合作的能力。

（四）制定均衡的高校教育资源配置政策

在重点大学和普通大学之间要实现教育资源配置的均衡。在建设和发展"双一流"大学的同时也要兼顾一般大学，着力改善一般大学的办学条件。还要针对目前不同区域间高校教育差距越来越大的现象，制定相应的区域高校教育政策，寻求不同教育资源在区域间配置的平衡，增强区域高校教育发展的动力。

科学合理地安排高校教育的学科专业布局，加强教学内容和课程体系创新。合理安排课程设置，高校的办学理念、专业与课程设置、教学模式要与社会需求相一致，培养与社会需求相符的人才。首先，在进行学科专业建设时依据"厚基础"原则构建培养本学科专业人才的基础知识、能力和素质结构。其次，在安排学科专业布局时要依据"宽口径"原则，拓宽学生的专业知识面，把专业设置从对口性向适应性改变，实行"宽口径"的专业教育，优化课程整体结构，拓宽专业课程交叉培养，提高教学质量，提高学生的综合素质，培养学生的科学全面发展，为社会提供高素质人才。最后，高校要抓住自身特色，合理定位，遵循差异性原则，建设优势学科，避免模式单一，合理配置教育资源，促进教育公平，促进高校教育科学发展。

（五）因材施教，树立以生为本的教学理念

因材施教，就是根据不同学生的个性特点来进行不同的教育活动，通过对差异性的辨析制订出适合其特点的教学计划。教育公平的实质不是使每一

个学生都获得同样的教育，而是使每个学生都获得适合自身的教育，这就是教育公平的适合性原则。我们要充分认识到学生是教育活动的主体，学生是发展的独立的人，每个学生都有自己独特的个性，我们要做到在制定教学目标、教学模式、教学内容以及教学方法等方面坚持以生为本的教学理念，尊重学生的主体地位，充分挖掘学生的潜能，使学生的个性得到充分发展，塑造学生的健全人格，促进学生的全面发展，促进教育公平的实现。

（六）构建高校教育教学质量保证体系

高校教育教学的质量直接影响着人的全面发展，最终影响经济社会的发展，我们要依据相应的政策法规建立高校教育教学质量保证体系，规范学科专业建设，避免重复建设和教育资源浪费，构建独立的、有权威性的高校教育教学质量评估机构，加强对高校教育教学质量的监督，完善高校教育教学评估政策，充分发挥社会的监督作用，对高校教育教学质量进行监督。

总而言之，追求高校教育教学公平是促进高校教育公平的核心所在，也是促进高校教育创新发展的不懈动力，我们必须继续深化高校教育教学创新，优化高校教育结构，不断提高高校教育教学质量，实现人的全面发展，最终促进高校教育教学公平的实现。

二、办学特色形成

办学特色的形成如下：

第一，教育教学创新，培育办学特色。一所有特色的高校必定拥有自己独特的教育思想和教育教学理念，这种教育思想和教育教学理念能够在特定的时空环境，指导高校在办学发展过程中的办学思想和办学理念，并能适应时代和社会对教育和人才培养的要求，符合教育思想和教育教学理念的创新要求，符合教育创新发展和社会进步的一般规律，能够促进教育发展方向、人的全面发展及人才培养过程的优化。教育教学的创新必将带来教育思想的转变，先进的教育思想必将促进先进办学思想的实践，包括新的办学目标、办学模式的重新定位标准，如何实现这一标准所采用的方法、途径以及对此办学实践效果的综合评价。

第二，构建学科特色，促进办学特色。学科特色建设是促进高校办学特色形成的关键所在。学科建设作为高校培育人才、科学研究和服务社会三大职能的具体承担者，它的建设和发展水平对高校的人才培养、科学研究、专业建设和师资队伍建设等方面的质量有着重要影响，对高校办学特色的形成有着强有力的支撑作用，并决定着学校的服务能力和水平及办学层次的提高。学科特色是高校办学特色中的标志性特色，是构成高校教育核心竞争力的主要组成部分。学科特色，一是指特色学科，指某一特定的学科特色；二是指学科结构体系特色，指由几个特色学科共同组成的学科特色。特色学科是学科特色发展的基础，学科结构体系特色是学科特色的扩展，真正的特色学科具有不可替代性，是难以被模仿和复制的。

高校在学科建设上不能求"大"、求"全"、求"新"，而要求"精""尖"，要因校制宜地构建优势学科，发挥优势学科所附带的"品牌"效应，形成办学特色。科学家田长霖教授曾经说过，世界上地位上升很快的学校，都是首先在一两个学科领域有所突破，而不可能在各个领域同时突破，达到世界一流。学校要全力支持最优秀的学科，要有先有后，把优势学科变成全世界最好的，其他学科也就会自然而然地提升上来。所以，从某种意义上来讲，一所高校的学科优势所在，也就是这所大学的办学特色所在。

第三，发扬高校精神，形成办学特色。高校应该是思想自由、学术自由，培养人、完善人，不断提升人格和道德，追求学术真理的。高校精神就是在学校里做学问的心理状态和文化立场。高校精神是一所学校内所有成员在长期办学实践中共同创造、传承、逐步发展起来的，被学校所有成员共同认同而形成的一种精神理念，它反映了一所学校的历史文化传统以及面貌，是学校的精神信念和意志品质的准确表达，是学校独特气质的精神形式和文明成果的表现，也是学校所有成员的精神支柱。高校精神犹如个人的品格，是高校最为核心和高度抽象的价值追求和行为规范，决定着高校的行为方式和高校发展的方向，是高校存在和发展的基石，是高校的灵魂和本质之所在。高校精神是高校保持永久活力的源泉，是高校优良传统文化的结晶，是高校在长期教育实践中积淀下来的最具典型意义的精神象征，体现了高校所有的群体心理定式和精神状态，展现了高校的整体面貌、风格、水平、凝聚力、感召力、生命力，最终凝聚形成独有的办学特色。高校的办学理念以及办学实践应该有利于高校精神的形成和发展，并使之形成一种特色教育，经久不衰。

三、推进师资队伍建设

逐步取消高校行政级别，精简高校管理机构，压缩行政费用开支，使教师真正在高校中处于主导地位，同时进行师资队伍建设。百年大计，教育为本；教育大计，教师为本。教师重要，就在于教师的工作是塑造灵魂、塑造生命、塑造人的工作。一个人遇到好老师是人生的幸运，一所学校拥有好老师是学校的光荣，一个民族源源不断地涌现出一批又一批好老师则是民族的希望。国家繁荣、民族振兴、教育发展，需要我们大力培养造就一支师德高尚、业务精湛、结构合理、充满活力的高素质专业化教师队伍，需要涌现一大批好老师。

（一）优化高校师资队伍结构

高校师资队伍的结构内容主要包括教师的学历、职称、年龄这几个方面，它可以直观地反映出教师队伍的质量、能力和学术水平的一些基本情况。

这些年来，我国陆续实施了"高层次创造性人才工程""高校青年教师奖""骨干教师资助计划""硕士课程进修"等多项高级资质队伍建设工程。我们要继续加大对骨干教师和优秀学科带头人的引进力度，强化高层次带头人队伍建设。对于高职称的学科、学术带头人、紧缺专业人才要给予一定的政策倾斜，根据学科发展的目标，有目的地吸引高层次人才，以确保高校师资队伍的职称结构比例合理。还要通过有效措施引进高学历人才，提高师资队伍的学历层次。加强本校优秀人才的培养，吸纳来自不同地区和高校的人才，引进与培养相结合，推动人才与资源的有效整合，以利于各学科专业教师整体知识结构的优化，最终促进高校师资队伍结构的协调发展。

（二）提高高校教师综合素质

高校师资队伍建设是高校教育教学创新发展的基石，它直接关系着高校教学质量的提高与否。高校教育的快速发展对高校教师的教育教学思想、知识结构、教学方法等综合素质提出了更高层次的要求，要求教师具有熟练应用现代信息技术和现代教育手段的能力、教学与科研的创新能力、理论联系实际的能力、将知识服务于社会的能力以及良好的社会交往能力，要建设这样一支学术过硬、综合素质较高的教师队伍，我国的高校教育师资队伍建设任重而道远。提高高校师资队伍的综合素质要把师德建设放在首位。师德建设是师资队伍建设的基础，不断加强师德建设，是全面贯彻党的教育方针政策的根本保证，是培养德才兼备的高素质的社会主义建设者和接班人的必然要求。在高校师资队伍建设中要遵循"以人为本"的原则，牢固树立"师德兴则教育兴、教育兴则民族兴"的爱国主义教育教学理念，要求教师不断更新观念，用现代教育思想充实自我、完善自我，推进高校师资队伍建设，建设一支为人师表、作风优良、爱岗敬业、治学严谨、教学科研能力强、与时俱进的高素质教师队伍。

提高高校师资队伍的综合素质要注重教师教学素质的培养。教学是培养人才的直接途径，也是高校的主要工作，教师是教学的实施主体，培养教师的教学科研能力是提高教师教学水平的主要途径。要改变过去只注重学历的提高而忽视教育教学能力培养的状况，既要注重教师专业学术水平的提高，也要重视教师教学水平的提高。要求教师掌握教育教学理论、教学方法以及教学规律，增强教师提高教育教学水平的积极性和自觉性。还要加强教师对科研工作的重视，为教师提供进行科研创新的条件，提高高校师资队伍的科研能力、学术水平和教师职业化水平。以"特色专业—精品课程"建设和聘任重点学科带头人为龙头，加强重点学科带头人、学术带头人、学术骨干队伍建设，在部分学科领域形成独具特色的人才群体，致力于学术大师和教学大师的培养，带动师资队伍整体水平的提高。

总之，我们要把高校师资队伍看作一个整体，通过多种方式培养高校师资队伍的现代教育教学。提高教师的专业理论学术水平、教育教学能力、科学研究能力以及科学文化素养，全面提升其教育教学功能、团队协作功能、科研开发功能及社会服务功能，使其掌握先进的教学、科研方法，具有崇尚科学、勇于创新的开拓精神，具有为高校教育事业不懈追求的精神，为高校培养一支具有良好的职业道德、较强的教学科研能力和充满活力的高素质师资队伍。促进高校教育教学质量和水平的提高，促进师资队伍建设的良性循环，促进我国高校教育教学创新，为高校教育创新的跨越式发展奠定基础。

四、创新课程体系及教学内容

（一）课程体系创新

首先，要优化和调整学科专业课程结构，因材施教，分层次教学、分类别培养，同时进行主辅修、双学位、定向培养、中外合作办学等多样化的人才培养模式，在满足不同基础学生学习的需求和发展需要的同时也能促进人才培养质量的提升；其次，在课程结构上打破传统的单一课程结构类型，即分科课程、国家（或地方）课程、必修课程，重新调整课程结构，优化课程体系。综合课程、必修课程和选修课程都要各自占有一定的比例，以"本科规格＋实践技能"为特征，重视学生的个别差异，坚持四个结合，即理论与实践、人文教育与专业课程教学、课内与课外、校内与校外相结合，构建一种合理的适合学生发展的课程体系，最终培养学生具备两个方面的素质——文化素质与创新素质，提高四个方面的技能——基本技能、通用技能、专业技能、综合技能。

在高校基础课程教育上，构建综合基础教育体系，所有学科专业都进行国防教育、人文教育、自然科学基础教育、德育实践等基础知识培训。要构建综合实践体系，搭建公共实践平台，包括专业实验、实习、设计、毕业设计（论文）、德育实践、科技文化实践、创新实践等。还要构建学生实践能力考核体系，对学生的综合实践能力进行考核，进行"创新课程"研究，转变理论基础。创新课程所依据的理论基础由心理学扩展为社会学、经济学、文化学、政治学和生态学等更具包容性的学科领域。创新不仅包括首次创造，也包括对他人所创造出来的成果的重新认识、重新组合和设计应用。

创新课程并不是以学科的方式向学生传授一整套如何创新的知识、方法和策略，也不是以学生获取学科知识为中心，而是以综合实践的方式为学生提供相对独立的、有计划的进行研究性学习、设计性学习、体验性学习、实践性学习、反思性学习和生活性学习的学习机会，让学生从自己的现实社会生活中自主选择研究课题并通过对开放性、社会性、综合性和实践性问题的探究，形成自己独特的学习方式，培养学生的创新精神、探究能力、开放性思维、社会实践能力和社会责任感。同时，创新课程也是一种创新性理念，指在一种课程开发与实施的过程中除了独立的综合实践课程之外，原有的所有课程科目在具体实践中都要设置一些必要的干扰性因素，并通过课程内容的复杂性、模糊性来增加课程的难度，以培养学生的探究能力。

（二）教学内容创新

遵循"厚基础、宽口径、强能力、重质量"的复合型人才培养原则，重新规划和设计教学内容与课程体系。改变过去只在专业学科范围内设置专业课、专业基础课、基础课的"三级"课程编排方式，构建专业必修、专业选修、学科必修、公共必修、公共选修五大课程体系，对教学内容与课程体系进行重新规划和设计。按照学科专业普遍大类平行设计学科专业类课程、新公共基础课程、文化素质教育课程和实践性教学课程等较大教学课程内容体系，增加选修课，减少必修课，对公共课进行分级分类教学。

厚基础就是使学生熟练地掌握各个学科专业的基础理论、基础知识、基本技能，并能扎实地运用到实践中去，强化学生基础知识体系，打造精品课程。进一步加强学生基础理论、基础知识、基本技能和基本方法的学习与实践，进行优秀主干课程建设和基地品牌课程建设，重点建设基础较好、适应面广的学科专业基础课、主干课和专业课，使之达到国家精品课程建设标准。

宽口径就是拓宽学生的专业知识面，把专业设置从对口性向适应性改变，实行宽口径的专业教育，提高学生的综合素质，为社会提供高素质人才。在课程体系建设上，优化课程整体结构，拓宽专业课程交叉培养，提高知识质量，加强学生文化素质教育。在公共必修课程之上可以设置学科必修课程，按照分类搭建课程平台，注重文理交叉，在课程体系中设置跨专业课程，强化专业渗透，为学生的宽口径发展搭建学科基础平台。优化学生知识结构，让学生根据自己的专业特长、兴趣爱好和发展趋向自由选择，进一步拓宽专业口径，培养学生综合素质。

强能力、重质量就是从培养学生全面发展、提高学生综合素质出发，以分析、模拟、教学等基本形式展开实践教学，加强课堂内外的实践教学环节，并通过组织社会实践、社团活动、专业实习等实践活动培养学生的务实能力、操作能力，注重学生的人格塑造，充分挖掘学生的潜能，注重培养学生"从一般到个别"的解决能力，着重训练学生"从个别到一般"的调查分析能力，帮助学生养成可行性分析的良好思维习惯，使培养出的学生具备强能力、高质量。

（三）注重实践教学创新

针对我国高校教育教学创新中出现的各种状况，《教育部财政部关于实施高校教育本科教学质量与教学创新工程的意见》（教高〔2007〕1 号）中决定实施教育教学质量工程，中央财政投入大量的资金支持质量工程建设。同时，教育部也发出了《关于进一步深化本科教学改革全面提高教学质量的若干意见》（教高〔2007〕2 号），指出要重点落实实践环节，拓宽高校学生校外实习、实践渠道，与社会、行业以及企事业单位共同建设实习、实践教学基地，力求提高高校学生的实践能力。对学生进行实践教育，并多方面采取各种有效措施，确保学生专业实践和毕业实习的时间和质量，把教育教学与社会实践紧密地结合起来。

开展实践教学，要求学校通过开辟各种有效途径为学生搭建实践平台，建立一批相对稳固的课内外学生实习和实践基地，并积极组织学生进行社会实践、调研、实习等活动，逐步培养高校学生的敬业精神，培养他们艰苦奋斗的精神和坚韧不拔的意志，有计划、有目的地推动大学生自觉自愿地加强职业道德素养。逐步培养学生的实践创新能力，积极支持学生创新创业活动，致力于学生创新素质的发掘和培养。创新素质主要包括创新意识、创新精神、创新能力等三个层面的内容。在一个创新型国家的建设进程中，这种全新的创新素质正逐渐成为学生在就业市场竞争中的核心竞争力。

五、教学模式和方法创新

人才的培养是一个复杂的系统工程，必须不断探索其内在的规律，摒弃不合理的教学模式，认真细致地研究教学，研究其内在的多重因素——教学理念、教学内容、教学方法、教学模式等，从而掌握教学的规律。因此，我们提出了"教学民主"的教学观念，对传统的教学模式进行创新，开创研究性教学、开放性教学和互动性教学等一些能够体现"教学民主"的经典的教学模式，充分突出学生的主体性地位，激发学生的主动参与意识，开发学生的学习潜能，创设民主、和谐的学习氛围，指导学生学会学习，在教学中建立一种和谐的师生关系，充分调动学生学习的自发性和积极性，保证学生和谐的全面发展。

（一）推广研究性教学，培养学生的创新意识

教学从知识传递向注重能力培养的转变，必然要求教学方式方法的变革，推进研究性教学正是深化教学创新的重要路径，也是研究型大学人才培养的一个基本特征。研究性教学是一种将教师自身的研究思想、方法和最新成果引入教学过程的教学模式。通过研究性教学，使教学建立在科研基础上，科研促进教学的提高，教学与科研互动并向学生开放，从而引导学生在参与教学过程中步入科研前沿，激发学生主动思考、主动探索、主动实践的创新意识。

第一，研究性学习的过程是情感活动的过程。通过让学生自发地参与探究性学习活动，获得亲身体验，逐步形成一种在日常生活和学习中勇于探索、努力求知的良好习惯，从而激发探索和创新的积极欲望。

第二，研究性学习的过程就是一个探索的过程。在一个相对开放的环境中寻找问题和探讨解决问题的过程。通过这一过程，可以培养学生的思维能力，培养学生发掘和解决问题的能力，对学生掌握一定的科学的学习方法，增强学生对资料的收集能力、分析能力、总结能力以及学会利用多种有效手段、多种途径获取信息都有积极的推动作用。

第三，研究性学习的过程是一个互动的学习过程。在这个互动的学习过程中离不开学生与团体、学生与学生之间的沟通与合作，可以说研究性学习为学生提供了一个人际沟通与合作的良好空间，为学生分享研究资料、学习信息、创意和研究成果以及发扬团队精神提供了一个很好的交流平台，培养学生学会合作、发现问题、克服困难、共同解决问题的能力。研究性学习的过程也是一个实践的过程，要求学生从实际出发，实事求是，尊重他人研究成果，严谨治学，积极进取。

第四，研究性学习的过程也是一个培养学生全面素质提高的过程。通过学习实践加深了对科学的认知以及科学对自然、社会的积极意义与价值，使

学生懂得思考国家、社会、人类与世界共同进步、和谐发展的伟大命题。在培养学生的创造能力和实践能力之余还培养了学生形成积极的人生观、价值观。研究性学习过程也为学生提供了综合运用各门学科知识的机会，加深了学生对已学知识的重新记忆，培养学生的积极参与能力以及自主创新能力。

（二）推广开放性教学，培养学生的创新能力

开放性教学是为了鼓励学生主动积极地去探究知识规律，对传统教学过程中影响学生发展的不合理因素进行创新，从而培养学生自主创新性学习能力的新型教学。开放性教学的主要思想理念在于以学生的发展为本，通过教学目标、教学方法、教学内容以及整个教学过程的开放，从传统的课堂教学走向开放式教学，充分发挥学生的主体作用，让学生自己掌握学习主动权，自己去探索、发现，培养学生的创新能力。在开放性教学中，教师不能仅仅拘泥于教材、教案的内容，要给学生提供充分发展的空间，创设有利于学生自主发展的开放式教学情境，根据学生的发展状况不断调整教学过程的每一个环节，激发学生学习的动力，促进学生在积极主动的探索过程中健康、全面、和谐地发展。开放性教学不只是一种教学方法、教学模式，它还是一种教学理念，它的根本目的是让学生的创新潜能得到充分发展，以开放的教学活动过程为路径，以最优教学效果为最终目标。

（三）开创互动性教学，提高教学质量

互动性教学就是在教学过程中充分发挥师生双方的主动性，师生之间相互交流、相互探讨，促进师生共同发展，最终优化教学效果，共同完成教学目标的一种教学模式。互动性教学可以活跃课堂气氛，而且能够及时反馈学生的学习进度以及掌握知识的规律。互动性教学包括教与学的互动、教学理念的互动、心理的互动以及形象和情绪的互动等。互动性教学是一种富有生命力的创造性教学，有着现代性、互动性和启发性的特点。它要求教师按教学计划组织学生系统而有目的地学习，并要求教师按学生的发展要求有针对性地因材施教。促进教师努力探索、学习，不断提高自己的专业水准和教学水平，同时激发学生学习的积极性，促进学生个性的发展，提高教学效果和效率，最终提高教学质量。互动性教学以学生为主体，以教师为主导。提倡

师生平等的沟通、交流，让学生在没有压力的情况下轻松自由地学习，让学生参与教学计划、教学决策，有利于培养学生自觉学习和主动学习的能力以及创新学习的能力。

六、重视高校学生文化素质教育

学生文化素质教育是高校高质量人才培养的重要组成部分，是我国高校教育教学创新的一个重要方面，要将文化素质教育贯穿于高校教育的全过程，进而实现教育的整体优化，最终达到教书育人的目的。高校学生的基本素质包括文化素质（思想道德素质）、专业素质和身体身心素质，其中文化素质是基础。文化是人们所创造出来的物质和精神的成果，是人的活动的对象化、物化，是人观念存在的形式，是超越个人的实物形态或观念形态。一种文化一旦被创造出来，就不再受时间、空间、个人的限制，就会被广泛地传播和使用。文化素质就是人们所拥有的所有文化知识的内在的积淀，文化素质对于人们的人生观、价值观的形成具有基础性的决定作用，并最终成为行为的指导规范。同样，人们已有的人生观、价值观也会反作用于文化素质。提高学生素质教育，主要是指文化素质教育及创新精神、实践能力的培养。文化素质教育重点指人文素质教育，主要是通过对学生加强文学、历史、哲学、艺术等人文社会科学、自然科学方面的教育，以提高全体学生的文化品位、审美情趣、人文素养和科学素质。

（一）提高高校学生文化素质教育的目的和意义

国家要发展，经济是中心；经济要振兴，科技是关键；科技要进步，教育是基础。由此可见，教育在我国发展中的作用和地位是重中之重的。在发展过程中，需要主体——人，是有知识、有文化、有创造力的人，进行社会发展和变革。因此，发展最根本地又被归结为人的发展。高校教育主要是培育有知识、有文化、创新型人才，高校教育能够产生新的科学知识、新的生产力。高校教育的三大职能之一是发展科学，高校教育在传输知识、培养人才的同时，亦创造新的科学理论。高校教育所培养的不同专业、不同层次的各种文化素质人才在社会生活各领域的作用，将直接、间接地影响全社会的可持续发展，可持续发展的教育观念即是应从全社会可持续发展的角度来审视教育的创新与发展。在高校教育中，我国已从办学体制、投资体制、管理体制、教育教学、招生就业、考试制度等方面进行了多层次的创新，已经逐步走上了一条可持续发展的新道路。当然这条道路并不平坦，在进行创新的过程中会有诸多的问题凸显出来，其中提高高校学生文化素质教育显得尤为重要。

（二）观念变化对高校学生文化素质的影响

我们生活的时代正处于急剧变革的社会转型时期，人们的生存方式和形态也随之发生了历史性的变化。目前，受社会上一些现象的影响，各种媒介的导向作用，使我国高校学生的价值观、文化观都发生了巨大的变化。"价值观是人们对人和事的评价标准、评价原则和评价方法的观点体系。它具体表现为信念、信仰、理想和追求等形态。一定的价值观反映着在一定生产关系条件下人们的利益需求，决定着人们的思想取向和行为选择。"[①] 在经济日益全球化的今天，经济的迅速发展，物质的极大丰富，也在刺激着高校校园，高校学生作为最敏感的社会群体之一，其价值观也随之不断变化。当前经济发展、教育创新与媒体导向等是影响大学生价值观变化的主要因素。

文化观是一个人对待文化的态度。我们要树立正确的文化观，不狂妄自大，不妄自菲薄。合理对待外来文化，不一概排斥，但也绝不崇洋媚外。

（三）提高高校学生文化素质的途径

提高学生文化素质教育，必须将文化素质教育贯穿于高校教育的全过程，要求培养出的学生具备人文科学素质、自然科学素质，具有较强的综合能力，如观察分析能力，研究思考能力，语言、文字表达能力，决策能力，组织能力，处理复杂关系的能力以及应用计算机和现代信息技术进行学习、工作和生活的能力，从而实现教育过程的整体优化，最终达到教书育人的目的。提高学生文化素质，必须从以下三方面做起。

第一，提高学生文化素质教育，高等院校必须转变教育观念，必须进一步加大教育教学创新力度，建立科学的课程体系，创新教学内容和教学方法。

---

① 周君明，毛平.高职院校学生价值取向的偏离和引导[J].学习月刊，2007（16）：118-119.

首先，转变教育思想并更新教育观念。我们要转变教育思想、更新教育观念，在教育过程中要注重对学生创新能力的培养，开发学生的潜力，让学生在受教育过程中享受到创新的乐趣，积极进取，把学生培养成为全面发展的人。其次，构建科学的课程体系，进行教学内容和课程体系创新，充分发挥以课堂教学为主体的导向作用。文化素质不能纯粹以自然的方式在现实生活中靠个体的感悟和体验来获得或提高，而是需要精心设计和安排，以科学而系统的课程体系为支撑，通过发挥课堂教学的主导作用，来实现学生文化素质教育的目的。总的来说，要全面提高高校学生的科学素质与人文素养。在具体教学过程中，应强调人文与科学的自然渗透与融合，必须包括文、史、哲、自然科学等多学科门类的知识内容来构建多学科交叉的高校课程体系，为培养学生科学素质和人文素养提供广博而深厚的文化底蕴。强调课程体系的科学性，使学生通过各种必修课和选修课的学习和探索，形成合理的知识结构和深厚的知识基础。

第二，提高学生文化素质教育，高等院校必须提高教师队伍质量，使教师的科学素质和人文素质全面提高。蔡元培曾指出，大学为纯粹研究学问之机关，不可视为养成资格之所，亦不可视为贩卖知识之所。学者当有研究学问之兴趣，又当养成学问家之人格。[①]"师者，所以传道授业解惑也。"教育工作者是社会主义核心价值体系的宣传者和教育者，"身教重于言教"，教育工作者要发扬严于律己、以身作则、率先垂范的优良作风，自觉自愿地做到诚信、肯学、肯干，带头实践我们所提倡的道德标准、价值观念和理论要求，真正起到教育和带动广大学生的领头作用，只有这样，才能真正提高和发挥社会主义核心价值体系中教育工作的说服力、吸引力和感染力。

第三，提高学生文化素质教育，必须创新人才培养模式，把知识、能力和素质三者有机地结合起来，贯穿于高校教育的全过程。使高校学生在这三个方面获得和谐的同步的提高，以期造就出高素质的全面发展的人才。要培养学生拥有良好的文化素质修养，不仅是传授文化知识，而且要教给他们获取知识的方法和技能，在获取知识的同时，让能力得到充分的发挥，个人素质得到充分提高，这才是教育创新的最终目的，这才是教育的真正目的。蔡

---

① 蔡元培.教育的方法 蔡元培谈教育 [M].长沙：岳麓书社，2023.

元培先生曾说，教育是帮助被教育的人，给他能发展自己的能力，完成他的人格，于人类文化上尽一份的责任；不是把被教育的人，造成一种特别器具，给抱有他种目的的人去应用的。[①]

除此之外，还要全社会的积极配合，媒介充分发挥积极正面的舆论导向作用等，只有这样，培养出的学生才是全面发展的人，才会成为有益于社会、有益于人类的有价值的新型知识人才，才能继续推动教育创新，才能推进整个社会的可持续发展。

七、人力资源强国战略推动高校教育教学创新

实施人力资源强国战略，关键在于建设高校教育强国。进入 21 世纪，国家站在创新开放和加速社会主义现代化建设的高度，提出了实施人力资源强国战略的重大举措。

高校的职责就是为建设高校教育强国提供强有力的人才保障和科技支撑。当前我国高校教育已经实现了跨越式的发展，成为一个高校教育大国。要想建设成为一个人力资源强国，必须以人为本，从创新教育观念、突出高校办学特色、深化高校教育教学创新和完善体制等方面全面推进高校教育创新，才能将我国从人口大国建设成为人力资源强国。我国高校教育人力资源开发的构想是坚持"人力资源是我国持续发展的第一资源"的战略决策，从2011 年到 2020 年，高校教育入学率达到 40%，各类高校教育在校生人数达到 3300 万人左右，这一时期高校教育学龄人口规模的下降，高校教育普及程度快速提高，研究生在校生人数达到 200 万人以上；从 2021 年到 2050 年，高校教育入学率达到 50% 以上，进入高校教育普及化阶段，各级教育都达到较高发展水平，实现从追赶到超越的战略转变，跨入教育发达国家行列，成为世界高校教育人力资源强国。

我国从高校教育人口大国迈向高校教育人力资源强国的构想是：从 2002 年到 2020 年，每百万人口中科学家和工程师人数达到 1500 人左右；从 2021 年到 2050 年，每百万人口中科学家和工程师人数达到 3000 人左右，实现高

---

① 蔡元培 . 教育的方法 蔡元培谈教育 [M]. 长沙：岳麓书社，2023.

校教育人口大国向高校教育人力资源强国的跨越发展。我国必须在全面建设经济型社会的同时全面建设学习型社会，强化高校教育人力资本投资，使我国高校教育人力资源的结构更加合理、总量更加充足、质量更加提高、体系更加完善，最终带动全体人民的学习能力和就业能力的发展，提高人民的整体素质和综合能力，使我国从教育人口大国迈向人力资源强国。

第三节　高校教育教学理念创新的举措

一、树立终身教育的教学理念

终身教育、终身学习的思想是近代以来各国教育界乃至思想界的热门研究课题之一，构建终身教育体系、创建学习型社会也逐渐成为联合国以及世界各国指导教育改革和社会发展的基本理念。终身教育论者认为教育具有时空的整体持续性，即教育与学习"时时都有，处处皆在"。传统教育往往将人的一生分割为三个时期，即学习期、工作期、退休期。终身教育则冲破传统教育的观念，认为教育应当包括人发展的各个阶段及各个方面的教育活动，既包括纵向的一个人从胎教开始直至死亡的各个不同发展阶段所受到的各级各类教育，也包括横向的从学校、家庭、社会等各个不同领域受到的教育。

2021 年 4 月 30 日，《中华人民共和国教育法》明确提出，要"建立和完善终身教育体系"。《面向 21 世纪教育振兴行动计划》（2021 年修订）进一步明确，"终身教育将是社会生产力发展与社会进步的共同要求"，要"基本建立起终身学习体系"。可见，终身教育、终身学习，已经成为我们的教育和社会理想，建立和完善终身教育体系，已成为我们义不容辞的职责。因此，要树立终身教育的教学理念，将各类教育形式有机结合，合理配置，创新高校教育的教学模式。高校教育肩负起发展终身教育的重任，依据社会的发展，职业的需求搞好高校教育、岗位培训、知识更新教育和继续教育，尽可能满足社会和经济发展的各种人才的要求。

强化开放办学的指导思想。联合国教科文组织发表的《德洛尔报告》中指出："如果大学能向所有希望恢复学习、接受和丰富知识或渴望满足文化生活的成年人敞开校门的话，大学就能成为人们一生中受教育的最好讲台。"世界许多国家通过开放办学使高校教育从精英教育转向大众教育，甚至普及教育。

我国高校教育由传统办学转为开放办学，一方面要大力发展远程教育和网络学校，采取"宽进严出"政策，向每一个人提供接受本、专科水平的高校教育。远程教育和网络学校由于不受时间和空间限制，更加适合各类在职人员的学习需要，必将部分取代传统高校教育的函授、夜晚学校和自学考试的多种助学方式，成为 21 世纪高校教育发展新的生长点；另一方面要充分利用高等学院是社会主义经济建设当班人这个得天独厚的优势，与企业、社会建立更为密切的关系，把学校办成教学、科研和经济建设的联合体，提高高校教育在市场经济条件下的办学效益和造血功能，使高校教育在自身发展壮大的同时，进一步提高为社会服务的功能。还要有强烈的国际意识，推进和发展高校教育的国际交流与合作，大胆吸收和借鉴世界高校教育的成功经验，使我国的高校教育建立起一个面向社会、放眼世界、兼收并蓄、博采众长的开放体系。

二、拓展德育教学的教学模式

从职业发展理论来讲，高校教育在德育教学上的问题，将影响职场个体的职业发展精神和职业道德素养的培育。但是高校教育对象的特殊性，决定了学员德育教学的艰巨性、复杂性。一般意义上的德育教学很难达到令人满意的效果，高等德育教学也成为高校教育中最为薄弱的环节。因此，创新基于职业发展理论的高校教育教学模式，应当积极拓展高校教育中德育教学这一重要组件。

（一）拓展德育教学的内容结构

现代德育是以社会现代化、人的现代化为基础，以促进人的现代化为中心，进而促进社会的现代化的德育。现代德育必然要反映现代社会中人自身道德发展的要求，反映现代社会发展的要求。因此，在围绕高等德育内容的构成上，应该更具广泛性、现实性。职业道德是衡量一个从业者道德水平高低的重要标尺，它影响和决定人们劳动的态度和方向，成为决定劳动者素质水平的灵魂，在高校教育内容中居于核心地位。另外，高等德育要指导受教育者运用科学先进的价值理念学会判断、学会选择、学会创造。随着科技、经济、社会的发展，人们的生活方式、价值观，包括道德观念、道德准则不断变化，原有的某些道德观念、道德规范有可能过时，不可避免地需要提出一些新的道德准则和规范。例如，在科学道德、信息道德、经济道德、网络道德、生态道德等领域特别需要具体的规范，特别需要道德的创造。因此，这也应该是高等德育教学的重要内容。

（二）拓展德育教学的教学形式

拓展德育教学的教学形式必须充分利用现代教学资源和条件，选取在教学中已经成形的教学方法和模式进行拓展延伸。

第一，应当充分运用课堂教学，开展德育教育。课堂教学是学员学习的主要形式。在课堂德育教学开展过程中，根据高等学习的特点，在教学计划和教学内容上，都要做特殊要求，教育内容应该根据市场经济的形势，适时调整德育目标，将以往的"完人道德"调整为"高等道德"教育。教育过程中要坚持先进性和普遍性相统一的原则，立足市场经济的实际，提倡"为己利他"的道德建设目标，把"利己不损人"作为道德底线，并且把健全的人格塑造放在德育工作的首位。同时，注重发挥学员主观能动性，强化课堂师生双向互动，创造轻松、活泼的德育氛围，保证对学员开展有效的德育教育。可以聘请知名专家举办专题报告，作为特殊课堂形式，加强对学员人生观、职业道德、现代教育教学和传统文化的教育。总之，无论课堂内外，德育教育的目标和德育教育的重点应在学员健康人格的塑造上，使学生明了道德建设是人格修养不可或缺的一部分时，他们才能接受我们的教育。

第二，利用多媒体教学，强化德育教学效果。传统的授课方式无法满足现代高校教育德育教学的需要。因此，在德育教学过程中，要以鲜活生动的实例来感染学生。通过学生自主的情感判断来塑造道德榜样，唤起对道德善行的崇敬之情，在纷繁复杂的社会现象中找到自己的道德归宿。注重现代教育技术的充分运用以及信息技术与学科资源的整合。充分利用电影、电视、教学录像等信息化、电子化、智能化的多媒体教学手段，借助于这些灵活多样、内涵丰富的声、光、图像等教学形式的直观冲击力，增强学员的兴趣，使学员的认识更加深刻，产生事半功倍的理想教学效果。此外，可以利用网授以及远程教学发挥网络教学的优势，拓展德育教学空间，克服高校教育教学时空上的局限性，整合课堂教学和多媒体教学的优势，充分发挥网络资源在教育教学中的作用；借助网络实施网络教学，可以将专家、学者的精彩专题报告、德育教学录像制作成教学辅导光盘在教学辅导网站上和有条件的教学点进行播放。

这一生动、灵活、便捷的德育教学形式克服了高校教育时空上的制约，发挥了网络便捷、高效、涵盖广、辐射面大的优势，最大限度地拓展了德育教学空间，为广大学员提供了全天候德育教学服务。

（三）拓展德育教学的评价体系

基于高校教育的特殊性，高等学习者的德育考核评价有别于其他一般的考核，具有自身的特殊性。因此，凡是列入教学计划的内容，可以通过知识考试的手段进行考核评价；对于学员的思想观念的考察，可以通过日常管理中的操行鉴定来考核评价；对于学员的行为考核主要由学员工作单位出具考核鉴定和进行跟踪问卷调查。另外，为了充分调动广大高等学习者的积极性，鼓励他们在思想上、学习上积极进取，可以建立评优奖励制度，进行精神和物质奖励。对表现差的学员进行批评教育。通过长期的探索以及多年以来高等教学的实践，制定一系列评判原则和标准，建立以职业发展为基础的高校教育德育教学全方位评价体系。

（四）拓展德育教学的管理网络

高校教育的德育教学是一项复杂的系统工程，必须动员主办学校、学员家庭等全方位参与，才能实施有效的组织管理。主办学校根据国家的有关规定，结合高校教育的特点，制定德育教学计划，科学、规范、可行的评价考核标准以及考核措施，如班主任配备，班级临时的党、团支部活动安排等，负责德育教学的实施和知识考核。学员居住的社区和学员所在单位承担着对高等学习者的平时监督、检查的作用，负责平时的思想政治教育。高等学习者所在单位具体负责学员日常行为、思想观念等方面的鉴定意见。通过三个环节的协调一致，才能形成高等德育教学的组织管理网络。

三、确立多元化的教学模式

创新基于职业发展理论的高校教育教学模式，需要以高校教育学员的职业发展需求为导向来设计多元化的教学模式，创造一种超越时空限制的弹性化学习机制。确立多元化的高校教育教学模式，必须体现高等教育特点，以高等教育的生活、需要与问题为中心，突出能力培养与多种教学范式综合运用的教学活动与形式。新的教学模式应强调个体的思维能力和动手能力，而非只学习基础知识，强调解决问题的能力，强调培养学生面对快速变革的职业生涯和多元的价值取向所应具有的包容能力和理解能力。在课程建设目标上要更加强调综合能力和建立在个性自由发展基础上的创新能力。在教育建设中注入科学精神和人文精神，以滋养和陶冶学员的性情，帮助其顺利走上职业发展道路。

按照教学对象的细分，我们可以把多元化的教学模式分为学员为主产生的教学模式、学员为业余产生的教学模式、学员为函授生的教学模式。对于第一种即学员为主产生的教学模式，其教学目标为系统地掌握知识、方法和技能，综合素质全面提高；其教学内容为基础理论＋专业理论＋专业技能；其教学方法与手段为课堂教学法（主）+试验实践教学法（主）+网络教学法（辅）。对于学员为业余产生的教学模式，其教学目标为较系统掌握知识要点，具备从事专业岗位的知识结构与知识适用能力；其教学内容为基础理论＋专业理论＋理论运用；其教学方法与手段为课堂教学法（主）+网络教学法（辅）。对于学员为函授生的教学模式，其教学目标为了解一定的理论知识要点与基本具备进一步的提高能力，基本具备知识要点使用能力；其教学内容为基础理论＋专业理论＋理论适用；其教学方法与手段为网络教学法（主）+课堂教学法（辅）。

在具体的实践中，确立多元化的教学目标应注意以下两点。

第一，确立多元化的教学模式应突出学员的能力培养。函授生、业余生来源于生产、服务、管理第一线，具有较强实践工作经验，但理论知识相对较缺乏，因此需要通过专业知识的学习与深化，强化理论知识与实践的结合，培养专业技术知识的综合运用能力，而产生的学习目的是适应市场变化新形势，通过学习找到较满意的工作。因此，高校教育教学模式必须体现以高等需要为中心的"突出能力培养"的目标。

第二，应提倡跨时空的教学形式。高校教育学生的工学矛盾突出，文化基础差异较大，这为教学组织和教学质量的提高增加了困难。而以网络为基础的教学手段则有效地解决了以上问题，一方面，网络教育不受时空限制，从而为成教学生提供跨时空的学习环境；另一方面，网络教育作为一种教学补充，有利于基础较差者的知识补充。因此，多元教学模式必须具备"虚拟学习环境与学习社区"功能。

第三，确立多元化的教学模式，应转变教育观念，改革和创新教学方法，采用适合高等学生心理特点和社会、技术、生活发展需要的教学方法。

四、引入校企合作的教学模式

在高校教育过程中，由于高等学员身份的特殊性，他们往往要兼顾学习和工作的双重压力，难以在两者之间恰当地分配时间、精力，形成较难解决的工学矛盾。另外，就职业发展理论而言，高校教育教学模式必须考虑到学员的职业发展需求是以学习专业理论和专业技能为主。为了找到学习和工作之间的平衡点，并提高学员的实践动手能力，有必要引入校企合作的双元制教学模式，以夯实学员的职业发展道路。

（一）建立校企联动机制

合作的前提是信任和需求，关键是寻求联动的结合点，否则难以形成合力。从前面的分析中我们已经清楚地意识到，校、政、企三方都有实施教育的愿望和条件，这就给创建"学校主办、企业和政府协办或督办"的共同办学联动机制铺平了道路，也为实施校政企合作人才培养模式扫清了障碍。

对于学校、政府、企业而言，发展是大家关注的焦点。因此，校、政、企联动的逻辑起点应该是发展。学校发展主要体现在人才培养上，政府（社会）、企业发展需要人才，人才就成为双方或多方联动的结合点。要让学校、政府、企业围绕人才培养走到一起，必须建立有效的联动机制，包括管理制度和运行模式。必须建立以现代信息技术为依托的网络交流平台以及信息员联络制度和信息发布制度，畅通对外宣传和信息沟通渠道。

（二）规范校企管理模式

双方或多方合作，必须以合同或协议的形式建立一种有约束力的办学关系，明确双方责任与义务，从而确保合作的有效性和规范性。同时，必须充分尊重高校教育规律和高等学员特点以及政府、企业的实际需要，建立以主办学校为主、政府和企业参与的教学管理制度，共同商议、决定重大事宜，合理安排各教学环节，确保教学质量，达到规范性与灵活性的完美结合。在办学实践中，我们实行的是项目管理，即由学校高校教育主管部门和企业、政府负责人组成项目管理组，共同研究制定培养计划、管理制度并组织实施。在具体的教学实施过程中，校、政、企各方紧密合作，及时掌握教学情况，有力地保证了人才培养质量。

（三）合理设置培养目标与教学计划

高校教育培养适应生产、建设、管理、服务第一线需要的德才兼备的应用型高级专门人才。要实现这个培养目标，关键是要制订一个以较高层次的技术应用能力为主线的培养方案，构建科学、合理的课程体系，确定学以致用的教学内容以及与学员的职业发展、从业岗位密切相关的实践教学环节。因此，必须彻底改变沿袭普通高校教育的人才培养模式，建立"学历＋技能"的学科课程与技能培训相结合的课程体系。学员来自各行各业生产、管理、服务一线，有的还是管理和技术岗位骨干，对职业、技术及其所需知识有着深刻的认识。学员所在单位和部门也希望自己的员工能学有所获、学有所成、学以致用。因此，我们在制订教学计划时，应该充分利用学员及其所在单位这一宝贵资源。让学员和社会各界充分参与到教学计划制订和课程设置中来，使我们的教学计划、教学内容更具针对性和实用性。实践证明，高校教育校、政、企合作人才培养模式是一种多方共赢的人才培养模式，也是高校教育事业可持续发展非常有效的一种模式，随着科技、经济、社会的持续快速发展它必将拥有一个美好的前景。

校、政、企合作之路还在探索之中，许多深层次问题还需我们在实践中不断地探索，如合作模型与运行机制问题、学历教育与技能培训关系问题、学员考核与评价问题等。我们必须在实践中改革创新，拓宽运作思路，主动走出校门，将高等高校教育真正办成面向社会的开放式教育，为社会各界、企事业单位提供更好的教育服务。

五、以学员为教学中心

职业发展理论的核心是职场个体的职业生涯发展，说到底是以人为中心的考虑点。因此，基于职业发展理论的高校教育教学模式的创新也应当坚持以人为中心的价值取向。坚持以人为本，树立全面协调可持续发展理念，体现在高校教育教学中主要是坚持以学生为中心，以人的教育为出发点，以人的教育为归属。

这就意味着高校教育的教学评价必须着眼于人的发展，着眼于社会对人的多元化的需求，而不能局限于知识的考核。基于职业发展理论的高校教育教学模式，要体现以学生为本的思想，就必须尊重学生的评教权，尊重学生对教学过程的选择权，缺少这两者，就无法做到以学员为本。高校教育学生在接受教育时，他们不需要被动接受一些对他们没有用的知识，而是需要搜索对自己有价值的知识。他们需要的是一种自我的选择知识和构建知识的权利。因此，创新基于职业发展理论的高等高校教育教学模式应当坚持以学员为教学中心的价值取向。

基于职业发展理论的高校教育教学模式应以学员的实践动手能力为基本的评判标准。众所周知，高校教育与普通高等教育同属高校教育的范畴，它们有共性，但毕竟是两种不同的教育形式，有着它们自身独特的个性。但时至今日，仍有相当多的人以普通高校教育的观念、普通高校教育的模式、普通高校教育的标准来套用、衡量高校教育，力求在质量与规格上应与普通高校教育"同类""同质""同轨"。这在学生的就业与求职中表现得最为明显。高校出于对学生前途着想，只好在日常教学的考核上，变求同存异为全同不异，导致高校教育慢慢被普通高校教育同化。踏入职场，接手工作岗位，对于缺少高等学历文凭和高等文化教育的他们来说，扎实学习一门专业学科并培养较强的实践动手能力，才是他们在职场上安身立命之根本，并且以此作为日后职业生涯发展的基石。因此，创新基于职业发展理论的高校教育教学模式应当坚持以实践能力作为评判标准的价值取向。

第五章　高校教育教学的策略创新

第一节　高校教育教学课程创新

一、创新课程理念，加强课程的人本性建设

当今的时代是充满竞争的时代，核心的竞争是人才的竞争。人才的成长主要靠教育，教育在人类生活的重要性也越来越被人们所了解。1993 年，中共中央国务院在《中国教育改革和发展纲要》中指出："当今世界政治风云变幻，国际竞争日趋激烈，科学技术发展迅速。世界范围的经济竞争、综合国力竞争，实际上是科学技术的竞争和民族素质的竞争。从这个意义上说，谁掌握了 21 世纪的教育，谁就能在 21 世纪的国际竞争中处于战略主动地位。"

教育应该把人的发展放在第一位。21 世纪，整个社会所需要的人才是智慧型、复合型、创造型的人才，要求培养高素质、高能力、高水平的人才和数以亿计的一般人才，而不是单纯的传统的知识型人才。美国著名未来教育学家沙恩指出："我们的学生在未来要经历两次大浪潮，即微电子技术浪潮和信息预测浪潮，以信息为依据的预测和智慧，将变得比知道如何获取信息更为重要，所以说，智慧比知识更为重要。"21 世纪的人才应该具有合理的知识结构和充分的智能，具有创新精神和创新能力、事业心、开拓精神和合作精神，具有高尚的人格和优秀的个性品质。21 世纪，人的发展是最为重要的，课程理念应该改变，把人(学生和教师)的发展提到核心地位予以认识和宣扬，树立"人本理念""人的发展"代替以前的"学科本位""知识本位"的提法，

应强调学习过程中的"态度""价值观""兴趣和经验"以及"实践能力"等。

课程的发展变革应该为教育目的服务。高校课程理念、课程体系价值取向应该以人的发展需要为基础，要建立新的课程体制，将统一、单调、固定的课程设置转变转变为灵活多样的、既有理论又有实践的课程设置。在课程中，要坚持以人为本，并充分利用多媒体进行形象化教学，要从强调内容向强调过程转变，从强调积累知识向强调发现、重视创造、发展能力、形成素质转变。以学生的发展为本，培养创新精神和实践能力为课程理念是时代的要求。加强课程的人本性，建设以人为本的课程体系具体可以从以下方面入手。

（一）符合人的认知规律，重视知识的逻辑顺序和层次结构

教育的目的性和计划性首先体现在课程的设置和编排之中。课程设置和编排的基础，是对知识结构的规划和设计。因为，人的发展的各个方面，都是以"知"为起点的，智力、能力、技能、技巧也好，情感、兴趣、态度、动机、意志也好，理想、信念、道德和审美观也好，都离不开"知"，都要从"知"开始。科学的世界观的形成，更离不开知识和经验，离不开一个人对客观世界和人的主观世界的系统认识。课程的设计和编排就是要着眼于形成学生的某种知识结构，以此作为学生全面发展的知识基础。

按照认知心理学家的看法，认知结构是由知识内化而形成的。它不是简单的记忆和接受的结果，是经过了思维的创造性加工改造，并形成了相应的智力技能、操作技能和行为习惯。那么，教材要选取什么材料才能塑造学生的合理的结构呢？奥苏贝尔认为，首先必须找出那些决定学科基本结构的"强有力的观念"，确定学科中特定的组织和解释性原理。用布鲁纳的话说，就是要重视学科的基本结构。

课程设计中之所以要强调学科的基本结构，是由于学科基本结构对于学生的学习具有特殊的心理学意义。第一，掌握学科的基本结构有利于学生理解学科的内容。在新异的学习情境中，通过由一般概念原理到具体内容的演绎性教学模式获取新知识比归纳获取新知识要省时、省力。学生认知结构中一旦有概括水平高于新知识的原有固定观念，新观念和新信息的获取与保持

才最有成效。第二，掌握学科的基本结构有助于学生记忆的保持与检索。人类记忆的主要任务不在于贮存而在于检索。只有把一个个材料放进"构造得很好的模式"里，材料才能因得到简化而拥有"再生"的特征，学生一旦掌握了学科的基本概念，就能简化信息，减轻记忆负担，并产生新命题，推演出大量新知识。第三，掌握学科的基本结构有利于学习的迁移。学科的观念越是基本，几乎归结为定义，则这些观念对新问题的适用性就越广，越有利于后继学习。

确定学科的基本结构，必须考虑学生的学习准备。这一方面是知识的准备，更重要的是认知发展的准备，即由一般认识成熟程度决定的学生从事新的学习和一定范围的智力活动所应具备的认知功能的基本发展水平。

布鲁纳虽然宣称可以将任何事物以适当的方式教给任何年龄阶段的任何人，但他同时也十分重视学习的准备。他认为，如果过早地将不适当的知识结构教给学生，超越了他们认知发展的水平，学生的认知结构就会"闭合"，反而不利于他们今后获得更适当的学科知识结构。因此，课程的选择和编排既要符合教学规律，又要体现大学生身心发展特征，即按照一定的程序将完整的知识提供给学生以保证教学的系统性和循序性，又按大学生的年龄特征来筛选课程以保证学习的量力性和可塑性。学科内容的体系是学生学习该门课程的逻辑线索，应以有关科学的体系为基础，处理好课程关系的"四个性"：①理顺课程的承续性（先行或后续课程）。②注意课程内容的过渡性。③重视课程结构的整体性。④实现关键课程的不断线。同时，教学是特殊的认识过程，教学规律必须符合学生的认知规律。古人言"欲速则不达"，课程偏多或偏少、过难或过易、"吃不了"或"吃不饱"，均会影响学生的发展，从而达不到教育的目的。大学生属于"中晚期青年"，身心发展趋于成熟但尚未成熟，具备了掌握系统科学知识的充分条件，且可塑性强。因此，课程设置的起点要适当，台阶要小，每学期课程门数要安排适当，不宜过多，主要理论课的门数和时间不要过分集中，要给学生自学和独立思考留出足够的时间和空间。

（二）符合人的个性发展规律，设计个性化培养的课程体系

课程设计的实质是设计学生的学习活动，其最终目标是促进学生个性和

谐而充分地发展。在学校教育中，学生个性发展的全面性取决于学生学习活动类型的完整性。课程设计要实现其最终目标，就必须遵循功能完备原则，即将人类活动的各种基本类型完整地纳入学生的学习活动体系，以促进学生个性的整体发展。

高校教育的课程设计，既要遵循这一原则，也要和自己的专业教育相适应，如何将自己的学科、专业范围内的知识结构展现给学生，让学生根据自己的特长爱好选择自己的发展方向，是个性化培养的一个前提。

个性化课程组织强调个别发展，以学生的需要、兴趣和目的来进行课程的组织。它有两个特征：一是以个别学生而不是以内容为其组织的线索；二是不预先计划，而是随教师和学生一起进行教学任务（常常称为"生长"）而演化形成的。这种组织主要有以下三个特征。

第一，课程的结构由学习者的兴趣和需要来决定。这意味着是学习者自己直接感觉到需要和兴趣，而不是由设计者来考虑学生需要什么或他们的兴趣应当是什么。

第二，只有当教师和学生一起确定追求的目标，规定查阅的资料、计划实施的活动以及安排评定的程序时，课程组织才会形成。

第三，把重点放在所学习问题的解决过程上。追求兴趣的过程中，碰到某些必须解决的困难和障碍构成真正的、学生渴望接受挑战的问题。

这种课程培养学生的个别差异，强调的是解决问题的活动，我国高校教育的课程改革，曾经有过"产品带教学"的经历，但这种形式绝不是个性化教学的形式。要探索个性化教学的新模式，也不能照搬上述的组织形式，因为它已被国外教育实践证明是失败的，但是这种思想是值得借鉴的，摆在高校教育课程设计者面前的问题是如何利用这一思想来设计出符合大学生学习特征的个性化课程，这既是高校教育课程改革中的问题，也是改革的方向、奋斗的目标。

（三）符合人的社会发展特征来组织课程

在高校教育过程中，人是高校教育实施的对象。大学生的发展包括身心两方面的发展，它受到遗传和环境两大因素的制约，高校教育作为一种特殊的环境因素，在人的身心发展中起到主导作用。高校教育活动主要就是指培养和发展一个人全部潜能的过程，即把一个人在体力、智力、情绪、道德等各方面的因素综合起来，使他成为一个具有良好素质，在某些方面具备特长，身心得到全面发展的人。高校教育要达到其目的并体现其功能和价值，其活动就必须遵循受教育者——大学生的身心发展特征和德智体美等全面发展要求来进行。根据大学生的智力、体力及个性发展的水平和特点，结合大学生的个性差异，使大学生获得更多、更广的知识的同时，更要全面培养大学生的思维能力和独立地获取知识的能力，培养他们科学的世界观、方法论及崇高的理想和信念，使他们坚持社会主义的正确方向。

课程应该引导学生认识社会。社会如同一面多棱镜，不同的视角有不同的结果，社会的发展是动态的，不同的发展时期有不同的特征。高校教育要引导学生去正确认识、把握这些特征。教育学生懂得科技化知识是远远不够的，社会需要全面发展的人才，如理工科大学生不仅需要科学素养、工程素养，而且还需要人文素养。理工科人才面对具体的工程项目，考虑的不能仅是技术问题，必须考虑到社会多方面的因素，进行价值判断。在做可行性报告时，要考虑到特定的地理人文经济因素。产品设计不仅要经济实用，而且要满足人的审美情趣和心理特征（建筑设计还要考虑到历史文化因素）。理工科学生还应具备社会责任心，能够想到他们所从事的工作对自然、对社会的影响，并由此做出正确的判断。这对课程构成提出了要求，不仅要开设科学课程，而且还要开设工程课程、文化课程。

课程应该引导学生适应社会。社会的发展不以个人意志为转移，课程的变化、发展要与之相适应，课程的设置既要保证各自的学科性，还要有相当的灵活性，如现阶段，开设创业教育课。另外，要重视建设适应性课程，适应性课程的特点就是课程本身具有适应变化的能力，采纳以未来为导向的动态的学习材料，取代传统课程中以过去为指向的静态的学习材料。

有学者提出适应性课程体系由配套的四部分组成：数据书、阅读书、核心课本、教师参考书。适应性课程不仅有助于保持课程的相对稳定性，形成学生一定的思想方法，同时其灵活的组织方式和对学生的独立探究过程的强调也有助于随时纳入新的信息与材料，向新思想、新观点开放，从而促使学生在掌握文化发展规律的基础上了解历史，立足现实，适应社会。

课程应该引导学生融入社会。高校课程在加强学生专业基础理论课程教学的同时，必须根据社会发展、科技进步、生产方式变革的动向，或让学生深入社会和生产部门，以丰富社会经验，学习并应用实际知识，或让学生通过自主的科研活动加深与实践的结合。理论与实践的关系在不同的专业会有不同的要求。理、工、农、医各专业要获得实验、实习、计算机应用、绘图和某些必要的工艺及有关现代技术的训练；文科类专业要获得阅读、写作、资料积累、文献检索、调查研究、使用工具书等方面的训练；艺体类专业、师范类专业要加强专业技能的实践训练。因此，从某种意义上说，在大学教育中，理论课程是引导学生向学科纵深发展的基础，实践课程则是引导学生融入社会的敲门砖。

二、创新高校教育课程理论体系的研究与构建

（一）高校教育课程理论研究现状

对我国高校教育课程建设状态的研究，不同的学者有不同的观点。王伟廉教授从课程研究的角度叙述了课程研究的历程，他将我国高校课程研究划分为四个阶段。第一个阶段是从 20 世纪 50 年代中期调整到 20 世纪 60 年代中期，基本上是以经验指导教学工作的，此段称为"经验主导阶段"。从 1978 年到 20 世纪 80 年代末，是高校课程和教学理论发展的第二阶段。开始把高校课程与教学作为一个独立的领域进行探索。这一阶段也开始对教育思想、专业设置、课程编制以及课程与教学评价等前一阶段比较忽视的方面进行研究。虽然研究成果比较零星，但反映出我国高教界已开始对课程研究领域具有了"自我意识"，可以称之为"理论探索阶段"。从 20 世纪 80 年代末到 1997 年，是我国高校课程与教学领域研究的第三阶段。这一阶段产生出一批比较系统的专著和文献。其中有些专著对这一领域的基本理论和研究范畴进行了总结，并逐步建立起了这一领域的有关理论的系统。可以认为，这一阶段是高校课程研究领域的"理论初建阶段"。1997 年以后为第四阶段。其他学者也有不同的分法，但事实依据基本相似。

多年来，对高校课程理论的研究主要表现在三方面：一是专业设置研究。如何进行专业设置？或怎样的专业设置才是健全有效的？曾昭伦认为，按国家建设需要，确定专业的设置，并以专业为基础做有计划的招生。每种专业，各有一套具体的教学计划。各个专业的教学计划中，所列各种课程都是必修，没有一样是选修科目。中国的经济走向计划化，必须有计划性的教育与之相配合，使建设所需人才在质与量上得到及时供应。有论者总结了专业教育的两种模式及其发展趋势：通才模式和专才教育模式。通才模式专业设置在第二层（相当于二级学科），甚至在第一层次上，其下一般不再设第三层次的专业，口径较大。培养的人才缺乏职业性、针对性，以及广泛的适应性。专才模式专业主要设在第三层次上，口径较窄，一般都与具体的分支学科、职业和产品对口，培养的是现成专家。二是课程体系问题。无论是专业教学计划的编写，还是教学大纲、课程内容的处理，核心问题都是要研究出合理的结构，课程体系主要集中的问题为基础课程与专业课程的关系以及必修与选修课程的关系。三是课程综合化问题，指出课程综合化的内涵，也指出了课程综合化的成因。

（二）高校教育课程理论体系的研究与构建

在课程界，对课程理论的研究及理论体系的建立是一项长期而艰苦的工作，因为不同的哲学思想会导致不同的课程理论。在课程史上，曾有以泰勒为代表的科学课程理论（也称理性课程理论），以施瓦布为代表的自然主义课程理论和以后现代思想为主导的激进课程理论以及解释学课程理论、审美的课程理论等，但从没有某种理论能有"一统天下"之功效，这种百家争鸣的局面似乎表明课程理论尚未成熟。

在高校教育界，人们关心课程理论的进展，但更关注课程理论对应用研究的作用，即如何用这些已有理论来指导高校教育课程理论或课程体系的建立，脱离纯理论研究的羁绊，一般认为大学课程理论体系是由多个方面的内容组成的。它包括培养目标与规格的变化、课程政策的调整、课程结构的构建、课程建设标准的制定、课程资源的开发与利用、评价体系的建立、教师教育及制度创新等，是一个由课程建设所牵动的整个高校教育的全面建设，是一个系统，需要教育行政部门、科研机构、高校（其中教师是最为关键的因素）等的共同参与和完成。它牵涉到高校教育整体和各个局部的关键领域，受到课程内部和外部、宏观与微观等多方面因素的制约，其成功与否取决于诸多因素本身的质量水平及其构成。

课程是为培养目标服务的，课程建设必须服从于培养目标。因此，对培养目标的研究与解释，应该是课程理论建设中不可忽视的问题。但是，由于培养目标一般是由学校（或学科、专业）制定，它充满了个性色彩，不宜一概而论，但是对人才的规格问题，在我国高教界都充满了共性。中华人民共和国成立后，本科教育主要是以专才为其培养规格。人们现在普遍对过去的专才目标持批评态度，但并未形而上学地完全否定，只是强调要在通才教育的基础上进行专业教育或通才教育要与专业教育相结合。如陈岱孙认为，我们的高等院校所培养的人才，应该是在广厚的知识基础上具有专、深研究能力的人才。杨志坚认为，要在通才教育的基础上进行专才教育。李曼丽认为，要去除高校教育过分专业化的弊端，就应该在高等本科教育中实行通识教育和专业教育相结合的教育模式。①值得注意的是，自20世纪90年代中期以后，不少高等学校在考虑本科教育培养目标定位问题时，都极力回避使用"通才"或"专才"概念，更多地提介于两者之间的复合型人才概念。

课程政策是指国家教育行政主管部门在一定社会秩序和教育范围内，为了调整课程权力的不同需要，调控课程运行的目标和方式而制定的行动纲领和准则，它的重点在于解决"由谁决定我们的课程"或者课程权力的分配问题。它的构成要素主要有三个：第一，课程政策目标，它是课程政策三大要素中最重要的要素，反映政策的方向、目的和所要解决的课程问题。第二，课程政策载体（手段和工具），这是三大要素中的主体，它有保证实现课程目的作用。第三，课程政策主体，它是课程政策的制定者和执行者。国家课程政策制定就要考虑课程政策目标是什么，目前的形势是什么，什么样的课程政策才更能促进学生的发展？课程政策载体各有什么？并且随着时代的进步，课程政策也要相应变化。

对课程设置和课程结构方面的理论研究，是课程实践者的期待，也是当

---

① 杨志坚.国家开放大学学习指南2015版[M].北京:中央广播电视大学出版社,2015.

前比较薄弱的环节，我国高校教育的课程建设总体结构缺乏科学、合理的理论指导，课程间、学科间缺乏有机的融合，课程比例结构有待合理的论证，与课程目标、培养目标的对应也不是很好的。当前人们的研究多数集中在应用层面上，而且也发现了一些现象，如重工程科学，轻工程实践。重专业，轻综合，重知识，轻能力，理工科院校都非常注重科学理论的教学，实践教学方面不是很强，重点强调学好专业，不注重培养学生的综合能力。注意了课程内容的专业性，忽视了课程的综合性，注意了课程的科学性，忽视了课程的技术性。但是，这些现象在理论层面上表现出的是什么问题，应该用怎样的理论指导来防止这些问题，这正是当前缺乏的和需要研究的问题。目前，我国课程结构基本上是单一的学科课程，普遍存在着重视学科课程，忽视活动课程，重视必修课程，忽视选修课程，重视分科课程，忽视综合课程的现象，这些现象反映出在课程结构研究上理论的匮乏，这些问题都需要课程理论工作者进行不断研究，重新构建一个科学、合理的课程体系。

课程建设标准的制定，课程建设的目的是提高课程的质量。一门课程的质量是受教师的教学水平和学术水平、教学环境和条件、教学方法及效果等诸种因素制约的。进行课程建设，就必须对影响课程教学质量的各个环节提出一定的要求，这就是课程建设的标准。课程建设的标准可以从以下几方面加以考虑：第一，师资队伍。教师是课程教学的组织者与实施者，教师的素质决定课程的教学质量。因此，课程的师资配备从数量上必须达到一定的要求。一门课程应配备两位以上的教师。也就是说，至少有两位教师能讲授该门课程，足够数量的教师可形成梯队，相互促进，有利于开展科学研究、教学改革等。第二，教学条件。教学文件完备、配套，大纲能明确本课程的性质及其在专业教学计划中的地位和作用，阐明本课程的教学目的、基本内容、教学的重点和难点，说明各章节的联系及本课程与先行课、后继课的衔接，合理安排各个教学环节，反映本学科的新成果，能体现培养目标对本门课程的要求。第三，教学方面。每门课程应有相应的教学研究组织，具有健全的管理制度，教学档案齐全，对教学研究、学术交流、师资培训等都能做到有计划、有措施、有总结；严格执行教师考核制度；重视本门课程教学质量的检查；注意经常听取学生的意见，不断改进教学工作。

高校课程理论体系建设是一个系统的工程，除了上述方面外，还应包括课程评价、教师教育及制度的创新等，包括广阔的研究范围和多种多样的研究内容。这里，我们仅提出课程理论建设的几个方面和课程理论或实践中的问题，以表明课程理论建设的重要性和必要性。真正的课程理论体系建设工作，应该是一项任重道远的工作，还有待课程工作者今后的不懈努力。

三、重视学科课程开发的研究与实践

尽管学科课程已经有悠久的历史，人们已经积累了成熟的经验，但是随着科技的发展和人们认识的深化，学科课程的设计仍然需要不断改进。在初等教育中，一门课基本代表一个学科，但在高校教育中（专业教育），代表一个学科的课程则是一组课程或者一个课程群。本书所要讨论的，正是学科课程在高校教育课程中的特殊表现。

（一）学科课程应具有开放性，以形成并容纳跨学科课程

面对当前学科知识既高度分化又高度综合，交叉学科不断涌现，社会需求多样变化的新形势，以培养专才为目的，以专、深为特点的旧的大学课程体系已经无法适应新的挑战。新时期的课程体系必须克服以往课程体系的弱点，在课程组合上，一方面要强化基础理论课程，增大学科知识中那些较稳定、持久部分的比重，使这些基础的知识成为学生构建其认知结构的平台，为学生的终身学习和进一步的深入研究打下牢固的理论基础。另一方面，要淡化学科壁垒，有意横向延伸，向边缘学科或跨学科方向发展。如在设置公共基础课、学科基础课和专业基础课的基础之上，多设置一些综合性、边缘性交叉学科甚至跨学科的选修课程，以适应高校教育培养目标多元化以及多元经济时代的多样化要求，帮助学生了解现代科学技术的最新动向，迅速接近科学前沿，造就出适应未来需要的高素质人才。

另外，可以尝试开设跨学科课。跨学科课是为了扩展学生知识面而设立的跨专业、跨学科的课程。它的出现是与科学的迅速发展和学科的快速分化息息相关的，为适应现代科学技术和社会发展的需要，必须开设边缘学科、交叉学

科等跨学科课程，以利于大学生的知识在专业化基础上向综合化方向发展。

（二）学科课程要注重综合性，以利于人的全面发展

在今天这样的社会里，假如一个人的知识面狭窄单一，即便他的学问再深，也难成大器。为了适应社会要求，高校教育已经确立了多元化的培养目标。因此，必须采用设立综合性课程的办法来解除一些专业相互隔离的状况。而这种综合，并不是拼盘式的集合，而是符合教育基本规律，具有必然逻辑联系的课程设置上的优化组合。这种文理工课程的相互渗透、相互交叉的形式，不仅可以拓宽学生的视野，有效培养其思维能力，促进学生的全面发展，实现自然科学与社会科学、科学教育与人文教育的整合，并导致了许多跨学科领域的研究和新学科群的出现。

（三）学科课程设置要具有前瞻性，以利于知识的创新

在科技日新月异的当今时代，高等学校课程的编制必须把握时代的脉搏，预测本学科未来的发展方向，使这些课程中不仅包含前人所积累的知识和经验，还能反映本学科发展的现状和趋势。这就要求我们必须改变过去统一、刻板的教学计划，建立起动态发展的课程体系，在课程体系中留出一定的空间，充分调动教师和学生的积极性，发挥他们的主观能动性，鼓励他们积极探索、勇于创新，使我们的课程不仅具有知识性和系统性，学科课程要具有国际视野，尝试开设国际化课程而且处于动态发展之中。其实，目前世界上的许多国家都特别重视课程内容的更新，都积极地把科技文化的新成就吸纳到高校的课程中，并开设了一些代表未来社会科学发展方向的课程。这充分地显示了当代课程改革的一个重要方向——前瞻性。

（四）课程开设要具有国际视野，尝试开设国际化课程

发达国家的高校教育对此早有觉醒，如美国的哈佛大学和耶鲁大学都声称要造就具有全球意识的人才，而麻省理工学院也声称要培养领导世界潮流的工程人才。所有这些也表明，人们已充分认识到只有突破文化差异的障碍，才能真正地吸收人类文明的优秀成果。

21 世纪是信息化社会的世纪，是人才竞争激烈的世纪，高校教育面向世界是由经济日益国际化决定的，国际竞争将是全方位的，其背后是国际教育

的竞争，实质是较强应变性和适应性人才的竞争，这一发展趋势也必然对高校教育培养的人才质量提出了更高的要求。因此，我们在高校教育的课程设置中必须具有国际视野和全球意识，体现国际精神。我们应该教育高校学生，使他们认识到要在世界舞台上占有一席之地，高校就应开设一些与国际联系密切的课程，如外语、国际关系、国际文化、国际管理、国际科技、国际信息与市场信息，使学生能够通晓国际知识，具有全人类的视野，适应高度科技化的世界。

第二节 高校教育教学评价创新

一、高校教育教学评价理论发展的哲学基础

邱均平教授早就说过："没有科学的评价，就没有科学的管理；没有科学的评价，就没有科学的决策。"① 现在，这一科学论断已基本上成为一种社会共识。尽管如此，评价活动仍然受到来自社会的质疑和批判。因此，如何正确地看待评价、科学地开展评价、合理地利用评价，已成为社会各界关注的重要课题。我们生活在一个评价的世界里，任何人都离不开评价，都与评价息息相关。我们随时随地都在评价周围的人、事、物，同时也随时随地都在接受各种各样的评价。在学习、工作、生活中，任何人或组织都面临着各种选择，即做出决定和决策，而在做出决定和决策之前，需要对其对象进行了解和认识，还要根据自己的价值观念和行为准则对其进行判断和审视，这就是一个评价过程。我们随时随地都在进行着各种选择和决策，因此也随时随地都在进行着各种评价。

我们生活的世界是一个复杂的社会系统，包含众多的评价标准、准则和观念。其中，政策、文化、制度、法律、法规等合在一起形成庞大、复杂的教学评价标准和评价系统，谁也无法完全脱离这个评价系统而生存。因此，

---

① 胡昌平，邱均平编著.科技文献学 [M].武汉：武汉大学出版社，1991.

事物的评价都被置于一定的评价系统和网络中接受被评价，并按照评价系统的要求行事，否则就会受到排斥和惩罚。

面对如此丰富和复杂的评价活动，我们应该采取客观的态度，科学地认识，合理地选择，这样才能做到科学地评价。科学的评价活动自产生之日起，发展非常迅速，受到全社会的高度关注和普遍重视。大致经历了从原始评价或本能评价到社会评价或大众评价，再到综合评价或系统评价三个不同阶段。随着评价活动的科学化程度日益提高，相关理论和方法逐步成熟，出现了从定性评价向定量评价以及定性与定量相结合的综合评价模式转变。

二、多学科视角的评价研究

哲学领域的学者对评价进行了大量的研究，成为评价学的重要理论来源之一。价值、认识与评价问题的研究在西方哲学研究中起步较早、时间较长，形成不同的研究思路和派别。而我国的研究虽然起步较晚，但也产生了丰富的研究成果。心理学视角的研究以英国哲学家艾耶尔等人为代表。他们认为，价值存于评价之中，它是一种心理现象或情感现象，而评价就是情感的流露和表达。因此，他们主要研究评价的情感因素，研究情感判断及其自明性。语言学视角的研究主要是从语言学的角度来分析"伦理句子""价值句子"，认为这样就可以把握和揭示价值的本质、评价的本质。这种研究充分关注评价的表达形式。价值论视角的研究把人的活动看作是把握价值、创造价值和实现价值过程的各种不同表现，它对认知与评价做出实质性的区分，亦即认知从属于评价，这是一种对评价的非认知意义的研究。研究者们认为，价值与评价紧密相连，价值决定评价，评价揭示价值。没有价值现象就没有评价活动，没有评价活动，价值就无法认识和体现。我们通常所说的价值，都是被意识到、认识到的价值。在评价之前或之外，价值只是作为一种客观的、潜在的形式而存在着。

评价是一种价值认识和价值判断行为，即"价值评价"。评价过程是对评价对象的掌握过程，是一种认识行为。因此，认识与评价密切相关，认识活动（包括事实认识和价值认识）是评价活动的基础。科学评价就是在事实认识和价值认识的基础上对评价对象于评价主体的价值和意义所做的合理判断，即了解、认识、确定和判断评价对象对评价主体有无价值及价值量的大小。

科学评价是准确、全面、系统认识事物的一种有效方法，它是在事实认识和科学认识的基础上对评价对象进行价值判断的活动（价值评价、评估或评定），本质上是一个价值判断过程，同时它也是一种特殊的认识活动，即价值认识活动。因此，价值理论和认识理论是教学评价的理论基础，是构成评价理论集合体的重要理论来源。

三、教育评价理念

教学评价的理念是指评价主体的教育理念在教育活动价值判断中的表现，亦是价值主体对教育评价的认识及在此基础上所确定的价值与行为取向。影响教学的主要理念有以下三种。

（一）终身教育的理念

教育是一种特殊的培养人的社会实践活动，教育实践活动的主体和客体都是具有能动性的人，这是现代教育理论公认的结论。现代人生活的过程就是教育和受教育的过程，学习和教育是贯穿现代人一生的重要特征，这是终身教育思想教育的过程。

对我国而言，终身教育并不是一个全新的观念。我国古代大思想家、教育家孔子曾说"吾十有五而志于学，三十而立，四十而不惑……七十而从心所欲，不逾矩"（《论语·为政》），因为"人非生而知之"，而在于终身努力学习，"发愤忘食，乐以忘忧，不知老之将至"（《论语·述而》）。孔子主张"学而不厌"的思想已流传千古；日本终身教育理论研究者认为，孔子是东方"发现和论述终身教育必要性的先驱者"。

从现代知识经济社会发展的要求和个体自身发展的需要而言，每个人都必须终身学习和终身接受教育。终身教育无论是作为一种思想理念还是教育实践，它正在经历从满足个人或社会对教育的转向的应急需要，转变为适应个人或社会对教育价值的多向取向的长远需要；从被动地选择教育转变为自觉地追求教育的发展过程。这是一个长期的过程，也是现代终身教育体系形成并走向成熟的必经之路。

（二）"三全一多"的理念

"三全"是指全过程、全方位、全员性，"一多"是指多样化。全过程是指贯穿于教学的全过程；全方位是指与人才培养有关的所有工作的质量，或者说是指全校的各个系统、各个部门、各个单位的工作都直接或间接地围绕教学这一总目标而工作；全员性是指各个部门、各个单位的全体教职员工都要参与其中。任何一种质量管理最终都要落实到人，要以人为本，调动每一个人的积极性和创造性，并要强化团队精神，加强凝聚力和合作力。学校每一个系统的每一个员工的工作质量都将影响到人才培养的质量，每一个工作岗位都要参与到教育教学质量管理工作中来，把学校制定的人才培养质量目标层层分解，落实到各部门、各环节，直到每个岗位，建立各种规范标准，让全体员工都参与到质量管理的过程中。

（三）"以人为本"的理念

"以人为本"的教育理念作为一种教育哲学观，是高校的教育理念和素质教育观的实质所在，只有从这个根本点上去理解和把握它的精神实质，才能在教育评估工作中更好地体现评估为教育服务的宗旨。马克思主义认为，人首先是一个自然存在物，具有自然属性。但是人不仅是自然存在物，更重要的是人也是社会存在物，具有社会属性。因此，人的本质是一切社会关系的总和。此外，人还是有意识的，具有精神属性。宋代著名思想家朱熹说："大学者，大人之学也。"[1] 这里的"大人"指的就是成熟的社会人，能担负重大责任的人；在对学校的重大事项做出决策时，都要"以培养人才为中心"。因此，教学评价或评估要贯彻"以人为本"的教育理念，重在培养高质量、高素质人才的教学过程和教育成果上。

四、高校教学评价系统的要素理论

按照系统论的观点，系统是由多种要素相互联系、相互作用而形成的有

---

① 朱熹撰；朱杰人，严佐之，刘永翔主编.朱子全书 第1册[M].上海：上海古籍出版社；合肥：安徽教育出版社，2002.

机体。关于教学评价系统的构成要素主要有"三要素说""四要素说""多要素"。"三要素说"认为评价系统是由评价者、评价对象和评价手段三个基本要素构成的，教学评价主体一般由政府、学校构成，评价对象主要是教师和学生，评价手段采用评价表进行量化评价。另外，还包括非基本要素，如评价目的、结果等。"四要素说"认为评价系统是由评价主体系统、评价客体系统、评价目标系统和评价参照系统四个子系统构成。无论是"三要素说"还是"四要素说"，它们所包含的内容和思想都是基本相似的。

一个完整教学评价系统应是由评价客体（对象）和评价中介或评价手段（包括评价方法、评价技术、评价工具、评价指标体系、评价模型、评价程序、评价信息、评价法规制度等）多个相互联系、相互作用的要素或子系统组成的社会系统。

高校教学评价主要构成要素一般包括政府、公众、学校、教师、学生、中介机构等，是一个多因素的综合体。从外部视角开展的宏观监控和管理的教学评价主体主要以政府、公众、中介机构为主体；而内部质量评价则以学校、教师、学生等为主体。高校的教学质量评价工作也主要分为两种类型：对教学主体的评价和对学生课堂检测效果的评价。由于高校教育的专业性较强，学科纵横交叉，高校职能综合性等诸多特性，教学评价的复杂程度成为社会活动中最难精确化和量化的部分。高校教学评价产生于高校教育自身发展的需要，是高校对教学工作理性反思的重要手段。

评价内容包括办学效益和效度方面，概括起来包括：①办学条件和办学设备的效用。办学条件、设备是教学活动运行的基础。良好的办学条件、优良的设备是高质量教学生成的前提保障。对条件和效益的评价目的，一方面在于促进学校和管理部门加大教学软硬件投入，提高资源利用率。另一方面，不断改善办学条件和教学设施，充分发挥办学条件的可能性效用、实性效用。②学校教学运行机制的效率。运行机制是高校教育教学实施过程的依托，包括教学管理的机构体系、职能体系、人员体系、制度体系，对教学运行机制进行评价，能提升计划教学，执行计划对于教学改革措施的运作效率，教学管理制度能促进教学发展的效率。③学校人才培养模式的效果。人才培养模式是资源配置的方式、教学条件组合的形式和教学手段运用的总和，是一所高校教育教学思想和观念最为集中、最为典型的表征。评价学校人才培养模式，主要是评价这种模式在实践中实施的效果。④办学传统与特色的效应。办学传统和特色是高校教育教学的灵魂和基石，决定学校办学的品位、层次和特点，是学校的优势所在。学校的办学传统和特色以效应的形态让人们感受和意识，对它进行评价的同时就是对其效应的评价。

五、教学评价过程的非制度因素

制度是保障活动有序开展的重要手段，而非制度因素对人类一切活动的结果也都将产生积极或消极作用。在教学评价活动中，评价参与者的职业道德、思想、意识等非制度因素一样也会影响制度执行效果。

（一）在活动初始阶段，由于参与身份的不同，呈现不同的心理需要

1. 角色心理

人们在社会活动中由于担负着一定的角色而形成的一种角色心理。

评价者在教学评价活动中往往以显示其身份、专门知识、品质、爱好和特长来要求评价对象，如果这种要求与评价指标、标准相一致，就能对评价起积极作用；如果超出评价指标的要求，就可能影响评价的客观性。例如，在设计评价方案时，评价者容易从其职业、兴趣、特长出发，表现出不同的价值取向。最明显的是学科专家、教育理论专家往往偏重方案的理论依据和科学性，而实际工作者则倾向于方案的可行性和实践性。

2. 心理定式

这是由一定的心理活动所形成的常规、模式化的心理状态。在评价准备工作中，各人往往按各自心理来表达其意见，从而影响评价方案的客观性和创新性。

3. 时尚效应

这是指对新颖、时髦事物或观点追求的心理现象。在追求时尚中，顺从社会潮流，接受多数人热衷的思想或观点，影响评价的正确方向。

（二）在评价实施阶段，评价者的复杂心理活动会因个体差异导致不同结果取向

1. 首因效应

首因效应也称第一印象效应，指的是评价者因对评价对象的最先印象比较强烈，便在其后的评价过程中，总是"先入为主"地左右自己的评价思维。从而影响对评价对象的正确评价。

2. 近因效应

近因效应指的是最近获得的信息对认知产生的强烈影响。因为，个体对新近获得的信息往往感觉最新鲜、最清晰，其作用往往会冲淡过去获得的印象。这种近期效应会影响对评价对象全面的、正确的评价。

3. 晕轮效应

晕轮效应又称光环效应，它是评价者因对评价对象的某些特征产生强烈或深刻印象，且会弥散到其他方面，形成"总体印象"。

4. 参照效应

参照效应又称对比效应，它是评价者对一些评价对象的强烈印象会影响对其他评价对象的判断。

5. 理想效应

理想效应又称求全效应，它是指评价者总是以对评价对象所持有的完美先期印象，来衡量评价对象的现实行为表现。

6. 趋中效应

它是指某些评价者在评价时避免使用极值（最大值、最小值），大多取中间分值或中间等级，如较好、一般等。

（三）在评价结果处理阶段，参与评价主体的心理倾向同样会导致结果的偏差

1. 类群效应

评价者和评价对象属于同一类别或同一类群体，如同行、同事、同学等，有较强的相互理解、认知基础，容易产生效应关系。

2. 亲疏效应

亲疏关系会使评价带有较多的情感因素，产生亲疏效应。对亲近者容易

看到长处，给予偏高的评价。而对疏远者则容易看到缺点，给予不适当的评价。

3. 从众心理

研究表明，从众心理和从众行为的产生取决于情境因素和个体因素。从众心理也是评价者的一种保护心理。

4. 威望效应

这是评价小组内有威望者的态度对他人观点的形成所产生的显著影响。威望者可能是学术方面的权威，也可能是权力方面的权威。

5. 本位心理

这是指评价者坚持本部门（本专业领域）的利益和价值观的心理倾向。评价小组成员来自不同部门，在评优或进行综合评价时，各方代表强调本部门的优势或成果，这种心理会影响评价的客观性和公正性，甚至还会影响评价小组内部的团结和合作。

6. 模式效应

这也是一种心理作用。即评价者依据对评价对象群既有的印象（经验模式）来进行对评价对象现实教学的价值判断。

六、高校教育教学评价的应用创新实践

从近几年的评估实践看，现行的评估方案对于促进学校的教学工作、提高教育质量发挥了比较好的作用。在充分肯定教学评估取得成绩的同时，我们也认识到，在我国开展大规模的高校教学评估还是第一次，实践中还存在许许多多的问题或不足。用一个评估方案评估所有的学校本身确实有针对性不强的问题，有待完善。另外，有的评估指标设计可操作性较差，导致专家在考察评估过程中难以准确把握。总之，根据不同层次和类型的高等学校的特点，制订不同的评估方案，以加强分类指导是当务之急。高校教育评价体系应该建立一套适合这种院校发展的评价机制，鼓励其找到自身发展的位置和方向。

高等学校教学质量主要是指在高等学校教育活动中的人才培养质量。高

等学校为了满足社会和个人发展需要，设置教育教学目标并采取一系列措施保证目标的实现。院校教学工作评估属于水平评估，与研究型高校的咨询评估和高职高专院校的合格评估有本质的区别，因此科学合理地设置教学型院校教学质量评价指标体系很重要。从国内外文献中可以梳理出各类高校本科教学质量的诸多关键因素，例如，教学理念、办学定位、本科教学水平评估、教学质量内部监控体系、教学与科研的结合、教师发展与教师队伍建设、招生方式和生源质量、学风、课程建设、人才培养模式、学科建设、教育方法改革、教学管理、教学设施和条件、国际化等。这些因素或虚或实，影响作用有大有小，有的是直接影响，有的是间接影响，需要我们抓住影响教学型院校教学质量的主要因素，从而设置关键性的评价指标。如果说研究型高校要力争构建探索型的教育，这种探索精神把高校的教学和科研结合起来，使教学应该表现出较强的科学研究的特色，高校要紧紧围绕教学这个核心展开。影响高校的主要因素可以考虑以下几个方面：办学定位和办学特色、人才培养目标与计划、师资队伍与教学水平、教学条件与利用、专业建设与教学改革、教学管理与服务、学生的学习、教学效果等。

七、评价指标体系构建

从以下七个方面对学校教学质量进行具体的评价：办学指导思想、师资队伍、教学条件与利用、专业建设与教学改革、教学管理、学风、教学效果，再加上特色项目，这是一级指标，再分成 19 项二级指标和 44 个观测点。

参照对院校教学质量的主要影响因素的分析来设计院校教学质量评估指标体系。

第一，办学定位与特色。①学校的办学定位与思路。学校的方向选择、角色定位，是学校制订发展规划、方针政策和拟定各项制度的理论依据，关系到学校在教育系统中的地位与作用。②办学特色。在长期办学过程中积淀而成的、本校特有的，优于其他学校的独特优质风貌。③学校与社会的联系。

第二，人才培养。①培养目标。受教育者所要达到的质量要求和专业规格。②培养计划。人才培养工作总体设计的具体体现，是安排教学内容、组织教学活动及实现人才培养目标的基本依据。

第三，师资队伍。①队伍结构。专任教师结构状态、师生比、硕士博士学位比例。②师资培养。教学业务培训、技能培训、学术交流、教学质量、主讲教师教学水平、质量评价状况、教师风范。

第四，教学条件与利用。①教学基本设施。校舍、实验室实习基地、图书馆、校园网和运动设施状况。②教学经费。四项经费的增长情况。③条件利用情况。指教学设施和教学经费的利用效率。

第五，专业与课程。①专业建设。学校专业结构与布局、专业教学质量、新办专业情况。②课程建设。教学内容与课程体系建设、教材建设与选用，教学方法与改革手段。③实践教学。实习实训、实践教学内容与体系、综合性设计性实验。

第六，教学管理与质量保障。①管理队伍。结构与素质、管理研究成果与实践效果。②质量控制。规章制度建设和执行情况、各教学环节的质量标准、教学质量监控体系的运行形成与运行情况。③服务状况。教学管理人员对师生的服务能力和水平、校园环境和文化氛围、对学生学习的支持程度、学生遵纪的程度。

第七，教学效果。①学风。守法情况、学风建设情况、学生积极主动学习的状态。②学习能力与素质。学生学习经验积累、自我教育与自我学习水平、团队精神与合作能力、思想品德修养与文化心理素质。③基本理论与基本技能。基本理论知识的水平、基本实践技能水平、创新精神和实践能力。④毕业设计（论文）状况。毕业设计（论文）的质量。

第八，社会声望。①招生与就业情况。招生生源状况与新生素质状况、毕业生当年就业率与就业状况。②社会评价与资助情况。社会对学校办学状态和毕业生质量的评价、社会企业与各界人士对学校事业和困难学生的支持与资助状况。

八、评价的创新与趋势

我国目前是世界上规模第一的高校教育大国，高校教育发展的重点已经从扩大规模转向提高质量。提高人才，特别是创新人才培养水平的要求变得日益迫切。我们要建设高校教育强国，就必须有较高的入学率、有竞争力的质量和完善的制度体系。今后高等院校教学评价的趋势有以下特点。

（一）统一性与多样性并重

高校治理的国际新趋势是在扩大高校自主权的同时，强化问责机制，加强对高校的质量与绩效评估。我国教育部今后仍将扎实推进由高校教育评估中心组织的高校教学评估工作。在高校多样化背景下，我国将实施分层与分类评估，在评估中注重高校办学特色。如将高校分为研究型、教学型、高职高专、民办学院四类，或按归属性质和层次分为省属重点高校、普通本科院校、民办学院等。同时，在评估的参与上将形成政府、学校、用人单位、专业团体与社会人士、中介机构等广泛参与，形成高教质量保障的共识。在评估的类型上，综合评估、机构评估与学科专业（专题）评估相结合。在评估的性质上，比较性评估与发展性评估并重，前者侧重于鉴定等级；后者侧重于发现问题，找出差距，改进教学。

（二）校外保障体系与校内保障体系结合

内部质量保障体系是高校教育质量保障体系的主体和基础，外部保障体系是社会监督。内部评估（自我评估）与外部评估相结合，加强问责制是各国高教质量保障的共同趋势。高校评估强调外部评估与自我评估相结合，建立了制度化的高校自我评估制度，有明确的要求和指标，如自评报告要公布，强调高校自评要突出办学特色、个性特征。欧洲各国几乎都建立了高教评估机构，制定通过《欧洲高校教育区质量保障标准与指南》，适用于博洛尼亚进程参加国的所有高校，内容包括高校的内部与外部质量保障，评估的目的是改善欧洲高校教育质量，为高校自身的质量管理与提高提供支持，构筑质量保障机构自身业务的基础。高校内部质量标准包括质量保障的方针与程序；教学计划与授予学位的认可、监督与定期审查；学生的评价；教师的质量保障；学习资源与对学生的教学服务；信息系统；信息公开。外部质量保障方式包括：学校的办学资格认证；学院和专业认证；学校、学院、专业的声誉排名；学校内部质量保障体系审计；全国性专项调查（如新生教育调查、毕业生调查

等);专家资格认证、全国质量系统规划与建设等。我国要加强高校自我评估,使其制度化、义务化、指标化、特色化、公开化,进一步增强高校自身质量保障的自觉性。

(三)教育投入、教育过程与教育产出并重

教育输入主要是指教育资源与生源。教育过程是人才培养的过程,主要考察教学计划、教学管理、教师管理、教学质量控制制度等方面。教育输出主要考查学生的成长、人才的质量和毕业生的就业与专业表现。目前,在评价高校的教学质量与进行专业评估时,评估指标对教育投入、教育过程和产出因素并重。评估从重视硬件到重视软件,开始关注教师"教"的能力,学生的学习过程和收获。

(四)院校的教学质量评价要重点关注的两个方面

1.人才培养质量评价要充分关注教师"教"的能力

我们说教学过程是一个以认识活动为起点,通过掌握他人和前人的间接经验、发展能力、直接经验和态度倾向的过程。教学过程是师生双方共同的活动。高等学校的教学活动是一种特殊的认识过程,具有专业性、独立性、创造性、实践性等特点,其成败在很大程度上取决于教师"教"的能力,需要教师根据教学内容和教育对象妥善地选择合适的教学方法。因此,对高校教师教学评价要着重体现其进行研究性教学、探究式教学、创新实践教学、思想教育等方面"教"的能力。在探索教师教学评价指标体系时,要明确评价内容,如教学评价内容要体现时代要求,体现教师是否激发学生的兴趣,是否调动学生的主动性,是否有助于发展学生的潜能,是否授以研究方法和学习方法。还要重视对教师教学评价的反馈,提高教师"教"的能力,对教师给予直接帮助。为了提高教师教的能力和水平,对教师给予及时的帮助和训练指导是必需的。

例如,美国加州大学欧文分校的标准化教学评估,对教师的教学评估列出以下十个指标:教师对课程内容满怀热情和兴趣;激发了学生对课程内容的兴趣;达到了课程的规定目标;有问必答;创造了一个开放、公平的学习环境;在课程中鼓励学生进行思考;对概念的表达和解说清楚;作业和考试

覆盖了课程的重要方面；学生对教师的总评分；学生对本课程的总评分。

2. 人才培养质量评价要充分关注学生"学"的能力

目前，学生学习产出评价存在的问题是：仅仅停留在对学生的智育评价，而智育评价往往又限于对学生知识掌握的评价，主要是通过课堂考试进行；评价游离在学习过程之外，没有将其纳入指导学习、规范学习、推动学习的过程之中。因此，我们在对学生进行评价时，要注意以下几点。

（1）要重视对学校人才培养目标的评价

学校要制定明确的教育产出的目标，明确培养出何等质量的毕业生，并使学生知道，自己进入了怎样的学校，进了学校可以得到怎样的培养和训练，毕业时可能成为怎样的人才等，使学生懂得在高校学习，不仅要掌握知识，而且要培养良好的道德品质、创造精神与能力、批判思维、全球视野、优质专业训练、终身学习的能力。学生心中有"质量"标准，就会遵照执行并主动积极地参与评价。

（2）要重视对学生学习能力的评价

美国已有越来越多的学校把自己的 NSSE（National Survey of Student Engagement）数据挂上了美国学校排行榜，成为美国国内高校选择的重要参考。NSSE 已成为美国高校教育质量评价新风向标。此调查指标主要包括五类：学习的严格要求程度、主动合作水平、师生互动水平、教育经验的丰富程度和校园环境的支持程度。调查采用学生自我报告行为和观点的方式进行。因此，院校为了提高学生的学习能力，要提供条件，创设支持的环境，让学生在学校教育中、在社会生活中去感受、感悟，增强学生学习的主动性和合作水平，从而获得教育经验和提高自我教育的能力。

（3）要重视学生创新、实践能力的评价

创新、实践不能停留在书面和口头上，也不是仅仅开设几门课程，而应自始至终贯穿于教育教学的全过程。要探索有效的评价方式和方法，使实践创新能力的培养成为广大教师、学生自觉的理念和行为。

第六章　高校教育教学的实践创新

第一节　高校教育教学创新之 VR 课堂

一、高校 VR 课堂的教学实践

VR（虚拟现实）技术在高校教育教学中的应用途径多种多样，主要应用于日常性的课堂教学、多样的实验教学课程以及数字图书馆的建设等方面。VR 技术的广泛应用，极大地提升了学生的学习兴趣，完善了教学环境。VR 技术已成为高校高效率开展工作的重要组成。

（一）高校 VR 课堂教学的应用

VR 技术在高校基础教学中的应用主要集中在两个方面：基础的课堂教学和实验教学。

1.VR 技术在课堂教学中的应用

课堂教学是高校教育教学的主要方式，也是最基础的方式。当下多媒体教学已经普及，但是这种以二维图像为主的多媒体方式更能吸引学生的注意力，激发学生的热情。VR 技术能够将现实世界进行多维的信息化呈现，将其应用到课堂教学中，可以丰富教学内容，同时这种新颖的技术可以吸引学生的注意力，提高学习的积极性。比如，在学习建筑结构相关知识的时候，VR 技术就可以发挥自身优势，构建一个多维立体的建筑模型，教师可以根据教学需求，将虚拟的模型通过计算机进行改变，学生可以达到身临其境之感，加深学生对知识的认知与理解。VR 技术可以将枯燥的课堂变成生动有趣的课堂，提高课堂的教学效率。

第一，课堂教学的技能训练。技能训练一般需要对简单的工作进行反复练习，以达到熟练程度。根据 VR 技术的特点，其具有显著的交互性与沉浸性，因此将其融入技能训练，将有利于学生专注地置身于虚拟环境模拟出的训练场景中，通过与虚拟场景交互来实现技能训练。如在医学领域中，学生可以通过虚拟交互系统模拟出的手术场景，操作完成一台手术，期间可以虚拟出手术过程中的任何一种细节，学生通过这种实践教学，不但能够进行反复练习，而且真实模拟现实情况，同时又不存在风险。

第二，课堂教学的探索学习。VR 技术与传统实践教学工具不同，它不存在材料的消耗和维护，可以在课后向学生开放，促进学生自主实践的兴趣，在实践过程中不断提出自己的条件假设，并对此进行模拟验证，从而培养学生通过虚拟交互系统的实践探索能力，促进学术进步。比如，对于电子与电气相关学科，学生可以在不购买不消耗任何电子器件的基础上，在虚拟实验环境下搭建自己设计的电路，并进行可行性分析；对于环境领域的学生，只需要在虚拟实验环境中搭建出温室效应的模型，便可以完成温室效应的影响因素分析。总之，基于 VR 的交互系统与高校实践教学相结合，能够提高学生对于学科领域的学术探索精神。

2.VR 技术在实验教学中的应用

VR 技术在实验教学中的应用，可以发挥 VR 技术的交互性特点，实时为学生提供有效的实验数据，指明实验操作步骤，解决学生在实验中的困惑。教师在这一教学过程中，可以通过 VR 技术实现对学生的针对性指导，提高实验教学的效率。学生在虚拟教学环境下，可以通过实验数据资料的指引完成实验操作，提升自身的实验水平。

高校实验教学作为教学与生产、社会实践紧密结合的环节，既是 VR 技术的潜在重要使用者，同时也是 VR 内容的重要提供者，并可能成为 VR 技术研发的重要引领者。因此，高校实验教学应对 VR 技术发展的策略应当是根据自身发展实际情况，积极、主动适应新技术革命的变化，以开放适应、引领的态度和行动去面对 VR 技术对教学的影响。

第一，夯实基础，继续推动高校开展实验教学领域的虚拟仿真项目教学改革。全国高校已经建设了几百个国家级虚拟仿真实验教学中心，覆盖了大多数部属高校和一大批地方所属高校以及军队院校。省级教育行政部门也开展了省级虚拟仿真实验教学中心建设工作，建设数量约为全国层面的两倍。按照平均每个虚拟仿真实验教学中心建设几十个虚拟仿真实验项目估算，仅获得省级和全国层面认可的虚拟仿真实验教学项目就有几万余项。在现有基础上，高校应继续根据自身的教学实际需求，按照问题导向和目标导向的原则，创造性地开展虚拟仿真实验项目建设。

第二，优势共享，以搭建在线开放虚拟仿真实验项目平台为契机助推优质资源共享。在线开放虚拟仿真实验平台建设，就目前来看，在全球范围内还没有类似的集成式平台，属于集成创新的范畴，也属于中国特色高校教育管理的优势领域；平台建设要注重顶层设计，坚持成熟一批、推出一批，确保推出的实验项目已经在学校、区域或行业内试点，并获得基本认可；坚持符合专业实践教学发展方向，对于不能很好反映教育教学规律、不能体现专业教学需求、不能适应时代发展的实验项目，不进行平台支持；坚持创新驱动，鼓励与行业、企业合作共建共享，推动教学形式创新、技术创新、组织模式创新等各项创新；坚持互利共赢，确保集成平台与分布站点之间保持平等互利关系，确保实验效果和网络通畅。注重科学分类，体现平台为学生服务、为高校服务的目标。可以考虑按照专业类型进行分类，如工、农、医等，也可以细化到专业类；可以按照区域进行分类，如华北、东北等，也可以细化到省份，甚至到达市级层面；可以按照技术类型进行分类，如虚拟类、仿真类、增强现实类、增强虚拟类，也可以按照实现技术，如软件类、硬件类等进行分类；可以按照实验类型进行分类，如演示性、验证性、综合性、设计性等。总之，分类的目标是为了实现多维度的快速检索，提供更为便捷的服务。要注重规范建设，为实验项目可持续发展奠定基础。在平台建设初期，要注重对外展现和使用的统一化，进一步要注意虚拟仿真技术的接口统一化，逐步实现虚拟仿真实验开发标准的统一。

第三，主动介入，以高校实验项目的使用为需求引导中国虚拟现实产业发展的方向。美国高盛集团发布的报告显示，2020 年 VR 教育市场规模将达到 3 亿美元，而 2025 年将达到 7 亿美元。根据以往的历史经验，信息技术对教育的投入，往往可以带动其他行业实现十倍以上的营业收入。VR 产业在我国的发展，高等学校实验教学领域可以从供给和需求两侧综合发力，实现高校教育与 VR 产业发展的深度融合，体现高校人才培养、科学研究和社会服务的综合功能。

从供给侧看，高校实验教学基于已有的虚拟仿真实验项目研究，可以为 VR 技术的发展提供技术支撑；同时，作为现代信息技术人才培养的主要基地，高校实验教学承担着培养 VR 技术研发人员的重任，可以为产业发展提供人才保障；最后，高校实验教学领域是虚拟仿真教学内容的重要提供方，也是解决 VR 产业应用内容初步设计和研发的主要承担者，通过将教学内容在更大范围的推广与应用，促进"VR+"相关产业的发展。

从需求侧看，高校实验教学是"VR+ 教育"的具体使用方。需求决定供给，有效的需求将引导供给的方向。因此，高校实验教学改革要关注 VR 技术的发展，注重 VR 技术与人才培养的深度融合，注重理顺生产实践和社会发展的虚拟实践与真实实践的关系。

从长远发展来看，VR 技术的兴起、发展，将会对未来高校教育的教育教学形态产生越来越重要的影响，高校实验教学研究和改革人员要从提高人才培养质量角度出发，对 VR 技术可能产生的技术革命保持高度关注，并积极介入其中，推动和引领整个高校教育教学与现代信息技术的深入融合。

3.VR 技术在高校实训教学中的推广

第一，前期投入成本。

尽管近几年 VR 技术得到了迅速的发展，但 VR 设备及其软件开发的成本还是比较高的。如果高校在实训教学中引进 VR 技术，需要的设备数量不是一个小数目，引进初期仅在设备购置这一项的投入资金就是相当大的。

第二，场景的建模。

VR 设备的使用需要虚拟场景的支撑，而虚拟场景的开发离不开虚拟现实建模，所以在实训教学中，如何根据实训教学的需要建立合适的模型成为该项技术应用的重要前提。面对不同的学校、不同的专业、不同的教学目的，实训的种类繁多，根据不同的实训内容构建不同的 VR 实训模型。

第三，统一标准，共享平台。

VR 场景的开发是一项复杂的工作，如果每一个高校都根据自己的要求来开发 VR 相关的实训教学内容或系统，从全国范围来看，就会造成资源的浪费。可以由政府牵头规范，制定一个统一的 VR 教学开发的标准，全国范围内的高校可以合作共同开发，并构建共享平台，这样不仅能节约教学资源，而且能节省开发时间。

第四，VR 技术应用在实训中的教学设计。

VR 技术的革新日新月异，在教学实践中为了能够让学生及时了解和掌握这些技术，能够更好地理论联系实际，并做到与时俱进，高等院校在实践教学中应引入虚拟现实技术。

以物流仓储实践教学为例，具体教学课程设计如下：①实训前的理论教学。在进行实践教学之前，需要先让学生了解物流仓储系统，仓储是一个系统工程，大致分为入库、盘点、分拣、包装、出库等。先把学生分为几个组，分别对应这几个作业流程。让每个组的学生都认识一下各个流程，为实训打下理论基础。②虚拟现实教学。利用 VR 技术，展示某仓库的市局及其设施，通过预先的设计，学生可以通过触摸按钮，对某一设备进行更具体的观察和认识，并进行比较。每一个设备都会配有对应的说明以及注意事项，从而让学生对仓储有个大致的直观认识。③安全教育。虽说是虚拟现实环境，但也要按现实生活可能遇到的非安全因素，对学生进行相关的安全教育，利用 VR 技术先让学生身临其境地观看易出现状况的环节和出现状况后正确的应急处理方式。这样才能在学生遇到实际情况时，知道该如何处置。④实操训练。按之前分好的组别，模拟某电商仓库的日常运营（训练主题不仅限于此），在进行模拟实训过程中，对学生出现的违规操作以及不安全的操作，可以在操作的界面引入警报系统。当出现这些操作时，界面就会出现红色闪烁报警，提醒学生出现错误，并会扣掉相应的分数，同时也会设有加分环节，来表扬那些操作得当和娴熟的学生。⑤实训总结。最后会在模拟实训结束后，系统会根据每位学生在实训过程中的表现，进行评比打分，并打印出实训成绩单，包括最终的分数和扣分的原因。实训结束后，学生要根据成绩单和实践训练写实训报告，交给指导老师，并由老师给予指导建议。

（二）VR 技术在高校数字图书馆中的应用

图书馆是高校学生重要的综合性学习场所，图书馆的数字化建设是符合现代化知识教学要求的。高校数字图书馆信息技术的引入，便利了学生的借阅，在一定程度上改善了学生缺乏阅读兴趣的问题，但是初步的信息化并未将图书馆在高校教育教学中的主体地位凸显出来。VR 技术在高校图书馆的应用，则可以有效地提升学生在图书馆学习知识的意识。VR 技术可以将图书馆资源进行全面、立体、真实地呈现，可以为学生提供丰富全面的参考资料，提高学生阅读学习的主动性。

二、AR/VR 技术对高校教育教学模式改革创新

（一）AR/VR 技术对高校教育教学模式改革创新的影响

AR 通过计算机技术将模拟的信息叠加到真实世界，真实的环境和虚拟的物体实时融合到同一个画面中。

AR 允许用户看到真实世界以及融合于真实世界之中的虚拟对象，因此增强现实是"增强"了现实中的体验，而不是"替代"现实。

AR/VR 对于促进教育发展，增强学生的注意力和学习兴趣具有明显优势；通过师生双向的交互，提高学生沉浸感和想象力，使学习的深度、广度有所增加；在教学情境创设、学习模式创新方面，AR/VR 创设探究与体验情境，学生由被动学习变为自主学习、体验学习、探究式学习，显著提高了学习效果。

高校教育教学模式的改革一直与信息技术息息相关，从传统的课堂教学手段到图文教学，再到多媒体教学，以 AR/VR 为代表的可视化技术教学，必将对教育影响深远，已经成为教学发展和改革的新方向。综合利用互联网、大数据、人工智能和虚拟现实技术探索未来教育教学新模式。"

（二）AR/VR 技术对高校课堂教学模式改革与创新的内容

教学模式是指在一定教学思想或教学理论指导下建立起来的较为稳定的教学活动结构框架和活动程序。教学模式的框架结构一般包括教学思想或教学理论、教学目标、操作程序、师生角色、教学策略和教学评价等因素。不同的教学理论、教学目标、师生角色等都会形成不同的教学模式。作为结构框架，突出了教学模式从宏观上把握教学活动整体及各要素之间内部的关系和功能；作为活动程序则突出了教学模式的有序性和可操作性。AR/VR 技术在教学中的应用会对教学目标、师生角色、教学策略、教学评价等因素产生一定程度的影响，增强学生的主观能动性和创新能力培养，对高校学生的学习兴趣具有提升作用，从而提升高校课堂的教学效果。

1. 重构教育教学理念

传统教学理念是教师教、学生学，一般的过程是教师先教授理论知识，学生再到实际环境中体验和应用。AR/VR 技术具有沉浸性、构想性和交互性，使得学生的学习具备了情境认知特性。情境认知理论认为，大多数知识都是人的活动与情境互动的产物。如果能为学习者提供接近真实的学习环境或仿真情境，对提高学习者学习热情与对所学知识的理解掌握大有益处。AR/VR 教育思维不是告诉学习者什么叫知识，而是让学习者自己尝试直接体验知识，从学习知识到体验知识是一种学习方式的转变。在 AR/VR 技术下的教学中，学生通过虚实结合，与场景互动，变被动学习为主动探索学习，改变了教学思维和形式。

2. 改变教学目标

在传统教学中，教学的主要目标就是教师教授学生知识。AR/VR 模式下的教学可以通过学生的互动操作、师生互动等方式促进学生主动参与和自主学习，其主要目标是通过体验式学习提升学生的学习兴趣以及加深学生对知识的理解，提升课堂教学效果。

3. 操作程序的改变

每一种教学模式都有着其对应的操作程序和逻辑步骤，即围绕课堂师生先做什么，后做什么。在传统课堂中，操作程序更多的是针对教师来说的，是教师如何安排组织课程的讲授、测评等过程。AR/VR 模式课堂教学中，互动教学环节会增强，有时候课堂必须学生互动参与才能完成教学任务，课堂测试等环节的运行形式也与传统课堂有较大变化，整个课堂的教学程序发生了改变。

4. 师生角色转变

传统教学的普遍形式是教师在讲台上讲，学生在下面听，课堂总是以教师为中心，这种形式导致学生没有自我性，认为课堂跟自己无关，通常在课堂上做自己的事，听课效果不好。AR/VR 模式下教师可以针对不同的学生设计不同的内容，提出不同的要求，往往要求学生互动完成，这样的课堂更多的是围绕学生来开展，以学生为课堂的主角，教师作为引导者，这种师生角色的转变可以增强学生课堂学习的参与积极性。

5. 教学策略的变化

教学策略是指在教学过程中，为完成特定的目标，依据教学的主客观条件，特别是学生的实际，对所选用的教学顺序、教学活动程序、教学组织形式、教学方法和教学媒体等的总体考虑。在 AR/VR 技术支持下，教学活动不再都是以教师的教为主，更多的是围绕着学生的学展开，教学的组织形式和教学方法也会发生改变。

6. 教学评价方式的改变

在传统课堂中，一个教师对多个学生，教师对于学生的课堂评价比较难以实施，特别是个体学生的评价。在 AR/VR 教学环境下，教师可以通过学生的交互活动，AR/VR 教学系统自动实现对学生的个体评价。如在叉车结构知识点学习中，可以设置一个叉车结构的测试题，让学生自己动手选择，系统自动判断正误，实现对学生知识掌握情况的测试。此测试可以同时对所有学生进行，解决了传统课堂教师提问学生受时间限制的问题。

教学评价是双向的，除了教师考评学生，学生也可以及时反馈教师的教学效果，以便教师清楚地了解学生对知识的掌握情况，在后续的讲解中有所侧重，从而提升课堂教学效果。

第二节 高校教育教学创新之慕课

一、高校基于慕课的新型教学模式探索

当前，基于慕课（Massive Open Online Course，MOOC）的教学模式日益渗透我国高校教育的课堂，慕课的教学理念也推动着我国高校教育人才培养方式的转变。"慕课来潮"对高校培养人才和实现内涵式发展是一个难得的机遇。对此，慕课有哪些优势，是否适用于高校的教学，高校如何构建基于慕课的新型教学模式，值得深入探讨。

相对于传统课堂教学模式和一般的网络课程，慕课主要具有以下两个方面的优势。

1. 慕课给我们带来广泛的、优质的、模态化的教育资源

现开设的慕课突破了国际和校际壁垒，并不局限于传统的学科，而更注重课程的综合性、实用性和普适性，既有涉及国际前沿的理论课程，如"博弈论"，又有应用型和通识类的课程，如"英文写作""食物、营养与健康"等。

在慕课中，教师讲解环节主要通过视频实现。慕课的授课视频一般经过师资团队反复研究制作而成，大部分视频的主讲是名校名师，专业师资团队对专业知识的讲解一般比单个教师课堂讲授的质量更高。慕课课程的设计能够突出每门课程的特色，课程教学内容主要以模块的形式呈现。通过约 10 分钟的微视频把知识体系分解为单元模块，突出知识要点，这有利于学习者集中注意力和利用碎片化时间学习和理解。

2. 慕课体现了以学习者为中心的教育理念和教学模式

（1）慕课能够兼顾学习者学习能力个性化的要求

传统课堂主要以教师为中心，教师按照一个版本，面向学生群体统一授课，这难以照顾不同学生个体的能力差异。在慕课中，学习者可根据自己的学习能力自主选择课程内容和难度等级，自主调节学习进度，如果遇到难点

或外文课程的语言障碍，可以回播教学视频继续学习。这种个性化的学习方式有利于增强学习效果。

（2）慕课能够满足学习者学习方式多样化的需要

在慕课平台注册的学习者可通过多个社交网站、论坛，运用多种社交媒体与教师、同伴讨论和交流，形成"师生互动"和"生生互动"，共同解决学习问题。学习者在慕课平台中可通过授课视频内嵌测试、在线测试、线下作业等多种方式加强训练；可利用在线教材注释、在线虚拟实验室、可视化游戏等软件辅助工具做课程笔记和模拟实验；可借助教师评价、同伴评价、自我评价所构成的多元化评价方式审视自身学习效果和不足，以便总结提高。

（3）慕课让学习者在学习时间和地点选择上更具有灵活性

在传统课堂中，学生修读课程需在规定时间到指定课室听课或做实验。而慕课课程在时间安排上相对灵活，也没有固定的地点。学习者可以自我计划和管理学习时间，主动营造良好的学习环境。

二、慕课的适用性

慕课的到来为我国高校教育人才培养模式的改革提供了一个很好的机遇，但我国高校在把慕课运用到教学实践中需要考虑慕课的适用性，因地制宜，针对不同高校、不同类型学科课程采取不同的实践模式和应用策略。

（一）不同类型高校可采取不同的应用慕课的策略

对于国内一些综合性研究型高校，在利用国际慕课资源的同时，可开发一系列品牌课程参与到国际慕课平台之中。对普通本科院校和职业院校而言，其策略以吸收、引进和利用国内外慕课资源为主，利用慕课资源实现内嵌式教学课堂以提高教学质量；再根据高校自身的学科优势选择性地开发一些特色专业类或技能型的慕课课程，参与到全球慕课平台中去。

（二）慕课对不同学科课程的适用性不同

慕课在技术和制度设计上尚不成熟，高校教育不同学科课程有不同的知识结构体系和不同的思维能力要求，因此慕课对一些学科在教学过程中的应用有一定的限制性，并非适合所有学科课程的教学。慕课的学科课程适用性具体表现在：一是慕课本质上属于网络课程的范畴，对于理论课程的教学，可以借助慕课实现优质教育资源的共享，优化教学设计，提高教育质量。但对于实践课程，慕课的实用性并不强。实践课程更多地需要学生现场做实验、实地调研等才能有效培养学生的操作技能和实践能力，而慕课难以实现实地操作和现场体验。即使有些慕课课程试图用虚拟实验室来模仿实验，学生也不能获得如化学实验所释放气味的真实感受。二是慕课更多地应用于以结构化知识传授为主的程序化的学科课程，对于高阶数理推导和逻辑思维训练的学科课程的适用性较小。三是目前慕课的授课语言以英语为主，少数课程配有中文翻译字幕，对于外语类课程和双语教学的课程而言，慕课是十分合适的教学资源，学生通过慕课既可学习地道的外语，又可汲取专业知识。而对于其他课程，慕课的大范围应用还有赖于中文慕课的开发。

三、高校慕课应用教学模式的构建

慕课具有优质教育资源和先进教育理念的优势，而实体课堂又弥补了课堂难以督促学生、无法面对面交流和开展实践活动等不足。因此，将慕课与实体课堂相结合才是有效应用慕课推动教学模式创新的可行途径。对于高校而言，慕课与实体课堂结合的主要形式是将慕课作为课程主体内容，构建翻转课堂；或是将慕课作为课程的强化与补充，形成混合式学习。所谓"翻转课堂"是把传统课堂的"先教后学"模式翻转为"先学后教"的新型教学模式。在上课前，学生独立完成对教学视频等教学资源的学习；在课堂上，学生在教师指引下进行作业答疑、协作探究和互动交流等活动。混合式学习在形式上是在线学习与面对面学习的混合，在内容上涵盖多种教学理论的混合、教学资源的混合、教学环境的混合和教学方式的混合。当前促进高校课程教学改革的一种有效路径是突出资源整合和教学互动，充分利用慕课课程资源，将慕课与实体课堂相结合，建立基于慕课的翻转课堂和混合式学习。具体而言，高校可着力构建"课前设计、慕课学习、课堂互动、实践拓展"四位一体的慕课应用教学模式。

（一）课前设计

在课前设计阶段，由任课教师事先设计课程的体系结构、筛选合适的慕课资源、制作教学视频、提供预习资料，给学生在之后的慕课学习和课堂互动阶段提供导航。课前设计是慕课应用教学模式必不可少的阶段。由于慕课平台所提供的课程并没有严格的课程体系结构，教师在开课之前告知学生关于课程的体系结构和相关的基础知识，可让学生对课程有一个整体把握，避免学习后形成"知识碎片"。由于慕课的课程比较多，而学生对课程的甄别能力有限，且不同学生的能力层次和学习需求存在较大差异，教师在课前设计中筛选合适的慕课课程推荐给学生学习，并为学生设计不同的学习路径以供选择，可帮助学生选择适合自身学习能力和学习需求的优质慕课课程。

（二）慕课学习

在慕课学习阶段，学生根据教师课前布置的学习资料，自行观看必修模块的慕课教学视频和选择性地学习选修模块的慕课教学资料，并完成相应的作业，以便对课程新知识有一定的了解，找出疑难之处。该阶段的学习一般在课外完成，学生可根据个人情况适时调整教学视频学习的进度，遇到授课语言障碍或知识难点，可反复播放视频或查阅相关学习资料，以便加深理解。在慕课学习阶段，学生可以自控式地深度学习，获得个性化的学习体验，完成"知识传递"的过程，该阶段的"先学"是实现下一个阶段课堂互动"后教"的基础。

（三）课堂互动

课堂互动是基于慕课的翻转课堂教学模式的核心，是真正实现"以学习者为中心"的课堂组织过程。在课堂互动阶段，学生在教师的引导下，进行作业答疑、小组讨论、协作探究等学习交流活动。学生的学习过程一般由"知识传递"与"吸收内化"两个阶段组成，在慕课学习阶段学生完成了"知识传递"的过程，而在课堂互动阶段的主要任务是促进知识的"吸收内化"。如对于经管类课程，知识的吸收内化侧重通过问题讨论和案例分析等方式促进知识的综合应用；对于外语类课程，则侧重语言的"输出"练习；对于理工类课程，吸收内化主要是通过实验和方案设计等方式验证原理并在实践中运用。

课堂互动的主要活动包括作业答疑、小组讨论与展示、反馈评价等。在作业答疑中，教师首先根据课程大纲内容，针对学生观看慕课视频和课前预习中提出的疑问，总结出有代表性的、有探究价值的问题；然后教师在课堂上给予学生答题思路和方法指引，由学生独立或师生共同完成作业的解答，并在作业解答和知识点梳理中达到化零为整、知识融通的教学效果。在小组讨论与展示中，学生组成小组，根据教师设置的问题、案例、场景等，开展小组讨论，通过辩论、案例分析等方式探究问题，并通过团队报告、小型比赛等形式展示小组学习的成果。这种协作学习的方式能够增进学生间的合作，提升关联体验，弥补线上慕课学习缺乏情感交流和社会关联的短板，增强学习效果。对于反馈评价，在课堂互动阶段，需要通过教师点评、同伴互评、学生自评等方式，对学生之前是否自觉完成慕课学习、是否掌握基本知识要点、是否积极参与小组讨论、团队成果展示水平如何等进行多维度的评价，以便达到"以学定评""以评促学"的效果。

（四）实践拓展

高校实施慕课的翻转课堂和混合式学习模式的最终落脚点是学以致用，培养应用型人才。课前设计、慕课学习、课堂互动和评价考试并非课程构成的全部，而实践拓展也是该教学模式下课程教学的重要一环，是课堂教学的延续。实践拓展阶段以成果分享、技能竞赛和社会实践为着力点。由学生团队根据自身对课程内容的理解和学习感悟制作成视频等形式的作品，上传至网络平台，与同伴分享课程学习的成果，通过学生对知识的再创造，加深其对新知识的理解。师生根据课程内容共同开展相应主题的竞赛、调研、实验等实践活动，并给予计算相应课程的学分和学时，以达到训练学生的应用技能和提高其创新能力的教学目的。对于经管类课程，可采取企业调研、社会调查、沙盘演练等。

对于外语类课程，可开展英语演讲比赛、英语情景剧比赛、担任兼职翻译等。对于理工类课程，可让学生参与新实验开发、新产品设计、小发明制作等进行实践拓展。

总之，慕课的引入一方面提供实用性较强、覆盖面较广的教育资源，更大程度地满足高校培养应用型人才的需要，同时也弥补高校优质教育资源缺乏的短板；另一方面，慕课的引入也带来先进的教育理念，这种教育理念强调"以学习者为中心"，注重学习能力的培养。

在这种教育理念引导下，构建慕课的新型教学模式，是推动高校教育教学改革和实现应用型人才培养目标的有力举措。

四、高校慕课教学的改革

随着慕课的快速推进，给高校的课堂教学改革带来了新的机遇和挑战。这就要求管理者要搭建更高效的资源共享平台来促进课堂教学。教师需要重建课堂教学理念，确立新的教学目标，重新组织课堂教学过程并更加注重过程化、多元化的考核方式。与此同时，教师要做好由统一化培养到个性化培养的转变，由课堂教学到多平台教学的转变，由单向教学到多向互动的转变，由人工教学管理方式向智能化教学管理方式的转变。

（一）搭建有效平台，促进资源共享

慕课是与现代教育技术紧密结合的产物，慕课下的课堂教学改革需要凭借平台来运作。目前，慕课运作平台主要有公共的开放平台和校内网络教学平台，搭建好两个平台有助于教学资源的整合，有助于课堂教学改革的顺利推进。

1. 搭建慕课联盟平台

对于高校教育发展来讲，建立高效、共享、优质的教学资源合作机制，开展慕课建设、推动课堂教学，将有助于提升高校教育整体发展水平。在搭建慕课联盟平台的过程中，要改变过去的观念；达成推动共建共享慕课机制这一工作共识；制定参与慕课共建共享有关规章，形成和构建相应的共建共享机制。

（1）铺垫平台基础

首先是政策基础。政府需要在政策上给慕课资源共享提供保障，特别是制定学分互认政策，协调学分互认关系，并确定慕课在教学中应用的比例。

其次是技术基础。各高校慕课建设应执行国家相应标准，实现平台的交互操作，建设的慕课能够在不同高校的平台上顺利运行。最后是教学基础。教学的基本内容和基本要求应达到一定程度的规范和统一，为学分认证奠定基础。

（2）丰富平台资源

首先，盘活现有资源。各高校现有的精品课程、精品开放课程、资源共享课程、课堂教学设计与创新课程、双语教学课程等课程建设项目，前期进行了大量的投入和建设。这些项目虽然已经完成了阶段性使命，但仍有开发利用的巨大空间，根据慕课建设要求和技术标准对以上相关课程进行改造，充实到平台中去。其次，引进优质资源。目前很多慕课资源平台提供了大量优质慕课资源，在尊重知识产权的基础上，通过协议等形式把这些资源课程嫁接到高校慕课平台上去，使学习者通过一次身份认证便可以学习到更多慕课平台上的课程。最后，自主开发资源。鼓励高校自主开发慕课。尤其是在平台运行初期，对高校中的选修课、公共课等共性较多的课程加大扶持开发力度，为高校校际慕课学分互认积累经验。

（3）提供平台保障

首先，处理好"权""利"关系。在平台上运行的慕课存在着知识产权和利益分配等相关问题。这就需要签署联盟高校慕课学分认证协议，联盟高校慕课学分收费协议等相关协议，以及制定联盟高校慕课制作规范等相关制度。平衡好教师、学习者、学校和平台提供者之间的"权""利"关系，以保障慕课资源共享机制长效运转。其次，成立慕课评估组织。政府可以委托某一高校牵头成立慕课评估机构，对纳入平台的课程，组织各方面专家进行评估。尤其是教学大纲、课程目标、授课内容以及对学生应掌握的知识、技能以及应达到的水平进行信誉等级评定，为课程学分认证提供参考。最后，建立协调机制。政府是协调慕课商业化的有效保障，在校企合作过程中发挥着助推作用，也能够敏锐地把握慕课在企业、高校之间的关系。所以，政府应该对慕课平台进行统筹管理。

2.加强校内网络教学平台建设

在国家和各级政府的财政支持下，目前国内大部分高校都建立了网络教学平台。但从目前运行来看，需要加强以下三个方面的建设。

（1）加快网络教学平台数字化对接

高校内的图书馆信息系统、财务缴费平台、教务管理系统、毕业设计平台、网络教学平台等多个与教学密切相关的系统（平台）分属于不同的管理部门，有不同的公司开发与维护，技术参数标准不尽统一，造成师生身份认证重复操作，为教学和管理带来诸多不便。校内网络教学平台应及时和校园数字化平台对接，共享相关数据信息，使教师上课、学生学习以及其他信息查询都可以在一个身份认证下完成。

（2）加快网络教学平台的运用

首先，加强宣传。通过多途径宣传网络平台的优势，发放平台使用手册，并有针对性地开展培训工作，让更多的学生知道并使用平台。其次，出台使用网络平台相关鼓励政策。教师在网络平台上开放慕课或进行相关的课堂改革，耗时耗力，对技术要求高，学校应给予一定的资助或奖励。最后，给学生提供便利的网络学习条件。实现校园网无线网络全覆盖、便捷的活动桌椅讨论教室、快速的机房上网服务等。

（3）加强网络教学平台管理

一个合格的网络教学平台需要一套系统的管理模式，才能保证平台的平稳运行。首先，制定和完善相关管理制度。学校要出台《网络教学平台管理办法》等相关制度并及时更新制度内容。其次，及时更新课程资源。及时了解网络技术与课程资源的发展动态，实时引入和更新网络课程资源。再次，做好网络教学平台管理服务工作。做好平台设备的日常维护、使用管理，及时排查故障，确保平台始终处于正常工作状态。最后，做好网络信息安全工作。严格执行课程准入制度，定期巡查入库课程内容，防止无关信息的渗入与传播。

（二）强化过程评价，注重实际效果

传统的课堂教学改革多以公开发表论文、提交研究报告作为改革的成果来呈现。慕课背景下的课程教学改革应建立过程性、多元化的评价标准，着重考核实际课堂教学效果，这就需要采用新的策略来重建课堂教学。

1.重建课堂理念

传统的课堂教学教师处于主导地位，教师控制着教学进度，课堂教学内容中的重点、难点均由教师来掌控，学生是被动接受知识的客体。而慕课的课堂教学翻转，教学的重心由原来教师的"教"转移到了学生的"学"上，部分内容则由学生通过慕课微视频来实现，教学中的重点是在教学情境中生成的，教师的工作重心在于课堂教学设计和辅助教学。在教学理念上发生了根本性的转变。

2.重建课堂教学目标

传统的课堂教学主要在课堂上把基础知识和基本技能传授给学生。而慕课背景下的课堂"翻转"使教学目标重建成为可能。学生可以利用课下时间通过微视频来完成基本知识的呈现、讲述与传授，课堂则成为师生探究、问题解决、协助创新的场所。学生可以不受时间的限制来掌握基础知识和技能，通过学生自主学习，掌握学习过程中的重点和难点。在课堂中，学生带着自己的问题与教师探讨、交流，从而获得新的知识建构。

3.重建课堂教学实施过程

慕课背景下的课堂教学由于教学目标发生了变化，所以教师需要重新组织和安排教学。在教学实施过程中主要包括课前自学、课中内化讨论、课后深化三个阶段。学生通过课前观看教师拍摄的视频完成初步知识、技能的接受和理解；通过解答教师预设的问题来检验学习过程中遇到的问题或不足；通过网络交换平台和同学、教师讨论学习中遇到的问题，将仍然解决不了的问题记录下来并带到课堂教学中去。在课堂中，教师收集学生提出的问题，通过讨论、讲解等给予现场解答。期间，教师给学生提出具体的实践活动任务，由学生自主探究或协助学习；在课后深化阶段，教师根据学生对知识的掌握情况，提出一些拓展性的实践任务，给学生提供在真实情境中解决问题的锻炼机会，同时辅以反思、活动，促使学生课后自主探究与反思，促进知识、技能的进一步内化、拓展与升华。

4.重建课堂教学评价模式

慕课背景下的课堂教学，在教学模式和教学方式上较传统授课模式有很大的区别，更注重过程化考核和多元评价办法。这就需要教师在教学进程中分阶段对学生进行考核，考查学生对已学内容的掌握情况、学习能力、初步运用知识分析问题和解决问题能力。教师可以针对不同的课程性质和特点，选择平时作业、阶段测试、期中考试、研讨交流、答辩、调查报告、读书笔记、项目设计、实践操作、专业技能测试、课程论文、学生互评等灵活多样的考核形式，或采用方法的部分组合。慕课下的课堂教学，需要教师以全新的视角来审视教学，重视过程化考核，注重学习者实际学习成效。

（三）发挥慕课优势助力课堂教学

教师要熟记慕课开发及管理相关知识，指导学生学习方式的转变，调整课堂教学知识结构，利用好慕课资源，重点在于教师如何更好地促进课堂讲授与学生慕课学习相结合，线下辅导与线上辅导相结合，自主开发的慕课与其他慕课资源相结合等问题。为此，教师需要做好以下四个转变。

1. 由统一化培养到个性化培养的转变

慕课体现了一种以学生为中心，以"学"为本的教育价值取向，重视激发学生主动学习的积极性，强调学生自主学习。班级授课制下预设的假设是所有的学生有相同的基础，培养出具有该课程基本知识和技能的学生，可以说是同一化培养。而慕课则更注重学生个性化的学习需求，侧重差异化和个性化培养。

2. 由课堂教学到多平台教学的转变

传统的课程教学往往局限于课堂时间内，虽然也要求学生课前预习、课后深化，但缺少检验、交流的平台。而慕课给传统课堂带来了转机，教师可以利用现有的慕课平台课程资源，打破课堂时间限制，形成实体课堂和虚拟线上的合理衔接，由单一的课堂教学转变为丰富的多平台教学。与此同时，教师可以有效利用其他网络资源，如微信、微博、QQ 空间等交流平台，来补充慕课资源的不足。

3. 由单向教学到多向互动教学的转变

线上平台的开放，无疑延伸了课堂教学时间，形成了师生、生生、个人和小组、小组与小组等多向互动局面。尤其是在"翻转课堂"中，教师的角色发生了重大变化，传统课堂中的基本知识在翻转课堂中教师不再讲授，而由学生课下线上学习。教师的角色由原来的"教学"变为"导学",授课方式也由原来的单向教学到多向互动教学转变。

4.由人工教学管理方式向智能化教学管理方式的转变

运用慕课技术实现由有纸化向无纸化转变、由有人化向少人化或智能化转变。传统的教学资料中的教材、作业等多以纸质的形式呈现,而慕课下的课堂教学更多采用的是电子资料、视频材料、电子书、电子作业、帖子等,甚至考试也在线上进行。这就要求教师适应无纸化现代教学的需要,更新教学技能,利用好线上资源,做好数据统计与分析。

(四)把握慕课发展趋势

1.政府引导,把握慕课发展大趋势

(1)慕课类型发展趋势

从目前来看,慕课主要有两种形式:C慕课和X慕课。C慕课,"C"代表"连通主义",认为知识的本质是"网络化的联结"。强调知识的获取"去中心化"以及知识的创造与生成;强调的是同伴学习,其运行于开放资源学习平台。就目前的几大慕课供应商所提供的课程来说则属于X慕课,基本上还是传统的课程,即以教师课堂教学为主,只是通过现代的技术方式表达出来。由于X慕课简单易行,熟悉亲切,和传统教学模式相近,加上运营商不惜成本大力推介名校、名师、名课堂,目前发展比较迅猛。而随着先进的网络技术被不断用于高校教育,人们更重视"人"在慕课中的作用(而不仅仅是技术在慕课中的作用),从而将会把C慕课推向新的高度。

(2)慕课建设发展趋势

从目前慕课开发的主体看,主要有运营商、高校个体和高校联盟。运营商虽然有较大的资本投入,不遗余力地进行广告推广、技术更新,但必须依靠高校优质的师资进行"原创",高校虽然有雄厚的智力资源,但往往缺乏资金的投入和技术的指导。鉴于此,就诞生了"校企合作"式的慕课开发和"校校抱团"式慕课联盟。从发展趋势看,这两种慕课开放模式都将有很强的生命力。但需要注意的是"校企合作"式的慕课开放模式,高校要重视知识产权保护以及正确处理合作开放中的角色。在"校校抱团"式慕课联盟中,要

处理好高校间的权利和义务关系,遵循互通有无、优质共享、凸显特色的原则。

2. 符合校情,稳步推进课堂教学改革

不同的高校有不同的教育使命,要量力而行。一是分类推进慕课建设。通识类选修课以及部分专业选修课可以通过慕课形式来完成,或尝试"翻转课堂"等教学方法,但专业核心课程要慎重推行。对于一些简单的知识点应鼓励通过慕课来学习。未来的课堂教学应更多体现知识的探索和师生的互动。二是引进与本土化慕课建设相结合。一方面高校要引进一些名校、专家的慕课资源,另一方面要立足区域联盟开发一些本土化慕课,凸显本校的办学特色。三是借鉴慕课优势,激活现有课堂教学。在普通的课堂中增添一些慕课环节,利用现代化的即时通信工具增强师生互动,把"静"的课堂教学变"动"。

3. 与时俱进,提升教学管理服务水平

传统行政化教学管理要向信息化学习与课程服务体系转变。努力为学生提供最优质的课程和个性化学习服务,为教师提供全方位的课堂教学支持服务。一方面,教学管理部分要充分利用大数据资源为教师提供个体化的"学情"信息,揭示在传统教育的经验模式中无法检测出来的趋势与模式,以便于教师洞察学生是如何学习的,学生理解了什么,没有理解什么,是什么原因导致学生获得成功等关键问题,从而使教师能够卓有成效地开展因材施教。另一方面,充分利用现代信息技术,通过各种学习终端向学生推送选课、空余教室、作业、讨论、考试及相关教学信息,为学生提供快速、简单、直接的各种学习服务,让学生更高效地进行学习。

4. 着重引导,培养学生自主学习能力

虽然慕课落实了学习者的中心地位,拓展了学习方式的时间界限,创设了沉浸式、社交化的学习环境,但慕课自由化的学习方式,对学习者自主性和自我约束力以及学习过程的可持续性提出了更高的要求。与此同时,海量的信息来源和知识资源,也容易使得学生无所适从。因此,高校必须着力引导学生培养自主学习能力。

五、利用信息技术促进高校慕课教学

慕课的广泛推广离不开信息技术的运用。慕课时代，对高校教师也提出了更高的要求，高校教师需要充分利用信息技术促进慕课教学。对利用信息技术促进高校教育教学的途径提出以下相应对策。

（一）教师个人制作动画、电子手写板书等新型慕课资源

慕课资源如果全靠院校管理者提供经费请人制作，那平台的更新和有效应用将得不到保障。美国可汗学院的慕课视频就是利用录屏软件、电子手写板独立完成的，费用不高，完全靠可汗个人的发挥，在手写板上完成板书。技术和教学的关系应如何对待早已是人们探讨的话题，手写板书反映了教师的思维，对学生也有更深层的教学效果，将信息化技术的应用深入教学的精髓。此外，动画、电子手写板书完成的慕课资源在同等清晰度下能比课堂实录压缩得更小，有利于在线学习。

（二）将移动学习应用于开放课程资源的应用

目前，青年学生使用大屏幕手机浏览网络资源已经非常普遍，慕课资源如果不能在移动网络上方便点击观看就失去了生命力。因此，开发时间短、容量小的片段式慕课视频，并适用于手机平台浏览就是目前最紧迫的工作，除了传统的网络课程，微信课程等新生事物也能应用于学生的在线学习。

（三）在试点专业进行慕课的研究

慕课是否适用于所有课程还需要研究，可以首先把部分专业开展自主学习、自我发展教学形式作为研究案例，从采用形式、条件、培养目标、管理形式、评价标准等方面做重点分析，以指导提升学生创新能力为目标进行开放教育资源应用。以国际商贸和模具类专业试点课程学习方法的转型为例，由于国际商贸系所面向的就业范围广泛、模具类学生毕业后转行的比例相对较高，为使专业培养适应工作岗位的条件，根据现在师资条件难以让每个学生得到全面发展机会的现实，每个专业方向通过专业教师管理引导并实施考核，学生主动选择慕课资源进行自主学习。鉴于部分高质量国外教学资源访

问速度不能保证以及语言障碍等问题，学校应帮助解决，搭建良好的自主学习平台，提升学生创新综合能力。试点专业可采用贯穿学程的学分制、专业选修课体系，提供教师自由安排学习模式的可能性。

（四）教师要正确认识教育技术对自身教学的重要性

在慕课大潮的冲击下，随着现代教育技术化程度的不断提高，高校教师只有及时将最新教育技术纳入自身的专业知识体系中，才能胜任新形势下的教学工作，专业化发展道路才会通畅，以慕课为代表的新技术应用并不只是专业教育技术人员的事，而是和广大教师息息相关的。

六、慕课资源在高校的利用

嵌入学科服务强调以"为用户"为出发点，将学科信息资源与信息服务融入用户实体空间或虚拟空间，构建一个满足用户个性化信息需求的信息保障环境。结合图书馆的实体空间将慕课嵌入学科服务进行介绍。

（一）实体信息共享空间

如今图书馆的实体信息共享空间发展迅速，包括各种形式的信息环境，例如，咨询空间、研讨室、学术报告厅、开放交流空间等，有的图书馆还以学科分馆为基础，按学科和专业对图书馆的空间和资源进行整合，为用户提供了更为便利的学科环境。慕课除了视频之外，还有非常重要的交互部分，那就是师生、生生之间的交流，可以借助图书馆的信息共享空间实现面对面的交互，如授课教师与学生之间大规模的异地实时视频讨论，可以在图书馆的学术报告厅进行，课后某一慕课学科学习小组的成员可以借用研讨室进行学习交流。利用信息共享空间，可以支持用户顺利开展慕课线下学习活动，同时学科馆员也可以和用户一起进入空间，提供咨询服务，可以依据课程内容提供纸本、电子的参考资源列表以及网络开放获取资源的信息，对用户的学习提供帮助和支持。教师录制慕课课程可以借用图书馆的学术报告厅，获取配备音响、投影等较完备的课程录制环境和工具。

（二）学科服务平台

学科服务平台通常应包括学科知识资源、特色资源、学科信息门户、学科导航、学科咨询、个性化定制、主题服务、知识挖掘等信息，它是图书馆提供学科服务非常重要的窗口。目前，各高校的学科服务平台形式多样，有学科博客、专业的学科服务平台、自建的学科信息网页等，但无论哪种形式都可以将我们的慕课资源嵌入其中，为学科服务的内容拓展一个新形式。可以学习国外高校的方式新建慕课指南（或者慕课指南博客、慕课信息网页等），通过这个指南展示慕课宣传的信息、常见的综合类慕课课程、信息素养知识慕课课程、慕课版权等。学科类的慕课课程、特色多媒体资源、课程参考资源、学科专题信息、素养知识课程等信息嵌入发布到各个学科指南中去，方便用户按照学科获取，利用学科服务平台工具对本学科相关课程信息进行系统的收集、整理，并将学科服务平台上的常用专业资源如电子资源、图书、信息门户等整合、注入教师学生的研究和教学。

（三）移动图书馆

目前，国内高校推出的移动图书馆服务已经非常丰富，例如，手机短信服务、移动图书馆 APP 服务、微信服务、RSS（简易信息聚合）订阅等。移动图书馆服务借助网络技术与移动设备帮助使用者能在任何时间、任何地点获取图书馆的相关资源与服务内容，馆员可以通过移动图书馆将慕课课程服务嵌入教师建设课程与学生学习课程的过程中去。

微信具有的基本功能为基于学科服务的慕课活动嵌入式服务提供了重要途径。基于语音文本交互和群聊的交互功能，可应用于慕课课程协作学习，实现师生与图书馆员之间的交互沟通。例如，学科馆员可以通过一对一或者一对多的方式回复某个学科群组里师生的咨询。基于微信公众平台的信息聚合与推送功能，可以开发慕课课程学科参考资源的订阅推送和自动回复响应功能，使师生能够检索和获取学科慕课资源，如推送信息素养知识的微视频。如检索策略的编制、学科数据库的使用技巧、学科开放资源的获取与介绍等主题微视频，或者读者发送微视频的关键字，可通过微信自动响应发送相关主题微视频至读者的手机终端。基于微信公共账户的信息发布功能，发布慕课相关新闻信息。

RSS 个性化需求定制也可以为读者提供订阅推送慕课资源和新闻的服务。图书馆员发布信息时可以将慕课资源按照不同学科类别聚合，为读者提供分类查询的途径。读者进入图书馆 RSS 服务页面后，可以看到按学科排列的资源链接地址，读者用鼠标点击需要的慕课信息链接地址，从菜单中选择增加频道，粘贴上复制的信息链接地址即可。图书馆员也可以将慕课信息按照主题词和关键词进行聚合，为读者提供主题词和关键词的查询方式。读者进入图书馆RSS服务页面，可以按主题词和关键词进行搜索，例如，检索慕课版权、慕课工具、参考资源、慕课课程等关键词，然后将搜索结果中需要的信息资源链接地址复制粘贴到新建频道中。图书馆可以根据课程的内容设置、学生的在线咨询等提供配套于慕课教学的资料推送、个性化需求定制等服务。

图书馆员通过实体信息共享空间、学科服务平台、移动图书馆等途径，根据不同慕课服务的特色，选择较合适的途径传播给用户，教师与学生也可以通过这三个途径产生信息互动。

（四）慕课嵌入学科服务的特色

1. 促进学科服务的内容嵌入

学科服务是学科馆员主动深入教学科研活动中，帮助用户发现和提供更多针对性更强的专业资源。很多情况下传统教学和科研工作的模式使得教师、学生局限于自己的课堂、实验室，与图书馆员之间的交互难以深入并持续。通过将慕课资源嵌入学科服务，扩展学科服务的信息来源、信息形式，满足师生们浏览学科慕课资源的需求，图书馆员有更多的机会将学科内容嵌入教学中去，提高学科资源的利用率。当然，这也要求学科馆员对现有的慕课资源进行收集、评判选择、重组、分类、标记等工作，并与其他学科资源进行整合。

2. 促进学科服务的过程嵌入

学科服务需要深入了解读者的行为习惯、信息能力以及信息需求，根据学科特征，为读者提供主动、个性化的服务。图书馆为慕课教学师生互动、生生互动提供实体空间，使得学科馆员有机会参与教学活动，为教师提供数字化资源的内容支撑，了解教师与学生的实际信息需求，并提供相应的咨询服务，推荐参考文献，帮助学生利用图书馆资源解决慕课课程中遇到的难题。

3.促进学科馆员专业服务水平

学科馆员在整理慕课资源的同时，对该学科优质的教学内容、学科领域的研究热点、该领域的学术专家等会有更深入的了解，会从一定程度上提升自身的专业服务能力，与教师和学生交流时，能更加了解其信息素养需求、教学需求，以做好辅助研究工作。学科馆员也可以自学一部分学科课程内容，结合图书馆员的专业知识，提升工作效率与学科服务能力。将慕课嵌入高校图书馆学科服务，试图找到一个馆员为教师教学和研究提供学科服务的小窗口，为新信息环境下赋予学科服务新活力提供一些思考，当然馆员也将面临更多的挑战，期望进一步通过实践开展相关研究。

七、慕课背景下高校人才的信息素养教育

我国高校慕课的建设步入稳定发展的阶段，而高校人才的信息素养教育仍未受到足够关注与重视，开设学生信息素养系列慕课是大势所趋。

（一）慕课与高校发展

慕课的问世与开放课件、开放教育资源有着密切的关系。可以说，慕课是在开放课件的热潮与开放教育资源运动的背景下出现的。

2000年，美国麻省理工学院提出"MIT（开源软件许可协议）开放课件计划"，计划把该校所有的课程资料放到因特网上提供免费利用。2002年，该开放课件网站建成，该计划的提出与实施，不仅为师生提供了丰富的数字课程资源，向全世界宣传推广了开放课件的理念，而且在全球范围内掀起了开放课件的热潮，进而引发了一场高校教育资源开放与共享运动。

2002年7月，联合国教科文组织在法国巴黎举办"开放课件对发展中国家高校教育的影响"论坛，正式提出了"开放教育资源"这一概念，并对其内涵进行了界定：OER（开放教育资源联合体）是"通过信息通信技术为全社会成员提供的、开放的教育资源，这些资源允许被进行非商业用途的咨询、利用和修改"。开放教育的核心是免费和开放共享，并能够在任何时候、任何

地方为任何人增加获得教育和知识的机会。从此，OER 运动的浪潮席卷全球，得到国内外许多高校和其他机构的积极响应。

值得一提的是，2003 年 10 月，我国教育部批准成立了中国开放教育资源协会，旨在推进中美两国高校之间的紧密合作与资源共享，致力于引进国外大学的优秀课件、先进教学技术、教学手段等资源，同时将中国高校的优秀课件与文化精品推向世界，搭建国际教育资源交流与共享的平台。该协会成员包括北京交通大学、北京大学、清华大学、北京师范大学等 12 所高校。

成立于 2008 年的开放课件联盟是 OER 运动的成果。该联盟的成员包括来自 52 个国家和地区的 250 多所高校教育机构和相关组织，开放共享了超过20 种语言的 1 万余门网络课程。该联盟致力于推进开放教育及其对全球教育的影响，力求通过扩大获得教育的机会来解决社会问题。近年来，随着慕课的发展，全世界各大名校纷纷建立了慕课建设平台。

（二）我国慕课发展的整体状况

中国的高校在 2013 年开始参与慕课建设。2013 年 1 月，中国香港地区的香港中文大学加入 Coiursera（免费大型公开在线课程）平台。4 月，中国香港地区的香港科技大学加入 Coiursera 平台。5 月，北京大学、清华大学、中国香港地区的香港大学、香港科技大学等 6 所亚洲大学宣布加入 edx（大规模开放在线课堂平台）。9 月，北京大学开设了 4 门慕课，并通过 edx 开始全球教学。

值得关注的是，除了中国香港地区的 12 门慕课全部是由 Coiursera 和edx 提供建设平台之外，中国有 50% 以上的慕课是在本土自主开发的平台上建设的，清华大学的全部慕课均是在其自主开发的"学堂在线"平台上建设的，上海交通大学的全部慕课也是在其自主开发的"好大学在线"平台上建设的。

中国高校的慕课从无到有，从少到多，步入稳定发展的阶段，并呈现出以下特点：一是中国的慕课主要集中在北京和华东两个地区，二是超过五成的课程均依托本土平台建设，三是中国台湾地区的慕课建设已经形成规模，发展迅速。

2011 年 11 月 9 日，作为教育部、财政部支持建设的中国高校教育课程资源共享平台，由高校教育出版社承办的"爱课程"网站正式开通，并推出了第一批20门"中国大学视频公开课"。2013年6月26日，"爱课程"推出首批120门"中国大学资源共享课"。

（三）信息素养慕课建设现状

在对中国慕课建设现状进行调查的基础上，为了解国内外信息素养慕课的开设现状，通过网络调查方法对网站上提供的20多个慕课平台的1万多门慕课进行调查发现，开设信息素养慕课数量最多的是美国；其次是英国；再次是中国、加拿大、荷兰和爱尔兰。有关数字素养和计算机素养的慕课数量最多，共18门，占50%，这说明数字素养慕课受到了相当的关注。

在美国开设的20多门慕课当中，有4门课程的名称含有"素养"，有关数字素养、计算机素养的有13门，有关科学素养的有3门，有关媒体素养的有2门。开设的机构除了7所高校之外，还有地方政府的教育部门、教育基金会、教育机构和商业机构，类型多样，这些非高校的机构所开设的慕课内容丰富，范围广泛，生动有趣，值得一提的是，由微软公司开设的"数字素养与信息技术技能"为系列课程，共有数字素养、计算机基础、计算机安全与隐私、数字生活方式、信息技术原理、因特网与生产计划、生产计划、因特网与万维网等，包括阿拉伯语和英语的子课程。

当前国内外信息素养慕课的建设尚属起步阶段，呈现以下特点：一是欧美经济发达国家的信息素养慕课发展较为迅速，二是高校仍然是开设信息素养慕课的主体，三是内容主要集中在数字素养和计算机素养等领域；四是信息素养慕课数量少，参与机构不多。

（四）高校开设学生信息素养系列慕课

我国信息素质教育始于20世纪80年代，主要采用在全国高校开设"文献检索与利用课程"（全校公共选修课）的形式，对在校学生进行信息素质教育。尽管课程名称比较多，如信息获取与利用、信息检索与网络资源利用、现代信息咨询与利用、文献信息检索等，但其课程的核心内容主要围绕文献检索的基础理论和基础知识、各科各类检索工具的基本原理及检索方法、主要数据库的利用、图书馆利用等。在进入信息社会的今天，该课程无论是形式还是内容均已过时，一方面无法适应社会发展和时代进步的需求，另一方面也无法满足学生对信息资源获取与利用以及其他信息素养相关知识的需求。

近年来，国外高校纷纷从开设传统的文献检索课改为开设信息素养课程，国内也有些高校紧跟国际潮流，开始开设信息素养课程，如北京大学的"信息素养概论"、上海交通大学的"信息素养与实践"、深圳职业技术学院的"信息素养步进课程"、韶关学院的"大学生信息素养教育"等。

在高校开设学生信息素养课程，不仅能够培养学生的信息检索技能、图书馆素养、媒体素养、计算机素养、因特网素养、数字素养和研究素养等，而且能够培养学生对现代信息环境的理解能力、应变能力以及运用信息的自觉性、预见性和独立性，从而提高综合素质。随着国内外高校开设慕课热潮的到来，开设学生信息素养系列慕课不仅必要，而且已经是大势所趋。高校开设慕课教学意义如下：

第一，慕课的交互性能提升学生信息素养课程的教学效果。与传统的面授课程相比，慕课的形式多样，有大量穿插于慕课视频中的交互式练习。这些练习不仅能帮助学生及时理解并巩固所学的内容，而且能够激发他们的学习兴趣，鼓励和引导学生更加积极地学习与思考，使他们从被动学习转变为主动自主学习，大大提高了学习效果。与此同时，慕课的交互性也有利于进行信息素养课程的模拟检索操作。

第二，慕课的开放性有利于面向全校本科生甚至社会公众开设学生信息素养课程。开放性是慕课区别于以往其他网络课程的最大特点，而这种开放性特别适合开设作为全校公选课的信息素养课程，不仅因为学生都需要信息素养教育，而且因为社会公众也需要信息素养教育。因此，信息素养课程应该以慕课的形式同时面向在校学生和社会公众免费开放，使得更多的人有机会获得信息素养教育，提升自身的信息素养和综合素质。

第三，慕课的灵活性非常适合学生信息素养课程的模块化教学。由于学生有不同的学科专业，不同的学科专业对信息素养教育的需求各异，因此可分为人文社科、自然科学、理工、医学等四个模块，才能满足各个学科门类的需要。与此同时，还可以开发类似"插件和游戏"的模块，方便教师随时嵌入慕课当中，充分利用慕课的灵活性开展教学。

第四，慕课的互动性为信息素养课程中需要的多方互动与交流提供了有利条件。依托网络社区和社交网络进行互动交流是慕课的优势之一，它不仅可以开展学生与老师的互动交流，而且也可以进行学生之间的互动交流。学生可以围绕老师提出的问题进行交流和讨论，也可以开展基于网络社区学生群体的"同学互评"，增强了学生的参与感，也促进了学生之间的相互学习。

八、慕课在高校教育教学中的应用

慕课在教学理念、教学设计、教学模式、教学评价等方面都有独特的优势，并将改变高校的教学机制。

（一）慕课资源的优势对传统教学的镜鉴

1. 教学理念——"自主学习"对"接受学习"

现行的高校教育教学理念是"接受学习"，教师是教学的绝对主体，他们是知识的拥有者，以"传递高深学问"为己任，将教材上的知识以及自身所拥有的知识以自己最擅长的方式教给学生，"教"完全支配"学"。而慕课的教学理念是"自主学习"。它将学习的主动权交回给学生，允许学生根据自身知识、能力水平自主选择学习内容，自行把握学习进度，自主选择学习环境。一门慕课课程通常会持续几周至十几周，每周一次课，每次课一般几小时，以事先录好的视频形式呈现。每次课程的视频又经过事先处理被划分为若干时长在10分钟左右的知识单元。这种设计的目的就是允许学生在学习过程中，根据自身的实际需要，自定学习步调，不必受传统教学的限制；允许学生根据自己的兴趣爱好选择学习自己感兴趣的内容；在学习环境方面，学生也可以自由选择在宿舍、教室、家庭等不同场所进行学习；在学习工具方面，学生可以选择台式电脑、笔记本电脑、手机等不同设备。由此可以看出，慕课所主张的是一种自觉、自愿、自立、自为、自律的学习，体现了"自主"的本质特征。

2. 教学设计——"技术性、便捷性"对"工具性、烦琐性"

慕课的教学设计是技术性和便捷性的统一。以 edx 为例，其课程的教学设计包括两大阶段：前期阶段和核心阶段。前期阶段主要是对学习者需要、教学目标和教学内容进行分析。首先，根据学习者的职业、学习背景对其学习需求进行分析；其次，根据不同类型学习者的需要，确定不同类型的教学目标；最后，根据对学习者需要和教学目标的分析，确定教学内容，并将其科学地划分为若干个相对完整且相互关联的知识点。核心阶段则是对学习资源、教学活动、学习评价和学习支持的设计。对学习资源的设计主要就是对教学视频的设计，它包括对教学视频的制作、视频内容的设计等方面；对教学活动的设计主要是对学习者个体活动、生生互动、师生互动的设计；对学习者个体活动的设计就是根据学习者的兴趣合理设置小测验或试题库，对生生互动的设计是根据合作学习原理合理设置小组互评等形式的活动；对师生互动的设计则是以注重交互性为前提，设计线上师生问答互动、线下博客、微信互动讨论等；对学习评价的设计就是根据学习者需要、教学目标和教学内容对相关内容的测验、作业以及试题的设计；对学习支持的设计就是对学习资源、教学活动、学习评价等工作提供相应的技术支持。

3. 教学模式——"以学为本"对"以授为本"

传统课堂教学模式是"以授为本"，这体现了教师对整个课堂教学活动的绝对控制。也就是说，教什么、怎么教和教多久都要由教师决定，较少考虑学生自身的需要和想法，学生只能被动地接受。而慕课是将众多优质课程资源置于专门的网络课程平台，供学生根据自身的兴趣、爱好和需要自主选学。其规模之大、时空范围之广、开放程度之高是传统课堂教学无法比拟的，其核心就是强调"学"，体现"以学为本"的特点。这种从"以授为本"到"以学为本"的转变，归根到底是由慕课自身的特点决定的。首先，慕课的大规模和开放性为学生的自主选学提供可能，而慕课简便的操作方式、低廉的学习成本使得这种可能变成了现实。其次，慕课的可重复性为学生正式学习之后的温故知新创造了便利条件，学生可根据自己情况重复学习其认为重要的或必须掌握的内容。最后，慕课重视学生自身的体验和师生、生生之间的互动，有助于巩固学生的自主学习成果。体验是一种静态的自主学习，它突出的是学生对学习内容的独立认知和感悟；而互动是一种动态的自主学习，它突出的则是学生对学习内容的相互交流和碰撞。可以说，慕课是学生对学习内容的认知、感悟、交流和碰撞等的集合。因此，慕课的设计必须突出"以学为本"。

4. 教学评价——"重在评学"对"重在评教"

高校现行的教学评价主要是对教师教学过程及结果的评价，对教学过程的评价重在对教师授课过程的评价，而对教学结果的评价则重在对教师授课结果的评价。概括地讲，现行教学评价重在评"教"。然而，教学是由"教"与"学"两方面组成的，只评"教"就容易忽视"学"，也就无法真实、全面地反映实际的教学状况。事实上，检验教学效果好坏的标准只有"学"。因此，如何科学合理、切实有效地检验学生的学习效果是开展教学评价的根本。而慕课正是从这一根本出发设计的。

（二）慕课资源融入高校教育教学机制

1. 采用混合式教学模式，改善教学资源

教师可以借助慕课平台获取备课所需各种资料，无须再受场所限制；学生可以在任何一台互联网电脑上以在线注册的方式学习这些课程，享受全球教学资源，无须再受几百人共同上课的困扰，也不必再担心不能正常上实验课等问题。因此，将慕课融入传统教学，可以切实改善高校资源短缺的现状。具体做法是：课程开始前，教师将所授课程内容按课时划分后，上传至慕课平台，并给学生详细安排每节课的自学任务。然后，学生在每节课开始前自学慕课平台上的相关内容，并完成习题和小测验。在学生自学期间，教师每周组织一次线下讨论课，安排学生针对自学过程中的疑难问题开展小组讨论；之后，教师再针对课程中的重点内容提出若干问题，由学生回答，并进行点评讲授。在这个过程中，教师只是一个引导者，在适当时候负责牵线，大多数时间都是学生发言。这种"自学、讨论、讲授"的混合式教学，是慕课资源嵌入高校教育教学较为理性的模式。

2. 实施"双师教学"项目，提升教师专业化水平

在慕课平台上，教师资源非常充足，且不乏许多世界知名高校的优秀教师，每一门课程均由 1~2 名优秀教师主讲，有的课程还配有 2~3 名负责线上课程测评及论坛区工作的课程助教和论坛助教。如此充足的教师资源是传统教学无法比拟的。慕课平台上的每一门课程，都可以供成百上千，乃至几万几十万学生共同选择学习。因此，可以用慕课平台上的优秀教师资源；对于一些慕课平台和高校共有的课程，高校可以尝试让全校学习同一门课程的学生在规定的时间内，在慕课平台上按要求自学该门课程的主要内容，并完成课程测评及讨论。之后由本校教师集中时间开展辅助教学，主要针对学生在慕课学习各环节中所遇到的问题进行及时解答。这样就形成了集高校与慕课平台教师资源于一体的"双师教学"。在慕课平台上，一方面学生可以在规定时间内完成课程的学习，另一方面教师也可以从优秀教师身上学到很多平时无法学到的知识、授课技能与方法等。可以看出，这种"双师教学"既是一种新型的远程教育教学模式，又是一种可行的教师资源共享途径，还是一种便捷的师资培训方式，可以使更多高校共享优质教师资源，从而促进其教学质量的提高，提升教师专业化水平。

3. 拓宽信息来源渠道，开阔师生视野

借助慕课平台，高校师生不需要进图书馆就可以学到丰富的知识；可以了解到国内外学术团队运作的基本情况，通过线上交流使线下学术合作成为可能；可以把握相关学科最新的研究进展和发展动态，还可以接触国内外先进的教育理念和教学方式。世界知名慕课平台之一的 edx，目前拥有来自世界各地的 10 多万名学习者，可以在全世界任何地方学习哈佛大学的"古希腊英雄"、加利福尼亚大学的"幸福科学"、芝加哥大学的"城市教育中的关键问题"、北京大学的"化学与社会"、清华大学的"中国建筑史"等来自世界100 多所名校的 300 多门课程，这些课程充分体现了相关领域最先进的思想观念、最丰富的研究手段、最多样的研究范式。因此，高校可以借助"双师教学"的运行方式有效利用慕课提供的信息，丰富课堂教学内容，拓宽信息来源渠道，开阔师生的视野。

4.加强师生对外交流，提升高校国际化水平

慕课的到来，为高校的对外交流也提供了极大的便利。教师不出校门就可以与国内外名校名师在线进行学术及思想的交流；学生借助电脑和网络，也能够与名校名师进行线上或线下的讨论交流。许多慕课课程都有极其富有生气的讨论区，国内外不同学校同一学科的教师之间可以针对所教内容中的重点、难点及最新研究动态进行线上交流；数以千计选择同一门课程的学生以他们特有的方式与教师、同学开展交流，如微博、微信、QQ群等。通过不同形式的交流，达到共享学习内容、分享学习收获、共同感受学习乐趣的目的。高校可以以慕课平台作为拓展师生对外交流的起点，通过线上多次交流为线下交流奠定基础，使对外交流从线上最终延伸到线下。因此，高校可以借助慕课平台增强广大教师对外交流的意识，调动其积极性，并以慕课为中介，为广大教师提供线下的对外交流机会，不断开放线下对外交流渠道，最终提升其国际化水平和竞争力。

第三节 高校教育教学创新之微课

微课的兴起为课堂教学的革新提供了一条有效的途径，也对提升教育公平和质量，共享优秀的教育资源，满足学生的个性化需求，实现随时随地的学习提供了有力的保障。翻转课堂正是建立在微课的基础上对传统教学方式的一次变革。

一、高校微课教学模式

（一）翻转课堂

根据教育心理学相关的研究成果以及翻转课堂教学的实践，提出一个O-PIRTAS翻转课堂教学法，作为教师在教学中应用翻转课堂一个可依据、可操作的模式。O-PIRTAS是英文单词Objective、Preparation、Instructional video、Reviews Test、Activity、Summary的缩写，分别表示实施翻转课堂的

几个必要环节：教学目标、课前准备、教学视频、视频回顾、知识测试、活动探究以及总结提升。教师可以根据这几个步骤具体实施翻转课堂教学。下面对 O-PIRTAS 翻转课堂教学法做出具体的阐述。

1. 确定教学目标（Objective）

为了帮助教师更容易区分教学目标的种类，结合已有关于教育目标分类的理论以及翻转课堂教学模式的特点，我们认为大致可以把教学目标分为两大类：知识性目标和能力性目标。知识性目标属于初级目标，主要包括对知识的记忆和理解。能力性目标则属于高级目标，包括布卢姆教育目标分类中的应用、分析、评价、创造等高级认知目标以及情感态度、价值观、批判思维、自我认识、学会学习、沟通合作等能力和素养。

需要特别指出的是，这里的能力性目标除了包括通常意义上的能力（如应用能力、分析能力、沟通能力），还包括情感、品格、态度等内容，称之为素养性目标可能更为合适。但是这里为了方便教师的理解和操作，并与知识性目标相对应，我们统一把这些素养称为能力性目标。知识性目标是最基础的教育目标，脱离了知识性目标，能力的培养就失去了基础。但只满足于知识性目标是远远不够的，教师需要在知识性目标的基础上进一步发展学生各方面的能力和素质，才能培养出符合社会和时代发展要求的人才。

把教学目标分为知识性和能力性目标两大类，与学者彭明辉和马顿（Marton）等人对教学目标的分类有相通之处。彭明辉和马顿（Marton）把教学目标分为直接目标和间接目标两种，直接教学目标是指学习的内容性知识，比如，化学反应率，经济学的供应和需求；间接教学目标是指学生通过学习内容性知识能够发展的能力，比如，通过实验计算某种化学反应的反应率，或者能够使用供需的同时变化来解释某种商品市场价格的变化。这种分类的直接教学目标类似我们的知识性目标，而间接教学目标则类似能力性目标。

把教学目标分为知识性和能力性目标两大类，可以帮助教师比较直观地分析教学目标并应用于教学设计之中。对教学目标的分类是跨学科和年级的，我们认为对于任何学科和层次的教学，都可以分为知识性和能力性这两类目标，教师要根据具体教学实际设计这两类目标，以保障教学的有效实施。知识性和能力性目标的分类还符合翻转课堂教学模式的特点。总的来说，翻转课堂的课前、线上、课外自学部分主要是围绕着知识性目标展开的。而翻转课堂的课中、线下、课内集体学习部分则主要是围绕着能力性目标展开的，因此明确两类教学目标对于后面开展翻转课堂各环节的教学具有统领作用。

应该认识到的是，对于教师的工作和价值来说，知识性的教学是相对比较容易被代替的，或者说不是教师的主要价值所在。今天信息社会区别于以往社会的一个重要特征就在于知识的获取十分便捷，教师不再是知识的唯一来源，甚至也将不是主要来源。当前网络上具有各种丰富的资源、搜索引擎，甚至包括慕课、可汗学院在内的各种优质教育资源，都可以成为学生获取知识的重要来源。可以说，每位高校教师在学校所教的课程，基本上都可以在网络上找到相应的慕课资源。而且这些慕课课程都是名校（比如，哈佛大学、麻省理工学院、斯坦福大学）名教授精心制作的课程。从知识的角度，这些慕课和知名教授是学科知识的代表，比大多数教师更具权威性、系统性以及准确性，完全可以取代教师成为学生获取知识的途径。未来随着人工智能技术的发展，人类在知识教学上的优势就更加荡然无存了，人工智能完全可能成为一个比人类更好的教知识的老师，这是大势所趋。

相对于知识性的教学目标来说，能力性的教学目标是人类教师的独特优势。能力性目标涉及人类情感、创造力、沟通、合作这些人类所特有的品质，是人工智能所不具备的。因此，未来教师的主要工作和价值应该体现在对学生能力性目标的培养上。

明确教学目标是成功实施翻转课堂教学的首要环节和先决条件。翻转课堂教学不满足于只是完成知识性的目标，而是更加注重能力性目标。知识性目标基本上可以通过视频让学生在课前自学完成，实体课堂则主要被用来发展学生的能力。

2. 课前准备活动（Preparation）

课前准备活动主要有以下两个作用。

第一，提高学生学习的兴趣和目的性。认知目标是形成学生学习动机的一个关键因素，个体只有对未来的学习目标产生期待时，才会发生有意义的学习。研究表明，学习的过程往往是从整体到部分的过程，学生了解了学习的总体目标之后，再进行分解学习的时候就会更有方向性和目的性，学习效果也会更好。在实际教学中，教师要通过课前准备活动先让学生明确学习目的，使其对未来的学习结果产生一种积极的期待。如果教师通过课前导入活动，在正式教学之前告诉学生本次学习的目的和作用，那么就能够激发起学生学习的兴趣，并让他们的学习具有指向性。

第二，课前准备能为之后的视频学习打下良好的基础。在教学形式的顺序上，翻转课堂和传统课堂还是一样，都是先讲后练的顺序，并没有进行翻转，教师的讲授是需要一定的时机、条件或基础的，讲授要发挥作用需要学生具备一定的先前知识，学生在努力思考、探索、挣扎过某个问题或情境之后能更好地理解讲授的内容。虽然学生在接受讲授之前进行的问题解决和探索可能是不成功、不正确的，但是这种尝试有利于图式编码和整合，能够帮助学生认识到自身先前知识的不足，还能通过对比正误解法来让学生注意到学习的关键特征，从而为之后接受教师系统的讲授打下必要的知识基础。

那么，什么样的活动能够帮助学生形成必要的先前知识，为下一步接受讲授打好基础呢？国外学者施瓦茨（Schwartz）和布朗斯福特（Bransford）建议可以通过让学生对比相关概念或原理的多重样例，来帮助学生注意并理解样例之间的区别，发现知识的结构性特征，从而发展出辨别性知识。这些辨别性知识是理解之后系统讲授的重要基础。学者卡普尔（KaPur）提出有益性挫败理论，他建议在直接讲授之前让学生先进行探索性的问题解决，让学生使用已有知识探索问题的解法，有助于图式建构，投入更多的认知资源，发现不平衡并意识到自身先前知识的有限性。学生还可以通过对比不同解法的异同，来发现新知识的关键特征并更好地进行编码。我们基于变易理论的研究成果发现，对比学习对象的多重样例能够帮助学生审辨出学习的关键特征，这些审辨出来的关键特征为之后的系统讲授奠定了基础。我们还进一步提出对比、分离、类化、融合四种变与不变的范式用来指导多重样例的设计。多重样例之间应该变化一个关键特征，让学生首先单独审辨出这个变化的特征。在学生单独审辨出多个特征之后，再让学生对比同时变化多个关键特征的多重样例。

在学生正式学习教学视频之前，先通过相关的探究活动让学生进行适当的学习和探索，激发起学生的学习兴趣，并准备好必要的先前知识。课前准备活动可以让学生带着兴趣和疑问进入视频的学习，将能够显著改善视频教学的效果。

3. 课前教学视频（Instructional video）

在完成课前准备活动之后，学生需要在课前自学教学视频。翻转课堂的教学视频可以是教师自己录制，也可以使用他人录制的视频。教学视频形式可以多样，内容主要反映的是教师在传统课堂中的讲授部分，视频学习部分主要对应的是前面制定的知识性的教学目标。

目标的实现并不需要在实体课堂中接受教师的实时现场指导，或者与同伴进行互动合作。高校学生通过自学教学视频就可以在很大程度上完成对知识的记忆和理解。此外，在这个环节还可以充分利用信息技术和多媒体的优势，让整个知识的教学过程更加有趣、生动、高效率。从知识性的目标来说，一个制作良好的教学视频或者在线课程，其教学效果可以达到甚至超过教师在实体课堂的讲授。即使是一个质量一般的教学视频也能在很大程度上完成知识的记忆和理解目标。

4. 课堂视频回顾（Review）

学生完成线上视频学习之后，就进入线下实体课堂进行学习。通过教学视频，翻转课堂把知识的学习移出到课外，大量的课堂时间可以被用来进行问题解决、合作探究等活动。有些教师可能会在线下上课的时候，马上给学生呈现的问题进行解答或布置活动进行探究。但是根据我们的实际教学经验，我们建议在实际开展课堂活动之前，教师应该首先简要回顾一下课前教学视频的内容。这是因为一开始上课就直接让学生问答问题，会显得比较突兀，学生也会难以适应，难以营造良好的课堂氛围。有研究表明，学生在上课之初往往需要 3~5 分钟才能静下心来，短暂的过渡之后精神才会非常集中，注意力才会高度专注。此外，学生虽然已经在课前完成对视频的学习，但是视频学习时间距离上课已经过去几天时间，学生一时可能难以迅速回想起视频的内容，尚未从心理上完全做好准备，这时候马上做题、考试，会引起学生心理上的抵触。

线下课堂首先起始于对课前视频的知识回顾，视频回顾不是对视频知识的重新讲解和详细分析，而是提纲挈领地帮助学生回顾内容，把握知识结构。学生课前如果没有学习视频，仅仅通过短时间的视频回顾是无法完全掌握知识的；如果课前一经完成视频学习，视频回顾则可以帮助他们迅速唤醒记忆，把思维集中到课堂的主题上，为课堂之后进行的问题解决和探究活动打好认知基础。

5. 课堂知识测试（Test）

教师带领学生回顾完视频之后，就进入课堂知识测试部分。翻转课堂的先驱伯格曼（Bergmann）和山姆斯（Sams）最早使用翻转课堂进行教学改革的时候，就是在课堂上让学生在教师的监督和指导下完成家庭作业的。教师通过作业考查学生课前视频的学习和掌握情况，然后针对学生在做作业中出现的问题进行指导和讲解。测试就是教师通过提前设计好的问题来考查学生课前对视频内容的学习效果，主要还是针对知识性的教学目标。课堂知识测试环节有以下两个目的。

第一，检查学生课前是否观看了视频。很多教师在实施翻转课堂的时候，都会担心学生课前没有提前观看视频，导致无法有效参与课堂活动。因此，为了检查学生课前是否观看了视频，教师上课时可以设计一些比较简单的题目，考查事实性信息。学生如果在课前提前观看了视频一般都能正确回答，如果没有提前观看视频则无法正确回答。通过这部分问题，教师可以发现那些没有提前观看视频的学生。学生只要观看了视频，就可以正确回答题目。回答错误的学生，基本上可以认为是没有提前观看视频。

第二，课堂知识测试的目的是检查学生课前是否看懂了视频。课堂测试的主要目的是检测课前视频的学习效果，虽然我们预期学生通过自学教学视频能够完成大部分的知识性目标，但需要承认，学生只是学习视频可能还无法完全掌握一些教学难点。因此，教师需要在课堂上有针对性地设计一些比较难的问题，用来检测学生是否真正掌握了该教学难点。教师可以根据学生对问题解决的情况，决定怎样进行相应的讲解。如果大部分学生的回答正确，教师可以略过不讲；如果很多学生的回答错误，则表明课前视频的教学效果不好，教师就需要仔细分析学生的错误，并进行有针对性的讲解，学生课堂问题的回答情况将被计入课程总分。

在这个环节中，教师需要及时掌握学生问题的回答情况，才能决定是否进行指导、指导什么、指导多少、怎样指导。教师可以利用一些信息化互动工具来实现这一点，这些工具可以帮助师生实现课堂测试的即时互动和反馈，提高教学效果。

6. 课堂活动探究（Activity）

课堂测试之后，就进入课堂活动探究部分，教师需要设计相关的课堂教学活动以完成前面制定的能力性的教学目标。大量的课堂时间可以用来互动、探究、问题解决和个别化指导，进行高水平的认知活动（应用、分析、评价和创造）。如何有效利用这些上课时间创设有意义的学习活动，让学生在深层参与课堂学习中，就成为翻转课堂能否有效实施的关键。

教师要根据具体的教学目标，综合使用问题解决、合作、辩论、汇报、角色扮演、实地考察等多种形式设计课堂活动。教师在设计课堂活动的时候要注意与基于问题的学习、基于项目的学习、基于游戏的学习、同伴教学案例教学等比较成熟的学习模式结合起来。这几种教学模式都强调以学生为中心进行合作、探究、互动，因此可以与翻转课堂做到无缝对接。在使用这些模式的时候，教师要注意具体的操作原则和使用方法，使得活动向深层次探究，从而有效地实现教学目标。这需要一个借鉴、学习、实践、反思、改进和提高的过程。

除了应用一些成熟有效的教学模式和方法设计课堂活动，教师还应该帮助学生改变学习的观念和习惯。教师需要为学生搭建脚手架，教给学生讨论和合作学习的技巧，有效支持学生进行学习。学生需要学会如何准确地表达自己的观点、倾听他人的思想、回答问题或辩驳他人的观点。在自主学习方面，教师应该在学期初就告诉学生为什么改变学习模式、怎么样改变学习模式，向学生分享好的案例，设计适合自学的任务单，提供多样化的自学资源，利用网络实现学生之间的问答互动，要求学生依照任务完成单自我核对和评价自学成果，给自主学习环节合理的课程分数，上课开始时进行一个小的阅读测验等。

教师应该加强教学法的学习，尤其是对这些比较成熟的教学模式和方法的学习和应用，这将成为教师一项必备的能力。随着未来技术的发展，教学的知识性目标基本上可以被技术所取代，教师将真正成为学生"灵魂的工程师"。未来优秀的教师将是会用、善用技术者，把技术能够完成的任务交给技术，自己则通过组织教学活动培养学生的能力，在人类擅长的合作、情感、沟通等领域发挥重要作用。

7. 课堂总结提升（Summary）

在完成课堂测试和活动探究之后，教师需要对整个教学过程和内容进行总结，提升学生的学习和认识。学生从最初的课前准备活动，然后学习各种教学视频，再到课堂回答问题，进行活动探究，整个学习内容丰富、时间较长，对于很多学生来说，可能无法完全把握住重点。因此，教师最后需要进行适当的总结、归纳和提升，帮助学生提炼出最核心的学习内容，以形成完整的认识。此外，教师也可以利用课堂最后的时间开始下一个。O-PIRTAS 教学循环，进行下一次课的课前准备和导入活动，引起学生的学习兴趣，或者布置课前探究活动，为下一次的视频学习做好准备。至此，整个 O-PIRTAS 翻转课堂教学的闭环形成。

O-PIRTAS 翻传课堂教学模式从教学目标的确定，到课前准备活动、课前教学视频、课堂视频回顾、课堂知识测试、课堂活动探究、课堂总结提升，包括课前课中课后、线上线下、课内课外、知识能力不同维度。该模式为教师在教学中实施翻转课堂教学提供了实际可行的指导，可操作性强。而且每个环节都有相应的教学心理学的研究成果作为支撑，合理性高。

（二）知识微课

知识微课是指以通用知识技能为主，每节微课围绕一个知识点展开的微课形式。知识微课又分为知识类面授微课和知识类电子微课两种模式。

知识微课主要用来传授通用原理、方法、工具等，是学生需要掌握的基础知识和基础技能的应用。这些知识需要学习者自己根据实际的场景进行转化和应用，知识微课开发者需要系统化的理论知识和丰富的教学设计能力，因此更加适合教授、咨询顾问、培训讲师来开发。

（三）情境微课

情境微课是指根据特定的环境、任务、场景展开的微课教学活动。情境微课分为情境类电子微课和情境类面授微课。

1. 情境微课的价值

第一，情境微课是针对具体工作场景，尤其是挑战性场景和痛点场景开发的。这些场景能够与企业业务改善需求快速对接，也符合学习者改善工作方法和提升绩效的需要。

第二，萃取教授头脑内的隐性知识转变成组织经验并快速复制推广，是高校教育教学学习的一种重要手段。情境微课开发提供了这样一种载体，通过聚焦特定情境和问题，借助教授丰富的实战经验及反思总结，萃取高价值的知识，并通过课程实现转移。

第三，情境微课来自实际工作典型情境，与学习者遇到的问题和挑战一致，学习内容非常容易应用到实际工作中。

第四，情境微课需要多个教授结合实战经验进行深入讨论，萃取关键知识、梳理方法论、挖掘典型案例，这个过程同样是教授能力升华的过程;同时，课程设计或课程面授又提高了专家辅导能力，使具有丰富实践经验的教授成为"实践＋理论＋传承"三位一体的教授。

2. 应用领域

情境微课主要用来传授特定任务，在场景中需要的整合性知识、技巧，学习者可以直接模仿和借鉴，容易转化和应用。这就要求情境微课开发者有丰富的实践经验，能结合特定情境中的挑战点、痛点、难点提炼出有针对性的知识，因此适合有专业知识的教授开发。

3. 情境微课的开发模式

在情境微课开发过程中，企业一般会采取两种模式。

第一，个人经验分享式。常见模式是专家案例分享课程，这种模式简单且易于操作。通常结合自身的典型案例进行个人复盘，总结经验教训或方法窍门后，利用简单课件工具就可以制作完成。通过鼓励教师和更多人分享，经过简单制作就可以获得大量微课。尽管质量参差不齐，但是可以通过评价、点赞等机制，筛选出一批有水准的课程，然后进行深度萃取。

第二，组织经验萃取式。常见模式是组织一批教授或教师通过头脑风暴、焦点小组等多种形式对组织经验进行深度萃取，最终形成可以复制的策略、方法、工具、诀窍等，同时输出具有典范和对比效应的正反案例。

二、微课的开发制作

（一）微课的开发制作过程

微课的制作过程是一个较为复杂的系统工程，制作一般要经过前期的可行性分析、分析知识单元、确定序列结构、设计教学内容、设计教学交互、脚本编写、视频开发与制作、微课实施设计、反馈与优化等几个基本环节。

1. 可行性分析

微课的可行性研究是对微课开发进行技术性、科学性和实用性的论证。其基本任务是通过调查研究，综合论证一节微课在教学上是否实用和可行，在学生学习上是否有需求，在经济上是否合理（制作成本和利用率），在开发过程中是否有技术和人才的保证。微课的可行性研究主要考查点有以下几个方面。

（1）微课开发在课程中的必要性

微课开发者需要对课程有全面的掌控，包括微课开发的内容和可利用性。合理确定哪些知识点必须开发微课，哪些知识点不宜开发微课。应选择有代表性、普遍性及关键知识作为微课的开发对象。

（2）微课对学习者的作用

分析学生的思维和认知特点，回答为什么该知识点会成为学生学习的难点或重点，分析微课表现什么内容和采用什么形式更能适合学生的微学习方式。

（3）微课开发的人才和技术保证

微课主要格式为视频、动网和音频。对于视频制作，需要有视频拍摄和后期制作。对于音频，需要音频制作和素材整合。因此，微课开发需要有掌握一定视音频制作技术的人才。

（4）微课的后期利用率预期

可行性研究还要考虑后期的利用率，要分析学生对该知识点的学习是否有较大的需求，明确需求量不大的知识点不适合制作微课。要考虑开发后微课是否具有较高的使用访问量，在课程教学中的地位是否举足轻重。要根据以往的教学经验给出预期的利用率，也可以通过网上问卷形式得出结论。

（5）微课开发的成本分析

微课开发的成本主要有脚本编写、视频拍摄、视频制作、3D制作、字幕制作、配音配乐、服务器租用等。但是，微课一般不使用高分辨率的视频格式，其目的是方便网络传输。所以，对计算机等硬件要求不高，主要是软件技术的制作成本和人工费。

2. 分析知识单元

知识单元是每节微课向学生展示的知识内容，分析知识单元是微课程设计的首要任务。知识单元的设计要符合教学目标，所以分析知识单元分为两个过程：分析教学目标和建立知识单元。

（1）分析教学目标

微课程的教学目标有两个层级：一般性目标和一般性目标指导下的详细目标。

一般目标分为三个维度：认知目标、情感目标、技能目标，以这三个维度为指导性目标，用于指导微课程类型。微课程可以按照目标的不同维度，分为认知型微课程、情感型微课程、技能型微课程。

（2）建立知识单元

建立知识单元包括两方面的含义：一是要梳理目标和知识单元的关系。知识单元的微小和单一的特点，决定了知识单元所能承载的目标不能太多、太复杂。二是我们通过分析教学目标，将教学目标组织成知识单元目标，其中不仅要有知识单元体量、难度上的考虑，也要考虑到是否需要设置成独立的知识单元，是否需要补充额外的知识单元。如果微课程作为课堂教学的辅助性资源，则不必每个知识单元都设计成微课。如果微课作为开放的课程补充，则要按需求增加大纲以外的内容。由此可见，从课程目标到微课程知识单元的过渡，同样需要按需设计和筛选。

同时，设计知识单元也需要坚持一定的理念。教材中的单元之间有很强的逻辑性和连续性，单元之间层层推进。但微课程里的知识单元不同于教材的单元，具有体量小、相对独立、半结构化、开放性、生成性的特点。相对独立的特点使微课程中的每一节课都可以被单独拿来学习，用以深化或拓展学生某一方面的知识、能力或情感。半结构化可以让微课更加灵活地适应教学内容，类型丰富多样。开放性让微课作为相对独立的单元，可以通过适当的接口，与其他微课形成或纵向或横向的联系。生成性则让微课不断优化、更新或维护，以适应日新月异的新知识环境。

3. 确立序列结构

将知识单元分析出来后，需要组织成一定的序列结构。此处的结构化与微课程的半结构化所指不同，并不矛盾。微课程内部半结构化是指媒介微课程的结构，知识单元间的结构化能够更好地与教材知识体系相结合，让微课程更系统地为课程教学提供服务。同时确立序列结构时也要尽量保持完整性和灵活性相结合。完整性使得微课程具有完整的培养体系，照顾到大多数的学生，能够让普通学生通过连续学习，完成教学目标的要求。同时，灵活性也兼顾学生的个性化差异，在"完成微课程学习即达到相同水平"的前提下，让不同能力背景的学生可以有选择性、有主次地学习。

一般依托教材开发微课程，知识单元的串行化比较简单。在分析出知识单元后，按照教材目标体系即可确立知识单元的序列结构。串行化过程可以自上向下逐步细化，从抽象到具体形成学习目标树，目标树的最底层枝叶为拥有具体目标的知识单元。

一些微课程整体或后部针对的教学内容并非教材内容，内容中各知识单元之间的关系复杂、凌乱或不清晰。当分析的各级教学目标不具备简单的分类学特征，或者其中的概念从属关系不太明确，也不属于某个操作过程或某个问题求解过程时，使用 ISM(the Institute for Supply Management，美国供应管理协会）解释结构模型分析法比较合适，包括以下几个操作步骤：抽取知识元素，确定教学子目标；确定各个子目标之间的直接关系，做出邻接矩阵；利用邻接矩阵求出教学目标形成关系图；利用关系图拆分成关系树；对关系树进行后续整理并取消重复项，以此来生成目标序列。求出的关系图即可以用来完成知识单元串行化。

4. 设计教学内容

设计教学内容主要包括课本内容设计、辅助内容设计，目的是形成微课程资源包。从教材分析中得到的知识单元内容，是单节微课的主题。教材内容的主要呈现方式是微视频，微视频依据不同的微课程类型，也会有一些不同的特点。

（1）主题设计

首先，微视频要依照知识单元的内容设计重难点。因为知识单元本身就是粒度比较小的知识点。一般情况下，一个知识单元只会包含一到两个重难点。其次，对于以知识掌握为主题的认知型微课程，微视频的重点就在于理解基本概念、基本原理，难点就在于对复杂概念和原理的掌握。以情感、态度和价值观培养为主题的情感型微课程，微视频应以学生情感体验为主，主题应该是与生活结合紧密的案例。通过对案例的展示和讲解，体现出教师对案例本身的情绪、态度、价值判断、理性思考，从而将价值观传达给学习者。技能型微课程的主题是展示技术动作、技术流程、操作标准、操作判断、应急处理等技能。例如，体操教学中的分动作讲解、实验课的操作流程和注意事项、防火防震技巧讲解等。

一节微课程不会只包含一种维度的培养目标，可能包含两种或三种维度，我们称之为混合型微课。这种微课的主题设计，首先要分清培养目标的主次；其次要依据主次，对微课进行灵活的混合式设计。

（2）过程设计

微视频是课堂教学的浓缩再现，其过程简洁而完整，整体时间约为10分钟，最长不宜超过15分钟。在这简短的时间内，要完成课题引入、内容讲解、总结收尾等过程，必须要求节奏适宜、不拖泥带水。

第一，快速引入课题。迅速地接入主题内容，给学习者搭建环境或脚手架，可以更好地开展课程学习。课程可以以开门见山的方式，或者以一个有趣故事、一道问题求解、一段悬念入手，让学习者迅速产生兴趣，了解本课程所授知识点的内容。微课导引部分要求切入主题的方式力求新颖和引人注目，此部分时间不宜过长，半分钟到一分半钟之间即可。

第二，内容讲解主干清晰，理论简而精。引入部分之后便是内容讲解，依照知识单元的内容要求、课程培养目标、微课类型特点展开主题讲解。讲解时主线要明确，主干突出且逻辑严谨，学习者不产生新的疑问。去掉可有可无的举例、证明，案例尽量精且简，力求论据准确和有力。内容主干的讲解形式应该多样，依据课程知识点的特点，可以用问题启发式、案例讲解式、故事隐喻、正反对比等技巧，在短短几分钟的讲解中，吸引学生保持注意力。

第三，总结收尾快捷。总结作为内容讲解后迅速开展的一项重要工作，可以帮助学生梳理脉络、查缺补漏、加深记忆，也给学生一定的时间吸收新知识，与已有的知识经验相结合。好的总结往往一针见血、富有特色、简洁新颖，在课程中起到画龙点睛的功效。

第四，提供测试题和布置作业。总结后提供经典例题的讲解，抽象的理论需要实践经验的基础。这一部分，可以让学生在解决问题的过程中，将内容讲解和总结过程中不能完全消化的部分再次加工和认知。这部分是否存在或具体比重，可以根据实际情况而定。教师可以通过布置作业，让学生课下练习。利用云端一体化平台，师生的作业检查、讲解、答疑等过程均可以延续。

（3）教学语言设计

在微视频的拍摄过程中，由于节奏较快，教师往往不能很好地控制讲解时间，所以提前设计好解说词、讲解结构就尤其必要。教学语言力求精简、明确，富有感染力，最好多用手势、表情。对于重点和难点内容，将关键词提取出来，在实际讲解中要紧密联系关键词逐条展开。

在认知型微课程的教学中，教学语言要注重对关键词、关键原理的复述。依照认知心理学原理，短时记忆经过精细复述可以转化为比较牢靠的长时记忆。在情感型微课程的教学中，要注意用词恰当，将语言的情感与课程情感态度培养方向调整一致，用富有感染力的语言向学习者传达思想和价值观。在技能型微课程中，教师的操作动作与语言紧密结合，教学语言要客观明确，准确客观地描述每一个动作和步骤。

（4）辅助内容设计

微视频是微课程的核心资源，除此之外还应有辅助性内容资源支撑和完善课程。辅助内容从微视频的内容关系上可分为支持性内容、外延性内容、平行性内容。这些辅助性资源，可以以视频、图文、链接等方式给出。

支持性内容就是对课程内容本身的知识点进行逻辑支持、例证支持、基础理论支持、经典问题解决过程支持的支撑性材料。因为微视频时间较短，例证部分、例题讲解部分也力求精简，所以有些内容可以作为支持性内容存放在微课程资源包内。

外延性内容是与课程内容紧密相关的延展性知识。依照最近发展区理论和个性化学习理论，学生在完成课程内容主题学习以后，可以对自己感兴趣的知识进行广度和深度上的进一步探寻。这种探寻基于兴趣、情感等内驱力，效果极佳。同时，通过外延性内容提供的接口，微课可以以超过课程结构的方式与其他微课产生联结。

平行性内容主要是与课程在逻辑深度上平行的知识点。这些知识点不存在于课本教材，也不是根植于本微课内容的知识拓展或实践拓展，而是保有更强的独立性和开放性。

（5）设计教学交互

基于云平台的微课程，可以依托平台一体化的优势构建便捷、强大的师生交互。微课程建设的主题不应仅仅是资源建设，更应该将微课程的建设与平台建设相结合。

第一，学习专题设计。研究性学习是素质教育的一项重要内容，主要以学习专题的形式开展，培养学生创新意识和能力、学科间相互渗透的能力、合作的意识与能力。微课程的知识单元目标比较单一，在微课程实施过程中，可以以一节或几节微课程的主题为基础，提炼出一项研究性学习专题。微课平台提供了学习专题模块，该模块可以很好地承载学习专题的开展。

设计专题可以通过云平台通知模块发布专题任务通知，包括专题题目、专题目标、专题实施计划、学习小组分配、专题时间表、专题成果展示及验收评价等。专题题目基于一节微课程或几节围绕一个主题展开的微课程，具体表现形式为一个实际待解决的问题、一篇文献综述的要求、一次实验的设计等。

第二，教学问答设计。微课程教学方式以学生为中心构建资源环境，突出学生主体性、培养学生自主学习能力。但是就目前微课程实施状况看来，微课程师生互动存在不足。微课程可以利用云平台的教学问答系统，增强师生之间的互动。同时，针对问答系统出现人气不旺、提问积极性不高的情况，师生都要有意识地加强问答系统的使用积极性，发挥问答系统的价值。

第三，实践活动设计。微课程通常以微视频为核心，但其半结构化的特点，使单节微课也可以有其他的组织形式。例如，有些以实践为目标的课程单元，需要开展教学活动才能更好地达成目标。微课程可以采用两种策略，第一种是实践演示法、虚拟实践法，通过微视频对标准实践步骤、实践现象、实践要点、实践细节、评价标准等进行讲解或示范，或通过虚拟软件及课件让学生在虚拟环境下实践操作，例如，用 Flash 软件做虚拟化学实验。第二种是将微视频作为辅助资源，将活动方案作为当前微课的核心资源，微视频只作为活动范例展示活动要点。解释活动原理和合理性活动方案设计则要尽量精简，直指当前微课的目标。

（二）视频开发制作方式与工具使用

微视频开发制作方式灵活多样且技术入门门槛低，教师可以利用身边的工具进行微视频的制作。常见的微视频制作基本方式主要有利用电脑录屏软件录课、利用录像设备录课。

1.PPT+ 解说词 + 录课软件

第一，准备课程 PPT 和解说词。PPT 为画面的主要呈现方式，为教师提供授课逻辑与音画展示。PPT 要求尽量简洁、美观，切忌华而不实。PPT 设计应合理，单页内容不宜过多。学生在读取较难或内容较多的 PPT 时，如果需要经常暂停视频，那么虽然微课程时间长度被限制在 10 分钟左右，学生实际花费时间更长，这背离了微课程的初衷。教师不能直接把课堂 PPT 拿来用，需要适当修改。解说词最好提前做设计，不一定逐字逐句地设计，但一定要列好提纲、把握好重难点和分配一下时长。

第二，准备录课软件。电脑端录课软件常见的有 Camtasia Studio、屏幕录像大师、BB Flashback 等。这些软件功能强大，且操作简单，教师经过简单培训即可上手。录制视频的常见分辨率一般有 720×576、1024×768、1280×800，帧速率不超过 25FPS，录制颜色最好设置为 16 位（bit），保存格式以常见的 mpg、wmv、avi 等为宜。

第三，后期剪辑。后期剪辑的目的主要是去掉录制时的错误内容、删掉重复内容及语病、修饰不清晰的音频、适当的特效包装技术等。微课程的剪辑区别于电影电视的节目剪辑，主要剪辑目标是清晰、完整地呈现教学内容。所以，微视频在画面取舍上，不拘束于画面的连续与完美衔接，但要尽量保证授课过程流畅，不产生歧义。

2. 绘图板 + 电子白板软件 + 解说词 + 录课软件

该方案在录课软件和后期剪辑环节要求与方案基本一致，其特点是主要呈现工具为绘图板。绘图板结合电脑端的绘图软件或电子白板软件，教师可以实现手写教学板书的功能。常见的绘图软件或电子白板软件有 photoshop、painter、Eduffice 等，教师可以经过短期培训，快速掌握与课程相关的软件操作技巧。这种方案非常有利于推理证明过程和复杂关系的呈现，教师自由度高且类似于课堂黑板板书。一些图片、音频、视频、实物等教学元素，可以在录课过程中借助其他软件呈现，也可以放置到后期进行剪辑。

3. 纸笔 / 电子白板 / 液晶屏幕 / 抠像技术 + 摄像机

这种方案成本较高，制作周期也较长，适合在学校有计划、有目的的微课程建设中开展。电子白板、交互式液晶屏有极强的交互特性，可以直接持笔书写，展示多媒体文件，是比较理想的展示平台，但是成本比较高。投影仪和液晶屏幕可以用来呈现 PPS、多媒体文件，成本相对低廉。也可以利用抠像技术，制作人员在绿背景或蓝背景下先前期采集，然后利用后期软件去掉背景色，添加动态背景、知识要点、音画资源。摄像机采用单机位即可，拍摄过程由专门的拍摄人员负责，教师可以不用理会具体参数细节。

4.课堂实录+双机位

课堂实录一般有很强的即视感，师生互动比较多，容易让观看微视频的学生产生身临其境的体验。同时，真实课堂上教师细小的肢体语言和表情都会被记录下来，现场录制可以让学生获得更多隐性信息。课堂实录的优势在于记录了师生互动，所以如果只有单机位就会很难操控，建议采用双机位录制，同步录制教师讲解和学生学习提问。同时，这种微视频制作方式可以是录制现实的课堂环境，也可以是录制专门搭建的微课程环境。

三、微课平台建设

（一）微课平台的构建

1.页面风格设计

微课网站界面的设计应当以简洁、美观为主，色彩、文字、图片、视频的使用风格要统一，排列清晰有序。网站页面以浅色为主，营造轻松、舒适的页面感受。

2.系统功能结构的建立

网站功能模块主要包括网站帮助系统、资源中心、论坛、检索系统、后台管理五大模块。

网站的帮助系统主要包括网站使用说明、资源上传规范说明、留言板和论坛板块使用说明，同时提供系统留言板，支持匿名留言，解答用户使用中的疑难问题，帮助系统和用户有效操作微课资源网站。

微课资源中心是微课资源网站建设的核心。对资源中心的资源分类依据课程进行划分，这样有助于用户迅速查找相关课程资源。同时，在论坛模块以同样的方式划分论坛板块，与资源中心相呼应，并将注册用户的操作信息同步发布。例如，上传资源的帖子；推荐与评价功能，同时通过设置注册用户的角色信息，实现对注册用户的个性化资源推送功能。

资源的功能如下：①资源订阅功能，通过 XML 语言实现资源库对不同需求的注册用户个性化推送。一旦网络上传了用户订阅的偏好资源，系统即可以向用户以短信、邮件的形式直接推送该资源。②资源收藏功能为注册用户提供网络在线资源收藏功能。用户对自己上传、下载或喜爱的资源，可以直接分类保存在用户网络收藏夹中，以便于用户管理自己的学习资源。③资源的检索功能分为分类检索和综合检索。分类检索是用户可以依据资源的专业、年级、学院属性直接进行检索；综合检索中，可以实现以标题、关键字、专业和作者等数据的核心资源属性进行检索。④资源评价功能可以实现用户对微课资源的评分、评论，评分结果计入系统推荐功能模块，在首页实现对资源的评分排序推荐。⑤论坛功能为用户提供交流的平台，论坛板块分类与资源中心的资源分类同步，当资源中心注册用户上传相关资源后，在论坛相应板块也会直接新建帖子，提供该上传资源的链接地址。同时，论坛可以实现与 QQ 账号绑定，个人发言信息可以在微博同步广播。注册教师用户可以根据教学的需求，向管理员申请新建课程讨论板块，在板块内讨论的内容，教师有权进行审查、删除。⑥后台管理模块可以对网站的所有上传资源、论坛、网站注册用户进行管理，并且可以实现对注册用户网络学习行为的统计，包括注册用户在线时长、发帖频率、资源上传与下载频率等，并以报表的形式呈现给后台管理员。在网站管理模块中，管理人员的角色划分为网站管理员、教师、学生三个不同权限的组。

（二）用户角色权限的建设

根据微课网站的使用对象，将网站用户分为四类，即教师、学生、匿名用户、网站管理员，具体权限如下。

第一，匿名用户权限包括检索、查询、获取资源，可以对访问的资源进行留言评价，还可以通过网站留言板获得支持。

第二，学生注册用户除了拥有匿名用户的权限外，还拥有以下权限：①资源管理权限。资源的上传与下载，对自己上传的资源进行再编辑，包括查看、删除、修改或对喜爱的资源进行收藏、订阅。②论坛权限。用户基本信息维护，参与论坛讨论，申请加入特定教师课程讨论组，向论坛注册用户发送站内短消息，留言板块留言。

第三，教师注册用户除了拥有学生用户的所有权限之外，在资源与论坛权限方面还拥有以下特权：①资源管理权限。教师可以对相关类目下的微课资源进行管理，包括对该网站相关资源进行查看、删除、修改、上传与评价。②论坛权限。教师有权申请设立独立的课程讨论板块，并有权新建用户组，对该用户组学生用户进行管理。例如，教师能够为新建用户组的学生发放学习资料、发送群组消息、推荐资源、管理组内学生上传内容、查看学生网络学习行为的统计信息，包括学生上网时长、逗留板块、发言频次等。

第四，网站管理员对用户的管理包括添加、删除、修改学生和教师用户的信息与权限。对网站资源的管理，包括对资源入库的审核，资源的编辑、删除；对论坛的全面管理，包括帖子审核、屏蔽、删除、修改；同时也可以查看整个网站注册用户的网络行为统计信息（包括登录次数、在线时长、发言频次、登录板块分布等）。

（三）微课网站运行流程

教师可以充分使用微课网站辅助课堂教学，在课堂教学开始之前，教师可以首先通过微课资源网站发布课程相关信息，包括使用论坛专属板块、教师个人微博、邮件推送等方式，向班级学生提供课程资料（包括微课视频、教学课件、讲稿等）、布置课程任务、提出讨论主题，学生及时参与互动，自由上传收集来的各种课程相关资源，由教师审核后发布至网站，为课堂教学的展开打好基础。在课堂教学过程中，学生依据自学的网络课程资源与讨论主题，在课堂上与教师展开互动，依据网站平台的学生网络学习行为统计信息，对已经参与网络学习讨论的学生，直接回答其学习疑惑；对未进行网络学习的学生，引入新课，讲解要点，布置任务，督促学习，有针对性地区别辅导。课后，再次通过微课资源网站，汇总讨论问题，上传新课任务。

学生在课前通过微课资源网站与教师腾讯微博邮件等方式，自主学习教师布置的新课任务，收集学习各类课程相关资源，并将自己认为较好的资源上传至微课网站，提交教师审核。同时整理学习疑问，在课堂上集中与教师和同学讨论，课后再通过微课资源网站发帖或向教师发邮件解决遗留问题，接收教师新课内容，开始下一单元的学习。

四、高校微课教学实践活动的应用

（一）微课在教学实践活动中应用的原则

微课是借助先进的信息技术和网络平台实现的，其积极作用不能低估。它表现在优质资源共享和自学的灵活性上。

1. 吸引原则

教师所开发的微课要能对消费者——学生形成一定的吸引力。要想让微课成为资源建设的一支生力军，作为微课开发者，一定要站在学生的角度来下功夫。这方面可以从微课的易学性和趣味性上做文章，所开发的微课应该使消费者流连忘返，教师要放下开发者的骄傲姿态，使得开发的微课符合学生的认知特点。只有消费者不停地反复点击观看，才能发挥出这种学习资源的效力，使学习者满载而归。

2. 效用原则

教师开发的微课要在保证微小的前提下，使学生觉得这些微小的学习资源有用。微课开发者不要在一些没有教育或者学习价值，但是做起来表面漂亮的资源上做文章，这是一切微课都要参照的原则。

3. 灵活原则

微课被引入课程教学的过程中，可以是在课前、课中或者课后等节点灵活应用。在课前，学生个体自主学习微课，预先了解授课内容，便于师生在课堂上探讨问题，直至学习者掌握该知识点或技能。在课中应用微课，教师将微课当作纯粹的教学资源。在教学需要时，集中播放给学生观看，帮助学生更加形象和直观地理解重难点知识。在课后应用微课，为学生提供可以反复学习的课程视频，保证每一个学生都能掌握课堂知识。这种方式能够帮助学生自主补习，反复学习，直到学会为止。

4. 反馈原则

微课开发、应用与交流共享之后，需要对微课程进行多元评价和微课程的教学与应用评价，为接下来微课程内容的设计与开发提供指导和参考意见。教育评价、多元评价等多种评价方法都可以用于微课程的评价，及时的评价与教学反思可以促进优秀微课的开发与共享。

（二）微课教学实践活动的标准

1. 微课应符合课程教学大纲要求

微课内容要与教学内容匹配，反映教学重点、难点或关键知识点。微课要有一定的思想性、启发性和引导性，具有很好的辅助教学效果。微课要表述准确，无科学性、知识性、文字性错误。微课的教学目标不能超过教学大纲的要求，不能包括过多的教学内容，要符合课程要求及专业教学标准，符合学生认知能力和水平。微课整体设计要新颖且有创意，具有较大的推广价值。

2. 微课应符合学习者的学习心理

微课应减少学生的学习时间，提高学生的学习信心和兴趣，创造良好的学习情境。微课的内容要难易适中，深入浅出，适于相应认知水平的学生。有利于激发学生学习热情，有利于学习理解，注重能力培养，注重学生的素质教育。微课应注重教学互动，能起到启发学生思考、激发学生主动学习的效果。

3. 微课应表现教师的教学艺术和教学风格

教师教学语言规范、清晰、准确、简明。教师仪表得当，严守职业规范，能展现良好的教学风貌和个人魅力。微课教学应有创意，能充分表现教师的教学技能。

4. 微课应提供完整的教学资源

除了微课本身要有主题明确的微课程名称、片头、内容、片尾、字幕等完整的媒体文件外，微课的开发者应提供教学设计、教学课件、学生作业等其他教学资源。

5. 微课教学实践对多媒体的要求

（1）视频技术要求

微课一般采用流媒体格式。微课码流在 128kbps—2Mbps、帧速 225FPS，电脑屏幕颜色设置为 16 位。微课启动时间要短，片头设计一目了然，进入主题快捷。微课应插入一定的字幕，一是解决教师语言表达和视频表达的难点问题，二是用文字加强对学生知识的记忆。微课进程节奏要快，片头和片尾要简短，主题部分要丰满，镜头切换和"蒙太奇"手法运用合理。视频素材不应有抖动或镜头焦距不准的情况，镜头推拉要稳定，要保证主体的亮度。背景音乐和解说要清晰，解说要用普通话，音量和混响时间适当，音乐体裁与内容要协调。微课播放时要稳定性好、容错性好、安全性好、无意外中断、无链接错误。要使其操作方便、灵活，交互性强，人机界面简洁。

（2）动画技术要求

除与视频技术要求相似外，动画中的配色方案要协调，颜色不夸张，不暗淡。用二维空间表现的立体层次分明，进场和出场前后顺序不能颠倒，动画运动速度合理，视觉不应产生错觉。动画中的字幕规范，字号不宜过大或过小，字体运用合理，字幕不宜过多，以防干扰学生的注意力。动画所演示的概念、原理、结构及其他信息不应使学生理解错误或误会。动画设计应有必要的交互和链接，播放时尽量不用特殊的插件。

（3）课件技术要求

课件中文字大小应符合人体工程学的要求，文字配色要与课件配色方案相符合，每个幻灯片中的文字不宜过多，只能用提纲式的文字，不能用过多的文字来代替教学内容。图形或图像应采用 JPG、GIF、PNG 等常用格式，彩色图像的颜色数不少于 256 色，对色彩要求较高的图像建议使用全真彩，灰度图像的灰度级不低于 128 级，合理使用照片和剪贴画，照片不宜占满屏幕。课件应尽可能利用图片、图表、表格、流程图、双向表、插画等。课件中动画效果不宜过多、过杂，避免转移学生的注意力。

（4）艺术性标准

微课界面布局要合理、新颖、活泼、有创意、整体风格统一，色彩搭配协调、效果好，符合视觉心理。在构图上要合理组织画面，合理分割画面，主体元素突出。在色彩设计上要处理好对比与协调、变化与统一的关系。颜色不宜过多、过杂，在统一的色调中寻求变化。文字要简明扼要，纲要突出，字体、字号和字形要与微课协调，不使用繁体字或变形字。视频拍摄的角度、视距和镜头推拉要合理，主体、光照条件和背景亮度要协调好。解说、背景音乐和音响效果要搭配好，并与视频或动画主体的时间合拍，不得相互干扰。

（三）微课应用的范围

1.适于教师在备课时借鉴学习

通过"微课"可以募集到许多优秀教师的讲课课件，这些优秀教师对课程标准的理解、对教材的分析、对课堂教学的设计是难得的课程资源。如果教师在备课时能学习、借鉴这些优秀资源，一方面会提高个人的专业素养；另一方面可以直接借鉴学习，提高自己的教学水平。因为微视频不同于过去网上的课堂实录和优秀教案，它是以 PPT 课件的形式配以教师的讲解，对教师的备课能起到直接的启迪借鉴作用。

2.适于学生的课后复习

根据德国心理学家艾宾浩斯的遗忘规律，学生在课堂上学得再扎实，过后不复习也会遗忘。学生在复习时如果能够观看老师的微视频，会加深自己对教材的理解，会重现老师讲课的情景，激活记忆的细胞，提高复习的效果。所以，老师在课后可以把自己的微视频放到网络上，供学生复习时参考。

3.适于缺课学生的补课和异地学习

有些学生因病因事缺课，过后找老师补课，一是老师不可能有时间及时给学生补课，二是老师补课时也不会完全像在课堂上讲课那么具体。有了微视频，学生即使在外地，也可以通过网络下载老师的微课自学，及时补上所缺的课程，使"固定学习"变为"移动学习"。现在笔记本电脑、平板电脑、智能手机比较普遍，携带方便，这些设备都能实现这种移动学习。

4.适于假期学生的自学

学生每年的寒暑假时间都比较长，除了参加一些必要的社会实践活动外，有些学生会预习和复习课堂学习的内容。如果老师能够根据学生的需要事先录制一些"微课"帮助学生预习或复习，也能够提高学生的自学效果。当然，用于预习的视频要区别于教师讲课的视频。

（四）微课教学实践活动的策略

微课作为一个新事物，需要综合考虑学科特点、知识类型、学习者特征等影响因素，其在教学实践中的效果也需进一步探索。

1.微课教学应突破传统教学

微课教学不必遵循传统教学线性的设计过程，它可以是一个动态的、网状的、循序渐进的、形散而神不散的教与学的过程。一个完美的教学过程应体现出控制性和释放性的统一。因此，微课应突破传统教学，做到教师教学与学生学习"学教并重"的统一步调，"以教师为主导，学生为主体"的"双主结合"，从而实现学生、教师、微课和技术四个实体要素动态交互的过程。

2.微课教学应打破等同于微视频教学的思想偏见

有很多教育工作者片面地认为，微课等同于包含某个知识点或者教学环节的微视频。其实不然，微课不仅包含微视频，也包括音频及多媒体文件的形式，同时还包含与教学主题相关的教学设计、素材课件、教学反思、练习测试及学生反馈、教学点评等教学支持资源。微课在教学实践中，应注重的是利用信息技术手段与某个知识点或教学环节进行深度融合，而不是拘泥于信息技术媒介的外在表现形式。

3.微课教学应注重时间与空间的连续与统一

微课为符合学习者的视觉驻留规律及其认知特点，将教学内容以片段化的方式呈现，虽有助于学习者的深度学习，但碎片化的知识给课堂内容的统一、系统化整合带来了巨大的挑战。因此，微课的设计并不是对课堂教学内容进行切割，而是对课程中所出现的重点、疑点、难点进行精心的信息化教学设计，确定好时间单元；在保持知识相对独立性的同时，又与实际教学内容的整体性相联系。此外，学习者应有效地使用教学支持工具，充分利用零散时间开展移动学习，做到课内正式学习与课外非正式学习的统一与连续。

4.微课教学应实证应用于具体的教学情境

微课教学是否科学，应用效果如何，不是通过简单理论归因、专家评判就能得出的，而是需要将其应用到具体的教学情境中，对教与学的环境、条件、因素等各方面开展实证研究，才能更加科学、客观地设计、开发以及实施微课，从而提高学习者的学习效果。因此，微课教学应用要注意以下三个方面。

（1）要与常规课程相结合

微课是对重点、难点或某个知识的解释，是常规课程的有益补充，使用时必须与课程相结合。

（2）要与课程特色相结合

微课表现的内容必须体现课程的特色，用微课作为课程的名片。

（3）要与学生的学习兴趣相结合

将学生感兴趣、关注的知识内容用微课展示出来，这样才能吸引学生，获得好的学习效果。

在微课教学过程中，教师必须学习先进的教育理念，提升学科专业水平，强调以生为本的思想，掌握信息技术的手段。因此，针对微课教学，应注意以下要求。

第一，把握课程知识。微课的制作常常需要教师打破原有的知识结构和教学体系，重组教学内容，因此需要教师将教学内容烂熟于心，能够信手拈来，有高度的知识驾驭能力。

第二，谙熟教学技巧。怎样在很短的时间内将知识讲解清楚，这需要教师有非常娴熟的教学技巧，能够熟练运用各种教学工具与方法，掌握教学过程中的每一个环节。

第三，变革教学模式。在教学实践中使用微课，需要变革原有的教学模式，比如，采取翻转课堂等方式，这样才能充分发挥微课的作用。因此，教师要有变革教学的勇气，敢于开展教学改革。

第四，了解学生需求。微课是以学生为主体体现学生的学习需求。因此，教师需要换位思考，充分理解和思考学生在学习过程中的各种问题与需要。

第五，追求教书育人。教师是园丁，不仅传播知识，还要教书育人。微课可以将点滴的教育思想和为人处世的原则潜移默化地传播给学生，起到传统课堂说教达不到的效果。因此，教师在利用微课传递知识的同时，要尽量融入育人和文化内涵。

（五）微课教学实践活动的评价

1. 教学实践活动的评价方法

教学评价的方法是指评价者为了实现教学评价的目的所采用的活动方式、程序和手段，教学评价方法种类繁多，教学活动的每一方面，如教师的课堂教学、课外辅导、教学成绩，学生的学业成就、劳动技能、思想品德等，都需要有特定方法进行评价。下面将介绍教学评价中具有共性的、通用的一般方法。

（1）相对评价法

相对评价法是在评价对象的集合中选取一个或若干个作为基准，然后把各个评价对象与基准进行比较的评价方法。相对评价法的优点是适应性强、应用面广，不管这个团体状况如何，都可以进行比较，都能评出个体在集体中的相对位置，用建立在对象评价、对象群体测评基础之上的标准进行评价，发现个别差异，从而对被评个体做出较为客观、公正和确切的判断，有利于激发评价对象的竞争意识。相对评价法的缺点是评选出来的优秀者未必真正高水平、高质量，未被选上的也不一定水平低，所以容易降低客观标准。评价的结果所反映的只是评价对象在一定范围内的相对位置，不一定反映他们的实际水平，易忽视教育目标的完成情况。

（2）绝对评价法

绝对评价法是在被评价对象的集合以外确定一个客观标准，将评价对象与这一客观标准相比较，以判断其所处水平的评价方法。绝对评价的特点：①标准明确客观，与被评群体相对独立，而且在测量评价之前就已确定。②评价结论是通过将被评的实际水平与客观标准直接比较而得到的，不依赖被评所在群体的状态水平。③评价结果得分的分布情况，事先不做硬性规定，不强行把被评的距离拉开，不要求必须分出上、中、下的等级，而是希望达标者越多越好。

（3）个体差异评价法

个体差异评价法是以被评价对象自身某一时期的发展水平为标准，判断其发展状况的评价方法。

个体差异评价法最大的优点是充分体现了尊重个体差异的因材施教原则，并适当减轻了被评价对象的压力。但由于评价本身缺乏客观标准，不易给被评价对象提供明确的目标，难以发挥评价的应有功能。

（4）自我评价法

被评对象依据评价标准对自身所做的评定和价值判断称为自我评价。在教学评价中，学生对自己的思想品德、知识、能力、身体状况等评价，教师对自己的教学思想、内容、方法、态度、效果等评价，学校对自身的教学管理、教学质量的评价等，都是自我评价在教学评价中的具体体现。

（5）外部评价法

外部评价又称他人评价，是指被评对象以外的组织或个人依据评价标准对被评者所实施的评价活动，它主要包括同学之间的评价、教师对学生的评价、教师间的评价、领导评价等。外部评价是教学评价的重要形式与方法。只有科学、客观地进行他评，才能更好地发挥教学评价的鉴定作用，更好地发挥其激励功能，促进被评者改进工作，健康发展。

2. 微课教学实践活动的评价原则

根据教学评价的含义和方法，结合微课的功能与特征，应该在微课教学评价的原则上注意以下几个方面。

第一，科学性原则，主要包括：①基本概念、定理、定义、公式的描述准确，例证真实可靠。②分析、推理和论述严谨，实证步骤正确；③解说精确、术语规范、文字符号准确。

第二，教育性原则，主要包括：①符合教育方针，教学目标明确，对学习者掌握知识、发展能力起到促进作用。②理论联系实际，取材适当，有针对性，选题突出重点、突破难点。③符合教学原理和认知规律，分析推理深入浅出，富有启发性，形象直观，能使过于理性的知识感性化、抽象的知识形象化、枯燥的知识趣味化、深奥的知识通俗化。④形象生动，能充分调动学生的视觉、感觉、听觉等多种器官，便于学习和记忆，能有效提高学习的效率。

第三，实用性原则，主要包括：①操作简单，容错能力强，界面良好。②选题科学合理，内容选择恰当。③能够切实提高学习者的学习效率，有利于加强学生对知识的理解和掌握。

第四，艺术性原则，主要包括：①创意新颖，构思巧妙，节奏合理，具有展现力和感染力。②画面美观流畅，切换过渡自然，整体设计合理，画面突出主题，表达能力强。③声音清晰，无杂音，配合文字、图片，能调动人的各种感官。

第五，技术性原则，主要包括：①图像、声音、文本设计合理，画面清晰，字幕清楚。②声像同步，音量适当。③课程可以跨平台使用，安全可靠，不受错误操作影响，容错能力强，在不同配置的计算机上运行无障碍。

3. 微课教学实践活动的评价策略

由于微课评价指标的角度不同，所以每个评审标准会略有不同，但其评价策略却是相似的。

（1）采取定量评价与定性评价相结合的方法

评价体系过分地量化，容易将一些无法量化的内容排除在外，从而影响评价结果的真实、可靠。因此，应采取定性、定量相结合的方式，收集全面、有效的数据进行评价，提高评价结果的可靠性与可比性。

（2）创建一套完善的评价反馈体系

评价反馈对于准确、清晰地认识微课的建设与使用情况具有重要的意义，同时有利于帮助开发者及时发现存在的问题和不足，提高微课效益。评价反馈体系的创建，应该充分发挥专家小组和网络评价的意见。

（3）统计加权法设定指标的权重

通过统计加权法设定指标的权重，以最大限度地减少评价的随意性，使评价更加科学合理。加权不仅可以显示某些指标在评价体系中的重要程度，而且是评价指标体系取得可比性和客观性的基本保证。

（4）从微课自身特点出发，形成立体化的评价体系

根据微课的特点，从内容到形式，形成一个立体、全面的评价体系。在教学评价中，注重教学效果的总体评价、学生评价、同行评价等方面的同时，要更加重视对学习者自身的评价以及同伴的评价，进而实现多方位、多角度的教与学的评价，保障人才培养质量。

（5）采用评价反馈再评价的方法

教学评价本身就是一个循环往复的过程，对前次评价的结果进行分析，实际上就是对上一轮评价进行一个全过程的检验，从而为下一次评价提供有效的信息。

第七章　现代高校学生管理的创新发展

第一节　现代大学生的特点

一、现代大学生

在新时代的教育中，在教育客体及各种复杂因素的影响下，高等院校的学生呈现出新的特征。新时代大学生身处社会经济高速发展，网络大数据时代蓬勃发展以及社会性科学发展突飞猛进的浪潮中。从整个生长环境和成长过程看，都是孕育在社会环境相对开放共享的时代中。当代高校学生本身具有容易吸收新鲜社会事物、探索好奇心强、追求新鲜刺激、学习创造能力强的特点。同时，由于我国社会发展因素的影响，新生代的高校学生大部分还是独生子女的一代，生活自立性不强，吃苦耐劳程度较低。

在当今社会层次梯度逐渐分明的时期，高校学生因地区性的差异、社会成长环境的差异造成的心理性失衡，也日益凸显出来。

当代大学生有一个响亮的昵称，即"00后"，也就意味着当代大学生都属于21世纪初出生的，年龄都在20岁左右，是正处于青年时期的年轻人。这个时期的青年生理上发育成熟了，但是心理的发育还有待成熟。首先，他们希望别人对待自己像成年人那样的方式，但是自身缺乏社会阅历，独立处理事情的能力较差，认知事物的能力也较差，并且心情极易受到外界因素的影响，缺乏忍耐力；其次，开始大学生活后，生活方式上有了巨大的变化，不仅仅平时生活中的事情需要自己处理，连学习的方式也发生了改变，过去的被动式的学习演变为主动式的学习，一些学生可以很快地适应这种变化，但是有的大学生适应能力较差，一下子接受不了，因此产生了一些心理矛盾，甚至导致心理疾病；最后，大学中流行一句话"毕业等于失业"，严峻的就业压力、激烈的竞争环境，学生的心理承受不了现实中存在的巨大差距，这也是当代大学生的特征。

当代大学生是走向成熟但尚未成熟的年青一代。他们的同龄人一般都有一些共同的特点：从生理方面来讲，他们已经具备了进行社会实践活动所需要的体能；从心理方面来讲，他们也已经形成了个体独特的价值观念和完善自我的能力；从思维方面来讲，他们已经从经验型向理论型思维转变；从情感方面来讲，他们的情感更加丰满和沉稳；从行为方面来讲，他们的自控性、自主性和自觉性已经表现明显。这一代正处于朝气蓬勃、敢做敢当、充满理想、准备实现其人生价值的关键时期。

当代00后大学生与20世纪七八十年代成长起来的大学生相比，不同的是，他们是在中国改革开放的浪潮中生活和成长起来的一代，一直在呼吸着改革开放带来的新鲜空气；在接受中国传统文化和中国式教育的同时，又受到改革开放后新的思想观念、新的价值观念的影响。

新时期，大学生思想品德的转变引发了人们深切的思考，不断给予分析和评价，并提出自己的看法。一部分人否定改革开放对大学生所带来的不良影响，没有仔细地分析研究就对他们的转变表示认可，甚至在转变发展过程中显现出来的一些不良因素也当作"正能量"而加以认同；另外一部分人认为大学校园中广泛存在着拜金主义、享乐主义和个人英雄主义等现象，特别强调当代大学生所表现出来的不良现象，否认大学生的进步，笼统地认为大学生思想品德教育一派杂乱，由此判断推出"一代不及一代"等错误的评论。在新时期社会转变的过程中，做全盘否认或者全盘认同的观点都是片面的，界限模糊，评价失准，因此这些观点都脱离了大学生的现实发展，很难得到大学生群体的认可。

总的来讲，在改革开放年代成长起来的大学生，视野更加宽广，接受知识信息更加迅速，精神世界更加饱满，参与社会活动更加积极，人际交流方式和经验更加丰富多样。相比 20 世纪七八十年代的大学生，他们的社会化程度更加成熟。虽然他们精神面貌的转变是复杂多样化的，但是他们总体的发展方向和诉求是健康向上的。他们的道德观正在从以前的传统、封闭、单一、顺从转变为现代、开放、多元、独立。他们反感没有激情的日子，讨厌封闭的生活，喜欢开放的社会活动，拥护竞争，并参与竞争。他们知道竞争要担当风险，也许会被淘汰，但是他们觉得机遇与风险同存，成功与失败并存，愿意做承受失败、富于拼搏和创造精神的社会主义接班人，以此获得社会对他们的认可和接纳。

基于以上这些特点，高校学生管理工作必须在原来的传统模式中进行创新，以适应新时期高校学生的学习特点。

二、现代大学生的特点

（一）思想认识多元化

随着人类社会的发展，人们对自身价值越来越重视，主体意识不断高涨，并逐渐达成共识。社会经济的发展和资讯的发达，各种意识和价值概念也逐渐在学生中流行并发挥巨大的影响，学生也表现出日益强烈的平等观念和主体意识。目前的高校学生更加注重个人价值的实现，注重个人选择和强调个性的发展，渴望成才、渴望独立、渴望得到关注和尊敬。

同时，因为高校学生获得信息的多元性，学生所接收的信息都是未经筛选过滤的，再加之大学生都会有猎奇的心理，缺乏对信息的准确判断，难免会有不良信息，造成学生的身心遭受垃圾信息的污染，部分不法分子利用网络传播媒介的快捷性和传播迅速的特点，大学生缺乏网络安全自我防范意识，导致大学生往往是不法分子瞄准的对象。这也极易诱发大学生思想意识的变化，从而做出伤害自己或者他人的过激行为。

高校学生的思想意识形态在当代呈现多元化，由于个体对整体世界、社会的认知不同，加之目前的网络平台具有平民化和交互性强等特性，在传播和交换信息时往往可以不受限制。由于缺乏有效的信息监管，使网络自媒体平台上信息传播的随意性问题日趋严峻，对大学生的思想认识正确引导产生的负面影响日益凸显。

自媒体的虚拟性也是影响大学生心理健康的因素之一。新媒体的虚拟性社交是互联网社交的一个鲜明的特点，虚拟性可以使网民在社交过程中塑造另一个或多个完全与现实生活不相符的新身份。大学生可以利用自己虚拟的另一个身份进行社交，宛如进入另一个全新的世界，畅游在网络世界里，寻求刺激。在这样一个世界中，自制能力不够强大的大学生往往容易沉迷于虚拟世界无法自拔，无法与现实世界区分开来，严重影响正常的现实生活。

有时一些舆论通过平台会使人们进入一种言论失序的状态，主要表现为信息失真的各种不良信息，因自媒体的传播迅速的特点使舆论难以控制，极易形成舆论热点。大学生的主观意识极强，容易被嘈杂的信息所带入，从而影响大学生对待事物的正确判断力，继而影响当代大学生的心理健康。

在自媒体和互联网快速发展的当下，泛娱乐化的现象在生活中无处不在，主要表现为传播内容的娱乐化。为了迎合青少年的追星或娱乐需求，网络自媒体平台中的独立媒体乐此不疲地报道明星在现实环境中的现状或娱乐圈的八卦丑闻，甚至在特殊时期某些政治题材的新闻也会被不良媒体娱乐化。

此外，受当前社会新闻事件和自身环境，以及社会宏观发展趋势的多方面影响，高校学生在价值观的建立上也呈现多种形态，个体逐利性较为明显，对个人思想道德意识的约束方面相对宽松，使学生娱乐、享受的苗头上升，抗外部干扰能力差。

（二）生活学习方式多样化

自媒体已经广泛应用于大学生群体，高校的学生管理工作必须与时俱进，开拓创新，从管理方式和方法上做出创新。显然，自媒体是最符合发展趋势的工具。

自媒体时代的快速发展使相关媒体产品成为学生必不可少的日常应用，当代大学生的日常不再是局限于象牙塔般的校园，由于自媒体所带来的资讯是开放且多元化的，学生获取信息的渠道更为多元，获取信息更加便捷。根据调查报告显示，大多数学生的资讯来源于自媒体，每天大学生的上网时长中用来检索信息或者浏览信息的时间所占比重较大。这有助于学生拓宽知识面，了解时事新闻。

在中国互联网信息中心发布的 2023 年《中国青少年上网行为调查报告》中，青少年使用率前三的自媒体平台分别是微信、QQ 和微博，从这些自媒体的特征可以反映出这三者都是综合类的社交平台，服务功能不断增强。自媒体对大学生的吸引力之强，其中重要的原因之一就是强大的社交功能。社会中的每个人都不是独立存在的个体，相互之间都会存在一定的联系。联系是建立在个体之间信息交换和情感信任基础上，自媒体作为当代人际交往中的重要媒介，它在人际交往之间体现出来的是平等和便捷，这使得大学生可以大胆表达内心最真实的想法。这种交往不受身份的限制，可以避免生活中的尴尬，无形中扩展了大学生之间的沟通和交流空间，有助于大学生的人际社交。作为经典的社会交往综合型软件，微信公众平台、微博等自媒体充分发挥了当下自媒体的通用特性和社会性服务网络的功能，促进了自媒体平台中使用者的交往与互动。自媒体的综合性发展使其信息内容更加的丰富，涉及面不断拓展。例如，微信公众号的平台上，多数教育机构或学术周刊或高校官方微信公众号平台相继上线。用最直接的实例来看，2020 年全球新冠病情的蔓延，导致学校大面积无法复课；在互联网的数据时代，各地方教育部门积极组织了网络授课，利用互联网将学校的教学内容输送给学生。自媒体学习服务多功能的发展使当代大学生随时随地做到及时学习。利用手机即可获取知识，自主安排学习进程，调节学习节奏，增强学习自主性，缓解学习压力。虽然高校的学习氛围相对于初高中而言轻松许多，但是面对日益紧张的竞争压力，学生往往在面对压力或心理问题时难以寻找出正确的路径去解决问题，进而出现心理压力或负担逐渐增加的恶性循环。自媒体平台的开放性以及内容多样性和良好的互动性，使得遇到问题的学生能够找到适合的方式解决，缓解了因学习而产生的压力。

（三）性格特征复杂化

现代大学生的性格特点是非常复杂的，这里有着传统教育体制形成的弊端。比如，《老子》有云："授之以鱼，不如授之以渔。"在当今的大学生群体中间，很多学生因为缺乏主动学习的意识和自主学习的能力，学习适应能力较差，要么无所适从，要么随大溜，荒废了大好青春时光。

同时，大学生的世界观、人生观和价值观尚未成型，猎奇心强，求知欲望强烈，在这种情况之下学生的选择通常带有盲目性，常常因为一时的好恶所左右，选择的科学性有待商榷。

此外，在应试教育的大环境影响之下，长期以来无论是教师、家长还是学生本人，过于看重学生的学习成绩，把考试结果作为评价学生的唯一指标。这种观念也对高校学生管理模式造成一定的影响。很多大学的学生入学前学习成绩一直在省里或市县的中学里名列前茅，是家长眼中的好孩子，老师眼中的尖子生，同学中间的佼佼者。他们的人生经历往往一帆风顺，几乎没有碰到过什么挫折。但考入大学后，他们身边的同学都是同龄人的优秀者，竞争相对激烈，会导致部分学生的成绩出现较大波动。这个时候这类学生就会出现较大的心理落差，有些心理素质较差的学生会产生失落的情绪，从而影响学习状态。如果此时不能及时调整，久而久之会陷入恶性循环。更有甚者，因为嫉妒等情绪的影响，某些高校甚至出现了诸如投毒事件、自杀轻生等在社会造成恶劣影响的极端事件。

现代教育学研究表明，"00后"大学生由于受成长环境等因素的影响，表现出比以往任何时期更加强烈的自我意识和自主意识，他们渴望通过参与学生管理成为学生管理模式中的主体。但是，长期存在的弊端即学生实践能力差又制约着大学生的手脚。著名物理学家杨振宁先生曾就中美学生进行过一番比较。在谈到中国学生时，他说："这些学生学习起来非常刻苦、守规矩、按部就班、循序渐进。所以，基础知识系统、丰富、扎实、擅长考试，学习态度也非常谦虚。但他们却普遍存在动手能力差、胆小、怕出错、不善于选择研究课题、不善于提出问题、崇拜权威等缺陷。"[1]

---

① 杨振宁.杨振宁文集 传记·演讲·随笔 上 [M].上海：华东师范大学出版社，2000.

第二节 现代大学生成长成才的路径探索

一、大学生成长成才面临的问题

(一)育人体制落后

高校学生管理模式的落后严重制约了高校"育人成才"这一基本功能的发挥。目前,我国很多高校学生管理模式的启动方式都是来自上级行政主管部门的规范性文件或者指导性文件,一般是由上级行政主管部门所设计的某一活动主题或者安排的某一职能性或者功能性的角色任务;管理模式的组织架构复制于学校其他类似的行政管理的架构,通常是学校设置同一领导班子,把各种职责层层布置到院系,最终在基层根据具体任务细分为几个职能机构或者职能小组分别完成上级要求中的几个任务细分,一般每一个机构或者小组的设立对应一个具体的任务细分;从管理模式的设计到最终执行之前,对学生始终是"暗箱"操作,学生往往被置于被管理者或者某一活动考察对象的地位,学生对管理模式的设计不具有任何发言权;凡是带有权力性质的职能职位(如打分、认证、记录,甚至在监督上还要在被监督部门和学生之间设置专门的联络员)全部由非学生的高校学生管理的行政职能人员、教师或者被极大程度行政化的学生干部担任,在参与活动和管理活动两个领域保持泾渭分明的人员配置分水岭;沟通方式是标准的行政式问答,即类似于行政机构下级部门向上级部门的投诉方式和下级对上上级越级进行举报的方式。这种方式的特点在于,学生一旦遇到问题,无权自行认为这种问题是不合理的,也无权采取本地化的解决方案,必须采用格式化的书写(或者电子邮件等)方式将问题呈报,然后等主管部门答疑后,才可以根据主管部门的最终解答来判断并得到最终解决方案。

基于刻板呆滞的学生管理模式,高校学生的鲜活特征和学习实践自主、自发性受到极大的压制,导致学生对高校内学习兴趣的缺乏,对管理的反感。

同时，滞后的管理模式使得高校老师逐渐丧失对学生的责任心，师生间缺乏有效和积极的正向沟通，在学业和综合素质培养上缺失了良好的先天条件，导致育人能力不高，显示出高校的学生管理不当引发的育人体制滞后。

（二）"团队精神"集体性缺失

"团队精神"成为新时期大学生素质培养的重要组成部分。整个社会对人与人之间沟通合作的要求，大学生大多是独生子女造成的先天不足、独来独往、离群索居的校园生活方式，个人化的学生考评方式，都使得团队精神成为大学生亟待培养的素质。

对大学生进行团队精神的培养不仅可以满足时代的需要，还可以有效地提升整个大学生思想政治教育的效果。第一，可以有效地加强大学生之间的团结和合作精神的培养。第二，可以有效地促成大学生形成民主意识和平等参与的公民精神。第三，可以有效地帮助大学生培养规范精神和纪律观念。第四，可以有效地帮助大学生融入社会和进行人生规划。第五，可以有效地增强大学生的心理承受能力和心理健康。团队的概念并不是很容易把握的，西方学者对团队理论做了大量的研究。

团队概念的内涵是拥有一个共同的目标，其成员行为之间相互依存相互影响，并能很好地合作，追求集体的成功。1962 年日本科学家及工程师协会注册第一个质量管理小组，以此为标志，日本企业被认为是最早引入团队工作模式的国家。20 世纪 70 年代，日本的质量控制方法在美国大受欢迎。受到日本全面质量管理（TOM）计划的影响，美国人采用了团队管理的形式以顺利推广这一计划。"集体主义"历来是我国传统儒家思想的精华。这种东方文化的结晶与团队管理的精神是一致的，为我国开展团队管理工作积累了优秀的文化和价值土壤。霍桑试验及人群关系理论、勒温的群体动力理论、马斯洛需求层次理论、群体规范和凝聚力、群体凝聚力等理论和概念发展和丰富了当前的团队理论。相对于高校学生管理工作过去一直对学生坚持的爱国主义、集体主义和社会主义教育而言，对"团队精神"的培养是一个舶来品。团队精神的集体荣誉感在当代高校学生身上产生群体性缺失。

（三）管理过度刚性阻碍学生个人发展

强调人才管理和人才培养，一直是我国高等学校学生管理的重要指导思想，2004 年 10 月 14 日电 中共中央、国务院发布《关于进一步加强和改进大学生思想政治教育的意见》更是再一次明确指出：大学生是十分宝贵的人才资源，是民族的希望，是祖国的未来。加强和改进大学生思想政治教育，提高他们的思想政治素质，把他们培养成中国特色社会主义事业的建设者和接班人，对于全面实施科教兴国和人才强国战略，确保我国在激烈的国际竞争中始终立于不败之地，确保实现全面建设小康社会、加快推进社会主义现代化的宏伟目标，确保中国特色社会主义事业兴旺发达、后继有人，具有重大而深远的战略意义。但是，在实际的高校学生管理工作中，由于我国高校长期受行政管理风格的熏染，思维惯性上将学生作为管理的客体对待，管理往往刚性过强，管理中强化了对合格达标和整齐划一的追求，更多的精力用于完成行政性指令和指标，较易忽视学生自身发展的实际需求，缺乏专业的调研精神和虚心听取采纳学生意见的机制，使得人才管理极易蜕变为"人才管理"。也就是说，来自上级指导文件中对高校学生管理的定位由于不可能细化为细致的学生管理模式设计和操作规范，并且在具体的落实过程中高校缺乏足够的激励为其配置相应的机制创新和机制设计，最终高校学生管理工作定位的实际落点往往还是学生日常管理工作，而对于学生成长成才素质拓展这一部分的工作在资源的投入和支持上一旦遇到学校资源不足的情况往往为战略设计所忽视。正是因为如此，目前高校学生管理模式是在渐进式的试错和应急的方式下逐步形成自己的特色和惯例的，而在宏观上缺乏专门的设计和战略的反思，一些机制创新的思路和经验没有得到总结和推广，其原因正是在于以这种方式形成的学生管理模式与传统中的高校学生管理具有良好的匹配性和相互间的适应性，从而获得制度上的刚性而不易接受创新机制带来的改变。

二、大学生成长成才的路径探索

（一）法治化发展

《荀子·劝学》："蓬生麻中，不扶自直；白沙在涅，与之俱黑。"[1]一个良好的、法治的校园氛围对于法治思维的培育和形成至关重要。现代大学生对于自身的发展有着无比鲜明的具体目标性，同时具有非常独立的个体思想意识和自主意识。大学生的全面健康发展的首要任务就是要规范他们的行为意识和思想意识的合法性，具有社会道德性。因此，在高校管理学生的过程中应当营造法治、文明的管理氛围，这有助于学生成才。

法治思维培育应与建设法治校园同步，首先要做的就是优化校园环境。建设法治校园、优化校园环境、改善校园风气，在校园中懂得扬弃，树立优秀榜样，舍弃不良思想。在校园中营造一个和谐、法治、文明的校园氛围。值得特别注意的是校园法治氛围的建设不是一蹴而就的，是一个循序渐进的过程，需要长期的学习和积累。建设校园法治风气要从每一位学生、每一位教师的点滴行动做起，要从加强最基础、最关键的学生管理做起，集中资源、集中精力，将校园建设成为一个和谐、法治校园，营造良好的校园氛围。

依法治校是依法治国的重要组成部分；是依法治国理念在高校落实的体现；是把学校的教育管理工作和学生管理工作纳入法治轨道，推动教育事业长足发展的重要保障。在法治建设和高等教育改革发展的新时期，维护学生合法权益是高校管理学生的根本目的之一和实施学生管理工作的基本原则。注重维护学生权益，首先体现在鼓励和支持学生自我管理和参与学校事务方面。为学生参与到学生管理工作提供屏障，更好地维护以受教育为核心的大学生的合法权益。

高校学生管理是依法治校的重要组成部分，是高校推进依法治校进程的切入点，对于高校学生管理具有重大的现实意义。依法治校视野下高校学生管理就是将依法治校的理念引入高校学生管理中，亦是高校学生管理的主体在"以人为本"的管理原则和"科学立法、严格执法、公正司法、全民守法"

---

[1]　荀子.劝学篇 荀子 [M].长春：吉林出版集团有限责任公司，2011.

的法治理念下，依照法律法规、部门规章和学校内部规章制度，由专门机构和人员及学生从事的有组织、有计划、有目的教育、服务和管理，对学生开展教育管理的组织活动过程。在依法治校的视角下进行高校学生管理是法治精神在学生管理中的体现，保证了学生管理的开展在法治轨道上。全面推进依法治教，是高校学生管理现代化的需要，也是建设社会主义政治文明的必然要求，更是现代高校培育学生的必要路径。

（二）提升教育质量

高校教育质量建设是一项非常复杂的系统工程。它包括高校教育过程中的方方面面，既有宏观的又有微观的，既有精神层面的又有实践层面的。

但是回顾过去，我们为提高高等教育质量所做的努力不难看出，高等教育质量建设工作仍有许多偏颇和盲区：重视教学硬件和教学形式的建设，忽视以课堂教学为主的具体教学过程的改革；重视高水平师资队伍建设，忽视教师的教学观念转变和教学能力的提升；重视教师和"教"，忽视学生和"学"等。这些问题仍旧在不同程度地制约高校教学质量的提升。

现代的与时俱进的教育观念在教学目标上注重能力的培养，对人才培养目标规格认识准确到位：在能力培养上注重理论与实践相结合，在师生关系上民主平等，和谐共鸣；在教学手段上充分利用多媒体技术；在教学组织形式和方法上注重多样化和灵活性。在这种教育观念指导下的教学活动，教师能够理解知识，指导学生学会学习，而不是单纯地把知识传授给学生就完成任务；学生也可通过教学活动自己主动建构知识，真正实现能力的培养。大学生的学习观是学生个体对知识、学习现象和经验的直观认识。其发展经历了从客观主义到建构主义倾向的顺序，但学习观的各个维度的变化并不是同步的，这是由于大学生自身学习经验、所学专业、课堂教学以及学校和社会文化等因素的影响而造成的。学生的学习观反过来对学习成绩、认知过程及策略、自我调节以及学习动机具有重要的影响，因此学生学习观的转变应当成为大学教学的一个重要目标。关注教师和学生的教学观念，这里有三层含义：①教师必须拥有科学合理的教学观念，按照新时期人才培养的要求进行教学。②大学生必须拥有合理的教学观念，根据人才培养目标、规格以及科学的学习方法进行有效的学习。③教师和学生还必须形成一致、兼容的教学观念。这里所说的"师生一致、兼容"的教学观念是指教师和学生在教学实践活动中有共同的价值认同，即在教学目标的设定、教学内容的增删、教学手段的变革、教学计划的修订、教学评价方式的设计等方面有共同的认识和理解。

只有树立正确的与时俱进的人才观、知识观、质量观、教学观、教师观、学生观、交往观等教学观念，真正改变陈旧的教学目标和教学内容、落后的教学方式方法和僵化的师生关系，才能使高校教育改革取得更大成效，真正地实现教育质量的提高，完成时代赋予学校的培养高水平人才的使命和责任。

第三节 现代高校学生管理的特征与作用

一、现代高校学生管理的特征

（一）政治性

高校学生的管理工作与我国社会思想政治要求本质上的目标是一致的，都是为了培养合格的社会主义建设者与接班人。高校的思想政治工作为学生的管理工作提供了精神上的支持；而高校的学生管理工作为高校的思想政治教育提供了物质上的保证。两者相互协作，相辅相成。帮助高校大学生树立正确的世界观、价值观、人生观，确定正确的价值取向，是高校学生管理工作的首要任务。

现代高校学生的管理工作已经逐渐完善树人和育人的有机结合。在营造学习环境和社会文明环境上双管齐下，为大学生的自我管理和成才提供有力保障。

（二）针对性

20世纪90年代早期，"学生管理工作"一词正式被提出。随着高校数量和规模的不断发展，国家对大学生不断扩招，学生工作被赋予更多的职责，其内涵也不断充实。最初高校学生管理工作由教师兼任发展为现在的专职辅导员，随着事务性工作的不断增多，从最初单一的学生思想教育到关注学生的多方位发展，有组织、有计划地管理和服务学生。学生的管理工作包括建立严格的行为规范制度，学生工作中的服务就是开展一系列的活动以帮助解决学生在生活上或学习上的困扰，促进学生的全面发展。学生管理工作的内涵是学生管理部门为了使学生全面发展，提高学生的综合素质而开展的一系列具有针对性的，有利于身体与心理健康成长的活动。大数据时代背景下，高校学生管理工作的概念将有所升级，管理方式和途径的扩宽使学生管理工作向逐步细致化的路径发展。高校学生管理者对大学生在校期间，针对学习和生活规范管理而进行的一系列活动，为学生提供良好的学习和生活帮助，促进学生全面发展的活动，具有鲜明的管理服务对象。

（三）科学性

高校学生管理工作应当遵循科学、公平、平等的原则。这也是高校管理建设维护稳定的重要工作基础。尤其在针对学生个体的具体管理工作过程中，更应该做到管理有水平、服务有特点、反馈有实效。一般情况下，学生的各种学习奖金申请的管理需要走审核流程，将奖励的方案细化，进行公开、公平、公正的评定，科学地引导学生健康的消费观和价值观，以及调节学生良好的心理状态，达到完成优秀的学生管理工作的目标。对于每次审核，首先需要学生申请，经过班级单位或者院系单位的评定程序后，再报批给管理员，初核通过后上报高级管理员，最后复核通过后，流程结束。

面对现代高校学生的管理工作，比如，奖学金、助学金、勤工助学等机制，需要全方位的思考。这不仅仅需要细化有关的评分机制，更要使机制透明化，对于获得了奖励、鼓励和支持的学生要引导其健康的价值观，不能奖项一旦到手就去大手大脚消费，而要倡导理性消费，要用到刀刃上。比如，更好地提升自己，多参与大赛，多学习技能，再接再厉、不断超越、勇攀高峰。对于未获奖的学生，要做好心理辅导，给予鼓励，希望不断努力、不断赶超。同时，对获得奖励的学生，应该建立监督机制，讨论和制定适合的规则约束，严格要求获奖的学生，尤其是高级别和高奖励的获得者，要求获得者按照评定要求高标准规范自己的生活和学习，起到榜样带头作用。当有违纪违规的情况发生时，讨论是否应该按照公示的规则收回有关的奖项和称号，正确和合理地规范高校奖学金的正面作用。作为全校的榜样，全面接受监督，在个人综合的行为数据上给予关注。

（四）时代性

互联网大数据时代的到来，引发我国乃至全球社会生活的变革。高校的整体发展也会顺应这一时代特点产生变化。针对目前我国高校发展整体环境特点，高校学生的管理工作也具有了社会时代的特点。

在中国，微博、QQ 和微信平台即将成为高校利用自媒体应用于学生管理工作的有效途径。高校利用自媒体平台通过个人发布信息进行公开交流和信息分享的途径对大学生的生活进行相互了解，这些途径极大地影响了大学生及学生工作管理者的沟通方式。

QQ、微博和微信是中国目前使用用户最多的综合型网络社交应用。其中，根据调查，QQ 是高校辅导员应用于学生管理工作的重要工具之一。对学校文件的传输、消息通知，以及解决学生生活上或学习上面临的问题，高校学生管理工作往往通过建立 QQ 群或微信群的方式，去帮助学生解决一系列的问题。通过 QQ 软件的分组等功能，可以将不同类型或存在不同困难的同学进行分组，以轻松交流的方式，有针对性地解决他们的实际困难，帮助学生树立正确的价值观，以帮助他们顺利解决问题。微博是实现即时分享信息的一个基于用户相互关联，传播分享信息的网络平台。在高校学生管理队伍中，辅导员是学生管理工作队伍的主要成员，他们的工作往往繁杂而琐碎，无论是外界的认可还是自身的认可，程度都较低。辅导员可以通过微博或微信平台可以展现学生管理工作中的工作状态，表达自己的工作感受和工作心得，通过这样的方式提升外界对学生管理工作的认同感。学生与高校管理者都可以阅读学生管理工作的自媒体平台，深入了解学生管理工作者的重大责任，从而加深师生之间、学生管理工作者之间的了解程度，促进师生之间关系的和谐发展。

二、现代高校学生管理的作用

（一）育人成才的作用

从历史发展角度来看，高校学生管理工作改革的过程是从早前单纯强调政治思想教育，到现代化高等教育中对学生的教育、管理和服务三大内容并重的转变。这一重要的转变使学生管理工作的使命成为：培养全面发展的高素质社会主义建设的人才。从此，高校学生管理工作者的工作目标逐渐清晰，对高校学生管理工作重要性的认知得到进一步强化。学生管理工作的性质决定了被赋予很多使命，随着高等教育的日益发展，时代赋予高校学生工作的使命就是不断完善高校学生管理制度，从根本上加强学生管理工作，从教育、服务和管理三方面解决问题。

我国目前处于提倡素质教育的大时代，学生的全面发展是国家的重要发展战略。高校学生管理工作者的基本工作使命就是对学生的学习和生活进行有效的管理和服务。高校的教学事务和学生管理是高校培养人才的必要途径，高校以培养德、智、体全面发展的建设者和接班人为己任，贯彻执行了党的教育方针，是实现高校基本任务和培养目标的必要措施。党和国家的教育方针，即学生管理的最终目标。因此，学生管理水平的高低、质量的优劣，对学生的培养有直接性的制约作用。此外，学生管理工作对于提升学校的内部凝聚力和外部综合竞争力都具有重要意义。

（二）稳定社会环境的作用

随着我国各项事业的快速发展，高等教育也由精英教育向大众教育转变，这也给高等教育的学生管理工作带来新的挑战。在传统的学生管理中，学生风险一般来自人身安全风险、学业风险和就业风险、财务风险等多个方面。但是随着科技的进步，高校的扩招，学生的数量和质量的快速变化，高校学生管理中的风险已经超出了传统的风险种类，特别是基于传统视野的学生安全风险可能通过网络的传播，快速形成新的风险种类。其中，舆情风险、校园贷风险、就业风险等问题就凸显出来，这种风险危及了高校的学生管理工作，为社会、高校舆论、社会稳定、高校稳定以及金融发展的稳定带来隐患。因此，高校学生管理不仅要面对传统的高校问题进行管理，而且要针对新的问题种类发生进行有效管理。

高校学生管理中的挑战主要来源于两个方面：①高校内部基于传统的教学管理环节上，如学生考试压力排解问题，就业问题等。②来自社会化的问题，如舆情风险、校园贷风险等，这对于高校管理中的学生工作也是一个严峻的挑战。因此，高校就是一个社会的浓缩，学生全方位的发展过程中，任何环节出现问题，都会引发蝴蝶效应或者集体效应，对社会稳定造成影响。在现代大学制度下，完善的管理工作体系将会促进社会的稳定。

（三）增强复合能力的作用

我国高等教育的目的是培养全面发展的社会主义接班人，把学生培养成有"中国梦"、有理想、有远大抱负和身心健康的复合型人才，这是我国长久以来的目标。作为一名合格的当代大学生应该具备的基本政治素质是：具备爱国主义精神、坚定不移的社会主义信念和积极拥护中国共产党的领导。将中华民族的优良传统和文化发扬光大是每个大学的责任所在。作为高校的学生管理工作人员，提高大学生的科学文化素质是不可推卸的责任。大学生必须具备完整的素养知识体系，养成良好的学习习惯，保持长久的求知欲望。自媒体的发展能够传播正确的价值观和人生观，提高高校学生管理工作者对学生思想教育的实时性，引导大学生身心健康成长。

高校学生管理工作的重要使命之一就是要发展学生的智力，帮助学生的素质全面发展。当下一致认为发展学生的智力应该是课堂教学和教师的责任，但高校学生管理工作者同样肩负促进学生智力发展的使命。当前，我国高校学生管理工作应重视大学生的通用复合技能的培养与强化。一般意义上，强调通用技能不等同于专业技能，它能够在各个领域中都发挥作用。英国里丁大学认为"通用技能应该是最重要的基本技能，包括信息处理能力和问题解决的能力、与人沟通交流的能力、数字能力和团队工作能力"。[①] 现如今我国人才市场竞争机制日趋完善，高校学生管理工作部门应与学校教学部门等其他相关部门共同探讨、共同研究高等教育的使命，在具体的时间过程中体现出高校学生管理工作的人才培养的工作使命。在管理理念的层面上，高校学生管理工作必须明确学生为管理主体，让性格各异和各有所长的学生有不同程度学习生活的自主权和选择权，以此培养顺应现代社会发展要求的人才。

---

① 李震坤.赴英国里丁大学学术访问总结 [J]. 气象科技合作动态 ,2019(6)：40-42.

第四节 现代高校学生管理创新发展的策略

一、现代高校学生管理等的主体变化

（一）环境的新变化

在信息技术不发达的时候，高校学生管理一直处于半封闭的状况，很多校内发生的事件在处理的时候往往消化于内部，并不会波及社会层面，而在网络资讯传递速度如此迅捷的今天，高校学生管理对于公众来说是完全透明的，甚至很多突发事件，公众和媒体获得信息的时间比高校学生管理部门更早，对突发事件的处理不仅吸引公众的眼球，很大程度还决定了高校在社会大众心目中的形象。因而很多事件的处理由纯粹的内部的行政事务性质转变为附带有高校处理公共关系和公共形象的公共事务性质，这就造成原有的一些简单原始的管理技术必须相应地进化为能够得到公众理解和支持的管理艺术，对于高校学生管理的工作者提出了极高的要求。

与此同时，自媒体不仅仅对学生的日常及学习产生巨大的影响，对高校的学生工作、教学工作的影响也极为深入。自媒体平台对高校学生管理工作而言可谓是一把双刃剑，如何发挥其积极作用，如何将自媒体平台创新性地应用到学生工作中是高校面临的新挑战。

信息技术的发展、网络生活的普及给人们的生活和行为方式带来了巨大的冲击。根据中国互联网络信息中心提供的资料，我国网络用户的数量激增，其中高校学生所占的比例在 50% 以上。网络是把"双刃剑"，一方面它给高校学生学习和获得信息开辟了新渠道，为学生提供了更为广阔的空间选择和接受各种思想文化的平台。另一方面，网络也给腐朽落后的文化和有害信息的传播提供了滋生的土壤，大学生痴迷网络，致使少数大学生精神空虚、行为失范，有的甚至走上违法犯罪的歧途。

（二）管理对象的新特点

随着互联网科技和自媒体的不断发展与创新，以手机为主的移动网络媒介深深影响着人们的思维模式和价值取向。显然，在信息化的时代，自媒体以不可阻挡的态势影响着各个领域。如今高校大学生作为年轻群体的代表，自媒体显然成为当今大学获取信息、发表言论的重要场域，同时逐渐成为新一代的"精神寄托"。

从以上现状可知，如何更好地运用自媒体开展高校学生管理工作，如何加强自媒体建设，使其与高校学生管理工作紧密地联系起来，如何通过自媒体平台提高学生管理工作的效能，这都是亟待解决的问题。

二、现代高校学生管理创新策略

（一）管理政策创新

首先，高校学生管理工作受到东方传统教育文化中缺乏自由、平等、人权等现代社会及现代教育所需要的价值观念与精神特质的影响，在传统中形成行政权力膨胀、人治观念扎根很深，重权力轻权利，操作中强调实体忽视程序，特别是对于间或出现的突发事件没有形成规范的操作，随意性很大。

其次，学生管理工作中经常以道德代替甚至超越法律作为处理学生事务的依据，往往以社会大众的思维方式来评价学生的行为，强调自身作为管理者所具有的惩戒的权力，而忽视了自身也同样作为教育管理者所具有的教育帮助的职责，无形中抹杀了学生得到教育管理者最终保护和人文关怀的权利。

最后，学生管理工作中缺乏法治意识但又喜欢借助于法律工具的权威效力，大量的学生管理工作者喜欢为学生制定各种规章规范，但是这些规章规范的制定一方面缺乏科学的规制技术，用语含糊，表述混乱，缺乏操作性和具体标准，自由裁量范围极大，另一方面又缺乏对学生合法权利的保护，只规定学生的义务不规定学生的权利，只强调对学生的权力而避而不谈自身的具体权责。同时，在创新的管理政策指导下，还应当探索新型学生管理模式，将高校学生管理工作内容和职能全部整合到学生工作部（处）和校党（团）委中，由分管学生工作的校领导（一般为党委副书记或副校长）统一领导。

211

按照学生管理工作的具体职能，学生工作部（处）下设思政教育中心、事务管理中心和发展服务中心三个中心，校团委下设组织宣传部、科技创新部、社团实践部和人文艺术部四个部门。

（二）管理模式创新

1. 引导自我管理

众所周知国外的教育管理理念都是以自由开放，主张个性的张扬。以英国为例，对于高校学生管理工作的重要目标是为学生提供更好的服务。因此英国在学生管理工作中全面奉行"以人为本"的观念，以学生全面发展为中心。正是因为充满人性的学生管理工作方式，使得英国各大高校的学生管理工作氛围尤为活跃，充满生机。

无论是老牌的牛津大学还是新兴的萨里大学，都强调"以学生为主体"的大学文化教育观。力求学生全面发展是英国高校学生管理工作永远的追求。例如，在自媒体平台建设的应用上，英国坚持以了解学生作为首要任务，也以满足学生多样化的需求为出发点，积极建设自媒体平台。根据学生需要学校提供的信息、服务的内容等，加强自媒体平台信息发布的针对性，从而促进学生学业的发展以及个人未来的发展。

长期以来，我国的高校学生管理工作习惯采取管理者进行管理是主体、学生作为被管理者是客体的工作思路，忽视学生作为主体的一面，管理规则设定得比较僵硬，处理方式以刚性指令为主，单方面强调学生的义务而忽视学生的自我实现的要求，强调学生对于管理的服从和理解而忽视对学生的服务和辅助，这就与学生渴望得到理解和信任的心态相冲突，往往形成管理者觉得学生偏激难管，而学生觉得管理者与他们毫无办法沟通，缺乏服务精神。

营造浓厚的大学校园自主管理文化是一种创新管理方式。文化是人们行动的奠基石，它是指引我们各种行为的潜意识。高校应通过典型案例、文化宣传等多种手段，在校园里营造浓厚的自主管理文化氛围，让全体学生、教职员工都能参与到学生管理活动中来，倡导一种"以学生为本，引导学生自我全面管理"的管理模式，这是我国高校学生的管理模式创新发展方向。

现如今，我国大学生素质不断提升，大学生组织逐渐发展壮大，大学生的主体地位也得到了空前的提高，以高校工作为重点的制度建设也加快了步伐，这使大学生参与到学生管理工作中就具备了现实可行性。同时这也是学生自主管理的延展。学生参与到学生管理中去就是学生直接或间接地参与到学生管理工作中，参与的范围是学校；参与的权限是高校学生管理拥有的权力；参与的内容是与高校学生管理自身相关的工作和相关政策制定；参与的主体是专职教师和学生。

回顾大学生参与到学生管理工作中的历程，不难发现，无论是其自身的知识储备还是综合实力，都显示出大学生能力的不足。"其身正，不令而行；其身不正，虽令不从。"① 大学生想要维护自身权益就要从自身做起，切实提升自身能力。能力的提升不是靠纸上谈兵就有的，要将知识转化为行动，促使自己不断提升。

大学生参与学生管理是一个由浅到深、由简及繁的动态过程，因此能力的提升不是一蹴而就的，是在自身能力基础之上参与学生管理过程中的点滴累积，而且与相关教育和培养息息相关。"实践出真知"，笔者认为高校应该积极引导、鼓励大学生多参与社会实践活动，以此培养社会适应能力和自我管理能力，同时在这些实践中认识到自身不足，从而树立正确的自我意识和主动性、主人翁意识。唯有在参与到学生管理的实践中，大学生才能锻炼出独立思考、遇事冷静、处事果断、合作共赢的工作作风，从而提升自身能力。应该注意的是，高校的专职学生管理者应该清晰地认识到大学生虽然具备一定的学生管理的能力，但仍然处于发展中，必须在实践中加强引导，树立正确的价值取向，使知、情、意、行协同发展，共同推进大学生的行为能力。

2. 提高学生管理工作的标准化

标准化是现代高校学生管理工作的特色之一，时刻要求高校学生管理工作系统及精细化。这反映在高校学生管理工作的整个系统中都有相应已成熟的标准，围绕统一的管理标准，统一的人才培养目标，使高校学生管理工作富有节奏性而充满活力。现代高校学生管理工作的标准化主要体现在学生的入学到毕业就业的一系列工作内容，如当新生入学后，高校学业咨询部门根

① 孔子；杨伯峻，杨逢彬注译；杨柳岸导读．论语 [M].长沙：岳麓书社，2018.

据学生入学成绩分别来展开学生工作，将学业有困难的学生展开相关帮扶工作。高校不应该将学生管理工作部门和教务部门分开，要将学习和生活管理联系得更加紧密，使与学生相关的各项事务内容更加丰富。对于心理咨询部门来说，应该在新生开学和毕业之际对学生进行相关的心理测试，关注学生心理动态，通过管理平台和学生进行思想交流与沟通，打破时间与空间的限制，避免面对面交流的尴尬，将工作做到精细化。

3. 学生管理工作法制化

纵观我国高校，学校对学生的任何行为都负有责任，无论是教育的体制问题还是社会对学校承担责任的认知问题，一旦学生在校期间出现问题，根据具体问题具体分析，首先学校会承担相应的责任。但是遇到突发或特殊事件，如自杀事件、知法犯法事件学校依然要承担责任。例如，当下高校频繁曝出的校贷事件，学生盗用同学身份在贷款平台上多次贷款最终无力偿还，学生家长要求高校要负责，诸如此类事件，高校无法根据具体的法律得到相应的支持。

反观一些国外高校，虽然没有对高校学生管理事务进行立法，但有明确的规章制度准则，学生与高校之间有明确的权责关系。高校大学生在校期间受到学校规章制度的约束，这些规章制度涉及学生在校期间的方方面面，学生与校方也达成共识；学校规章制度与法律的要求相一致，加深了学生的法律意识。

由此可见，高校对学生不应该对方方面面承担责任，应当只是承担部分管理责任，一旦学生触及法律层面，将由外界部门介入管理，高校不再负责。高校学生管理工作应该加强学生的法律意识，同时也要将高校学生管理工作逐渐建立具体的规章制度，与法律挂钩。

4. 稳态动态管理相结合

高等学校肩负着人才培养、科学研究、社会服务、文化传承创新的重要历史使命，高校的定位决定了它不应该仅是一个自成体系封闭的小社会，而是一个海纳百川充满活力的大社会。高校的社会化程度越来越高、开放程度越来越大，高校的管理工作无论从规模上还是复杂程度上比以往任何时期更应注重管理的动态性。高校学生管理作为高校管理的一个重要组成部分，根据国家和社会对人才培养的要求，在管理理念上要开放包容不要闭门造车，管理模式上要实行动态管理而不是静态管理。因此各高校在实施学生管理新模式时，应根据学校类型特点的不同和人才培养目标的差异，注意管理模式内外环境和条件的变化，实现稳态管理和动态管理的有机结合。既要在稳态中突出灵活，又要在动态中保持稳定。高校学生管理新型模式既要打破原有的封闭模式，实现开放管理，更要注重动静结合，实现学生管理模式的稳定性发展，同时在发展中不断完善创新，不断适应社会需求和高等教育发展的需要。

（三）管理手段网络信息化

建立网络信息化管理系统的主要目标是提供全面的学生管理的解决方案，实现提升管理质量和效率的问题。人工的方式明显不适应目前学生众多的背景，而且检索、维护和更新面临极大的挑战。寻求如何改进学生信息管理的效率，是高校需要探索的问题。当前而言信息化建设方案满足这些诉求。因此，就实际情况而言，高校学生信息系统的趋势就是要开发一个功能完善，操作简单，界面友好，有针对性的大学生管理系统。

1. 统筹规划完善信息管理机制

高校做好学生管理的信息化建设，从长期发展的角度出发，在高校战略发展规划的指导下，由学校层面进行统一的统筹规划。只有由学校统一布局，进行全盘考虑，才能实现整个学校的信息管理与学校的发展同步、与学校的实际相符，实现整体良好的效果。高校的信息化建设，除了由学校主导，提供强有力的技术支持和资金保障，还要综合各部门的力量，协调各部门的关系，在信息管理系统的应用上促进部门间的横向沟通、合作，不能每个部门独立做一套系统，相互间不能融合。在引进系统时应全盘考虑，对信息系统建设进行综合集成建设，校内网、校外网以及相关数据库要能够实现互通互联，实现各部门间的信息共享和交流。

2. 强化行政人员现代化技术运用能力

信息化专业人才对实现高校的信息化建设起着至关重要的作用，针对行政人员现代化信息技术运用能力不强、技术水平不高的问题，高校要着力加强信息化队伍的建设，培养现代化信息技术专业人才，做好人才保障工作。高校首先要转变行政人员对于信息化技术不理解或抵触的情绪，提高行政人员信息化科技的意识，使其充分认识到信息化建设的重要性和必要性；随后，针对行政人员进行有组织、有计划、有目标的培训，加大对行政人员信息技术运用的培训力度，提高行政人员的信息收集、数据分析等方面的能力，加强信息技术人员的团结协作意识，共同做好高校信息化建设工作。此外，引进专业人才，为信息化技术的使用和推广做好技术保障，切实通过对信息技术的充分运用，提高行政人员的工作效率，优化行政管理手段，最终实现行政管理效能的提升。

（四）管理内容创新

1. 树立依法管理的法治理念

在高校学生管理中依法管理就是要求参与学生管理工作者在管理过程中尊重法律的权威，体现法律信仰、法律理念，树立法治思维。无论是在日常的学生管理活动中，还是做出处分时、执行处分过程中都要处处体现法治精神。"刘文燕诉北京大学案"充分证明依法管理的重要性。特别要注意的是，高校学生管理在法治轨道上顺利的前行，是以优秀的、专业的学生管理工作者为支撑的，因此学生管理工作质量的高低与从事学生管理者的素质的优劣息息相关。新形势下的高校学生管理工作者，要摒弃之前重人治、轻法治，重实体、轻程序的思维模式，切实提高依法管理的意识。唯有管理者知法、懂法、守法，谙熟有关高校学生管理的法律条例规定，知晓相关法律程序，才能真正做到依法管理。因此，高校学生管理者要做到依法管理的前提是知法、懂法，唯有知法、懂法才能在学生管理过程中守法，才能捍卫学生的合法权益，使学生有一个成长成才的法治天地。学生管理要做到依法管理，就需要明确所依之法具体是什么。首先，学生管理工作者作为人民需要遵守一般法律，如宪法、民法、刑法、教育法等，这些是规范人们最基本的日常生活的法律。其次，高校学生管理工作者作为一个特殊的职业，隶属于高等教育领域，因此要遵守与教育领域、高等教育领域和高校学生管理相关的法律规范，如《普通高等学校学生管理规定》《学位管理条例》《高等学校学生行为准则》以及学校内部的校规校纪、规章制度等。

在依法治校的视野下进行高校学生管理除了需要学生管理者知法、守法，更为重要的是要树立、强化学生管理者的法治理念、服务意识。"法治理念是一种现代化的理性而科学的法律管理理念，它是现代主体普遍的法律思想、法律理想、法律信仰和法律终极目标等意识或者观念的总称，其也是法治或者法的精神方面。"法治思维的培育不是强制性的灌输，而是长期的潜移默化；法治理念不是口头上形式，而是融入实际行动的潜意识。郭树勇在《法治思维的养成》中提到"法治思维的养成，就个人而言，是社会主义公民的基本修养；对一个民族而言，则是一项十分艰巨的系统工程和历史性任务"。因此，对法治思维的培育而言，不管是对于学生管理的工作者还是高校学生管理的对象都是任重而道远的。高校学生管理的主体和客体都要重视法治教育，并在实践中夯实法治思维的养成。让大家意识到只有不断完善自身的法律知识、健全法治观念，才能提升自我。高校可以通过加强对学生管理工作者的法律培训、进修等方式，或者实地学习、模拟训练、同行交流、研讨等多种渠道，使学生管理工作者了解自身的不足和缺陷，了解学生的基本需要和诉求，从而具有丰富的实践基础和比较系统的法律知识、法治意识。实践出真知，只有经过实践，否定之否定，才能形成良好的法治理念。从当下做起，从规范日常生活中的行为做起，加强法治实践锻炼。在实践过程中发现与法治理念相矛盾之处，加深对法治观念的认识，从而从中巩固自身的法治意识，提高自身法治水平。

2. 规章制度

健全的规章制度是高校管理工作健康发展的根基。良好的机构建设是实现高校学生管理工作目标的有效保障。为了加强学生管理工作，学校应成立全校—学院—系—班级多级学生管理工作机构，配备相关工作人员，达到人员岗位工作职责明确，定责到人。学校管理机构要确定学生管理目标，研究学生管理的政策，确定阶段性工作重点，定期分析管理效果。

健全学生管理工作的规章制度。首先，应对现有制度进行审核。发现现有制度存在的不足，及时地对制度进行更新工作，做到制度能跟得上管理的发展步伐；其次，要加强学生管理的考核工作，建立健全学生管理工作的考核制度与监督制度，通过制度的完善与规范，努力修补管理制度漏洞。

信息沟通渠道是现代高校学生管理工作实现高效的必要途径。畅通的信息沟通确定是实现学生管理目标的必要手段。要做好学生管理信息沟通工作，需要做好以下三个层面工作。①学校内部要建立畅通渠道，从纵向看，学校对学生管理信息渠道要上至校级领导，下至班级信息员，做到信息沟通顺畅；从横向看，要使各个部门横向沟通渠道畅通。②要建立学校与家长的信息沟通渠道，做到学生管理信息的及时传达，如学校应建立和学生家长的信息沟通平台，实现"校—家"双方的及时双向沟通，鼓励家长对学校的学生管理工作提出自己独到的建议。③要利用现在的多媒体传播手段。高校要充分利用新媒体与学生、家长和社会进行沟通。学校可定期在学校网站、BBS 论坛等传播载体上发布学校关于管理工作的相关信息，也可以利用微信、QQ、微博等方式与学生、家长或其他利益群体实现一对一、一对多的互动。

3.服务体系

学生的主体性表现在学习生活中所表现出来的自主性和创造性。高校学生管理的主体是人，实践的对象也是人。在高校学生管理中主体与实践对象的关系，是人与人的能动性、创造性关系。首先，高校要提升服务意识。高校学生管理活动中，参与学生管理的群体要意识到重点在于服务，而非管理。管理强调一方服从于另一方的组织安排，而服务指的是两个平等主体之间的互动。目前高校学生管理中正是缺少了这种服务意识或者只是在"走过场"。因此，树立服务的管理理念、增强服务意识、提高服务质量迫在眉睫，而且高校教师面对的是成人化的学生，民主的管理方式对高校教师的管理更为重要。其次，大学生是实践的主体，高校学生管理坚持"以人为本"的管理理念。要坚持以大学生为高校学生管理实践活动的主体，高校学生管理要始终坚持在教师主导下，以学生为主体开展学生管理工作，并在过程中注重增强学生与学校管理部门、学生与教师、学生与学生组织、学生之间的沟通和协调的能力，加强学生社会实践能力，提高学生参与高校学生管理的热情，调动学生的积极性，促进学生全面发展。最后，大学生是高校学生管理中的价值主体，高校学生管理坚持以学生为主体，坚持以学生为价值之本。在学生管理过程中积极引导学生正确认识和处理好自身与周围事物的关系，从而在过程中实现自我价值。在这种价值关系中，价值主体以它内在的价值需要对价值客体的价值属性做出感受和判断，两者互为表里，相辅相成。

在高校学生管理的价值关系中，价值主体是学生，高校学生管理是价值客体，高校学生管理促使自己的实践行为不断满足学生的需要，协调自身和客体的关系，从而使学生更好地融入学生管理工作中。只有这样，学生管理工作才能得到学生的认可和接受，学生才能更好地参与其中，才能彰显出学生参与到管理中的意义，学生管理工作才能找到自己存在的根基。

许多高校大都面向省内外招生，承担培养和培育普通高等学历教育国家任务的教育职责，被授予发放大学学历证书的资格，作为普通高等院校对教育有深刻的使命。通过调研发现，目前高校面临比较大的学生管理工作压力，而且由于历史原因对系统的规划缺少统筹和管理，导致了一些重复投资和混乱标准，需要系统性的考虑建设、整理性的设计。同时，学生管理工作应该按照循序渐进的方式，优先处理和解决突出问题，以实用性为原则，逐步地改善和推进学生服务管理、工作个性化的建设。同时做好安全措施，防范学生信息泄密和被窃取，做好系统工作的扩展性，考虑未来的系统工作集成性等。

高校学生服务管理工作主要分为奖学金管理、贫困生认定管理、勤工岗位申请管理、就业信息管理、党员管理等板块。系统的管理工作应当面向全校的教师职工和学生，需要有一定的管理人员负责维护相关管理工作的设定和学生信息的维护更新功能。管理人员需要维护学生基本信息的各个方面，完善每个学生的个人学习和生活的在校档案。如果管理人员是高权限的人员需要设定好角色和完成配置管理，建立有效的学生学习生活服务管理机制。有关的管理人员要做好学院的设置、专业的设置以及学生的个人信息建立和管理，在业务工作上需要做好如奖学金管理、贫困生认定与勤工岗位申请，服务管理工作中还应该包括有学生信息反馈的有效的畅通通道。

在完善学生服务管理机制的过程中，一些具体到学生自身社会和经济利益的个体化管理服务工作尤为关键。比如，奖学金的管理、贫困生认定管理、勤工岗位申请管理、就业信息管理、党员管理等。学生管理工作需要建立良好学习氛围和环境，高校学生服务管理机制的设计与实现更加有利于对学习表现良好的学生予以表扬和奖励，比如，国家助学金的评选。它是鼓励学生在校期间勤奋学习、全面发展，帮助家庭经济困难的学生勤奋学习、努力进取，促进其在德、智、体、美等方面得到全面发展。建立良好的奖学金机制是非常有必要的。奖学金的评定是学生管理工作中的重要环节，奖学金制度有利于调动广大学生奋发向上、刻苦学习的积极性，有利于培养思想健康、品德优秀、成绩突出的学生，而且帮助了家庭经济困难、品学兼优的学生顺利完成学业。奖学金的评选不仅是影响到个人，更是对于弱势群体、家庭困难的群体的帮助与支持，以便让这部分学生顺利地完成学业。高校贫困生由于当地经济或者是家庭本身的原因，就学期间无力承担教育费用，这些学生有的心理还存在严重的自卑，如何运用助学金和奖学金帮助这批次的学生完成学业也是高校学生管理工作的重要内容。"贫困生"的标准在国家层面并没有确切的评判标准，一般参照当地经济水平和家庭实际收入来进行判定。

三、现代高校学生管理新趋势

（一）管理决策规范化

无论是高校的办学宗旨还是发展学生的具体目标，都是高校进行学生管理过程中遵循的基础标准和目标任务。学校发展的情况是最能够直接反映出学校的学生管理情况的，同时也是学校管理的决策适合性的体现。在进行高校学生的管理过程中，管理制度规范是相当关键的。

因此，学校的发展情况要体现出管理决策是否规范、目标是否清晰、明确；学校是否有自己的品牌与特色；办学目标和发展方向是否得到广大教职工的认可。学校管理决策的制定需要综合高校所处地区的经济发展程度、自身师资力量、科研基础、硬性设施等方面的实际情况进行考虑，所制定的管理制度应该清晰、明确，既能充分利用学校硬实力、软实力等综合条件，具有一定的挑战性，又不能好高骛远，遥不可及。学校的管理机制是否准确、合理会对学校的整体规划产生重大影响，方向出现偏差，所做的努力可能会南辕北辙，在很大程度上影响高校的管理效能。

校园文化作为高校的舆论阵地和宣传阵地，在一定意义上也承担了高校学生管理工作的作用力牵引的主要任务。校园文化应当针对学生的管理工作进行分担模式的细化和目标的量化，把校园文化的特征和高校学生管理的特征融合起来，形成长期有效的文化机制，通过文化作用力的牵引，构建更有利于高校学生管理的环境、制度、办法以及主旨思想。

校园文化也同时具备决策功能，特别在高校管理分担模式优化实施中，校园文化不仅突出在制度上的维护，还在更深层次上促进管理分担模式优化实施，具备高校管理的核心能力。

总之，高校学生管理的决策必须具有规范性、可操作性，能够为高校学生管理的有序健康发展做好基础建设功能作用。

（二）管理模式多样化

信息反馈管理是建立一种沟通的机制。传统信箱的方式现在逐渐被人们淘汰，通过线上的反馈渠道更方便和更合理。当信息技术来临的时候，信息就是当今最有效的资源，收集、整理和使用这些资源成为客观的需要。对于高校学生的管理模式也应该探索多元性、多样化。如何第一时间了解高校学生管理工作的问题所在、掌握学生的动态、预防学生突发事件的发生，就务必要主动地释放所有的渠道打通学生和学校之间的通道，做好风险把控，完善学生管理。

发展学生管理模式的多样性，需要通过充分领会学校和学院对于学生管理工作的指导精神，在此基础上进行分析，将高校学生管理系统的工作进行分层分级分角色。例如，按照管理工作系统中的级别可以分为学校管理、院系管理；按照管理工作系统中的角色可以分为资源管理、专业管理、学生信息管理、业务管理以及信息反馈管理等；按照管理工作系统的层次可以分为校园管理、校外社会管理等。

（三）管理手段信息化

合理运用现代化信息技术的科技手段是提升高校发展决策的科学性，提升服务效率，实现资源共享的新趋势。高校学生的管理应该与时俱进，推进行政管理信息化建设，善于运用信息技术这一先进的管理手段，高效、便捷地开展工作，提升行政管理效能。

学生数量的激增，给高校管理工作带来了很大的压力。如果还停留在过去的工作方式，工作不能与时俱进，必然不能更好地服务学生，更无法有效地实现我国成为教育强国的理想。海量的学生信息既是工作的压力，又是宝贵的资料数据。通过大数据的分析，可以为学生信息管理提供有效的支撑。高校学生信息管理工作有奖学金管理、贫困生认定管理、勤工岗位申请管理等板块，通过大数据的分析，更加优化了工作流程，比如，贫困生的认定，不再需要个人提交申请，更不需公开个人贫困情况。避免了一些性格内向的学生，由于以往不人性化的处理，从而影响学生性格扭曲的可能。

大数据时代的来临，不仅为信息系统带来了挑战，同时也带来了机遇。大数据时代下的数据是海量的，信息系统每天所要处理的数据也是海量的。如何把大量的数据进行合理处理将成为信息系统的一个难点。在这样的背景下，就要求我们能够对信息系统进行更加良好的设计。

我国制定了科教兴国的战略，高校教育是其中重要的环节。在当前环境下，为了培养更好的学生和争取更好的教学质量，同步国际化教学水平和管理水平，许多高校都在调研和借鉴先进的发展方式，其中学生管理工作的优化和提升关系到高校教学水平的提升。在信息化概念推广的过程中，数字化高校也得到大多数高校的认可，高校积极地探索适合本校发展要求的学生信息管理模式。通过软件和硬件结合的方式，不断地研发，形成一定规模的信息化建设基地。

（四）管理队伍专业化

据调查表明，从事高校学生管理的工作人员大多数来自不同的岗位，拥有不同的专业背景，且他们之中"双肩挑"的现象非常普遍，即不但担任党政工作还承担着教学、科研任务。但在实际的学生管理中，他们之中的大多数没有接受过心理学、管理学、教育学方面的培训，缺乏现代管理理念、管理方法，与之相伴随的管理能力也很欠缺。仅仅凭借之前的经验和良好的期许从事学生管理工作，其管理能力不能适应目前高校学生管理队伍建设和发展的要求，这使得高校学生管理没有达到理想的效果。

加强学生管理的专业化水平，需要考虑以下问题：首先，学生管理工作的特点是综合性强。因此学生管理工作的所需能力，除了最基础的能力和素质外，还要与多项不同领域的学生工作相对应。其次，从长远来看，学生管理的未来必将走向专业化，所以在综合性的基础上，还要考虑对职业发展高级阶段的专门能力和标准。

基于以上考虑，高校学生管理工作专业能力框架可以从基础能力、专项能力和支持能力三个维度来构建。

随着时代的快速发展，任何个人、任何岗位都会不断地遇到新的挑战、新的机遇，只要不断地提升能力、完善自我，才能应对时代的挑战。高校应该着力建立完善的管理培训制度，通过培训提升行政管理人员的业务技能，进而提升学校学生的管理效能。

高校的培训可以分为几个模块，分别为入职培训、职后培训、进修培训。

入职培训即各岗位的工作人员在入职前必须进行的培训，主要包括职业道德、岗位认知、专业基础知识等方面的培训，入职培训是为了让工作人员入职后能快速地适应工作岗位的需求，有效地开展工作，这个培训必不可少。职后培训指的是员工入职之后所进行的系列培训，这系列的培训应该按需施教，根据不同的岗位在实际工作中已经遇到或者可能遇到的具体问题进行培训，学校在组织培训时要充分考虑到培训对象的岗位特点，根据岗位职责需要，灵活采取有针对性的方式来开展培训，培训内容也要因工作内容而异。职后培训的主要目的是强化行政人员的岗位认知，提升工作技能、调动员工工作积极性、增强员工工作满意度，使其高效完成工作。进修培训可作为对优秀员工的一种激励手段，由学校创造条件，让优秀的人员到校外甚至国外进行考察、参加进修学习，增长见识，学习先进的管理经验，为员工的长远发展和学校的人才培养打下基础。

高校的培训制度要形成长效机制，要有完善的培训体系，每年做好培训计划，不同岗位均需定期开展培训，而不是胡子眉毛一把抓。此外，高校应充分运用信息化发展的成果，采用网络互通的形式，分享先进的管理经验，在节约学习成本的同时也会达到学习目的。完善的培训制度能提升员工的工作技能，进而高效地开展工作，最终为学校学生的行政管理工作服务，为实现学校的战略目标服务。

参考文献

[1] 王洪法 . 新时代背景下高校教育管理模式的变革与创新 [J]. 大众文艺 : 学术版, 2022(20):3.

[2] 卢少华 . 基于就业视野的高校教学管理创新路径 [J]. 教育研究, 2022, 5(6):25-27.

[3] 雷岩玲, 王奋前 . 构建创新型人才培养的有机系统——高校教育教学管理研究系列论文之三 [J]. 语文教学通讯, 2012(5).

[4] 乔心阳, 邓平安 . 创新高校少数民族学生教育教学管理机制研究 [J]. 中文科技期刊数据库（全文版）教育科学, 2022(6):4.

[5] 张博 . 双高背景下高职院校教育教学管理模式改革及实践创新 [J]. 中国科技经济新闻数据库 教育, 2023(4):3.

[6] 王雅辰 . 高校教育教学管理信息化创新发展路径研究——评《现代教育理念下的高校教育教学管理研究》[J]. 中国高校科技, 2022(7):1.

[7] 胡应林, 罗汉俊 . 人工智能背景下民办高校教育教学创新管理研究 [J]. 中国科技期刊数据库 科研, 2022(11):4.

[8] 徐彭 . 浅析高校教育教学管理的观念变革和实践创新 [J]. 世纪之星—交流版, 2022(5):64-66.

[9] 胡伟 . 以人为本的教育理念在高校体育教学中的应用实践——评《新时代高校体育教学理论解析与模式创新研究》[J]. 科技管理研究, 2022, 42(9):13.

[10] 吴强 . 构建学科教学美术专业学位"工作室导师制"培养模式——评《高校教育管理与创新实践研析》[J]. 科技管理研究, 2022, 42(18):2.

[11] 许勇战. 新时代高校教育教学管理变革创新的必要性及可行性研究 [J]. 江西电力职业技术学院学报, 2022, 35（4）:67-69.

[12] 张文嘉. 高校教育教学管理制度体系的建构——评《本科院校教学管理创新与实践研究》[J]. 中国高校科技, 2022（3）:1.

[13] 孙勇强. 地方高校创新创业教育实践探索 [J]. 创新创业理论研究与实践, 2023（2）:3.

[14] 方敏. 大数据时代高校学生教育管理模式研究 [J]. 教育教学论坛, 2023（3）:161-164.

[15] 徐天姿, 祁丽, 田风雪. 高校创新创业教育问题及对策研究 [J]. 金融理论与教学, 2023（1）:110-114.

[16] 王美容. 高校化学实验室智能化管理系统的构建创新探究 [J]. 中文科技期刊数据库（全文版）教育科学, 2023（5）:3.

[17] 林芷. 新文科背景下高校管理类课程实践教学改革的新思路——以《管理学原理》为例 [J]. 中文科技期刊数据库（全文版）教育科学, 2023（4）:5.

[18] 林晓锋. 以人为本理念下高校教育管理模式创新路径 [J]. 江西电力职业技术学院学报, 2023, 36（1）:124-126.

[19] 黄雯. "互联网+"背景下高校教育管理模式的变革与创新 [J]. 普洱学院学报, 2023, 39（1）:121-123.

[20] 彭颖怡. 互联网时代高校教育管理模式的创新 [J]. 中国成人教育, 2023（2）:20-23.

[21] 吴晓霞. "互联网+"理念下高校教学质量提升创新研究——评《基于大数据的教学质量管理》[J]. 中国高校科技, 2023（1）:1.

[22] 王玉辞, 闫晓军. 大数据背景下高校教育管理创新研究 [J]. 中文科技期刊数据库（全文版）教育科学, 2023（5）:4.

[23] 杨俊萍, 陈海燕. "互联网+"时代的高校教学管理创新模式构建 [J]. 湖北开放职业学院学报, 2023, 36（7）:10-11.

[24] 孙正伟, 于永政. 新时代高校教育管理创新路径探索 [J]. 佳木斯职业

学院学报，2023，39（2）:119-121.

[25] 石聪.高校教育教学管理改革与发展探讨——评《现代教育理念下的高校教育教学管理研究》[J].中国教育学刊，2023（2）:1.

[26] 邓春瑶.大数据背景下高校教育教学管理创新途径研究[J].城市情报，2023（2）:1-3.